Igal Avidan

»… und es wurde Licht!«

Jüdisch-arabisches
Zusammenleben
in Israel

BERENBERG

Einleitung

Ein Buch beginnt mit einem Satz: »Wir sind nicht in Deutschland, wir sind in Israel«, sagte ein Beter in der Stadt Lod angesichts der abgebrannten Synagoge.

Ein Buch beginnt mit einem Bild: Zwei Männer tragen zwei Thorarollen aus diesem verkohlten Bethaus.

Ein Buch beginnt mit einem Video: Ein aufgebrachter Mob überfällt einen wehrlosen Menschen. Er liegt regungslos auf der Straße. Ein Teenager steht neben seinem Kopf, beugt sich hinunter und schlägt ihm mit der Faust mehrmals ins Gesicht.

Ein Buch beginnt mit dem Post des Israelis Eliran als Reaktion auf ein Video verwüsteter arabischer Geschäfte: »Das ist nicht der Weg des Judentums,« schrieb er. »In der Geschichte sind schon zu viele Läden zerstört worden, nur weil ihre Besitzer jüdisch waren.«[1] Dann sammelte der religiöse und zionistische Jude im Internet einige Tausend Schekel Spenden. Er fuhr hundert Kilometer von Beersheba nach Bat Jam und verteilte die Spenden unter den betroffenen arabischen Ladenbesitzern.

Während der gewaltsamen Ausschreitungen vom Mai 2021 war ich schockiert von der arabischen Gewalt, schämte mich

---

1 https://www.facebook.com/photo.php?fbid=6061791937179
430&set=a.215664491792233&type=3

für die jüdische und fand Trost in Elirans menschlicher Geste. Ein Jahr später war ich nach einer langen Coronapause wieder in Israel. Weil mich die Bilder von geschändeten Synagogen, brennenden Autos, Geschäften und Kulturstätten nicht losließen, beschloss ich, eine Reise durch Israel zu unternehmen, um den »Menschen an der Front« zu begegnen und ihnen zuhören, vor allem denjenigen, die an ein Zusammenleben glauben – aller Gewalt und Zerstörung zum Trotz.

Die beiden Grundprinzipien Israels als jüdischer und demokratischer Staat begleiten diesen seit seiner Gründung im Jahr 1948. Eine der zentralen Herausforderungen ist das Verhältnis zu den arabischen Israelis, die etwa ein Fünftel der Bevölkerung ausmachen, Tendenz leicht steigend. Ungeachtet der generell friedlichen Beziehungen kommt es immer wieder zu politischen Spannungen und auch Gewalt zwischen israelischen Juden und Arabern. Im Mai 2021 erlebte Israel die wohl schwersten Straßenschlachten seit 1948.

Wie haben arabische und jüdische Israelis diese Ausbrüche erlebt? Wie sehen sie die Zukunft? Diese Fragen sollen sich als roter Faden durch meine Begegnungen ziehen. Welche Auswirkungen haben die Unruhen bei meinen Gesprächspartnern hinterlassen? Haben sie ihre Einstellungen zum Zusammenleben geändert? Befragt habe ich bei meinen zwei Reisen fünfzig Juden und Araber in den fünf »gemischten Städten«, die ich besuchte: Akko, Haifa, Jaffa (ein Stadtteil von Tel Aviv), Lod und Ramle sowie Jerusalem und Kibbuz Lochamei haGetaot, wo ich im *Haus der Ghettokämpfer* etwas über den Umgang arabischer Israelis mit der Shoah lernen wollte.

Meine Gesprächspartner redeten gern, manche von ihnen führten mich sogar herum. Eine paritätische Zahl von jüdischen und arabischen Interviews war nicht möglich und nicht unbedingt sinnvoll, wichtiger war mir das, was dabei zur Sprache kam. Ich bemühte mich um verschiedene Perspektiven, versuchte, unterdrückten Stimmen zuzuhören, und bevorzugte Brückenbauer gegenüber Brandstiftern.

Der tagelange Gewaltausbruch vom Mai 2021 fand zu einem politisch ungewöhnlichen Zeitpunkt statt, ohne deshalb kurzfristig das politische Geschehen zu beeinflussen. Offensichtlich erkannten Politiker aus beiden Völkern, dass ihr Handeln trotz des Blutvergießens bei ihren Wählern immer noch genug Zustimmung genießt. Denn fast keiner wollte durch mutiges Vorpreschen seine politische Karriere beschädigen. Am 5. Mai 2021 wurde der liberale Zentrumspolitiker Yair Lapid vom Staatspräsidenten beauftragt, eine neue Regierung zu bilden. Mit am Verhandlungstisch saß auch die islamische Vereinigte Arabische Liste (*Raam*): ein Novum in Israels Geschichte. Nach dem Ausbruch der Gewalt brach deren Vorsitzender Mansour Abbas die Koalitionsverhandlungen ab, setzte sie jedoch nach dem Ende der Auseinandersetzungen fort. Man einigte sich rasch, und am 2. Juni 2021 entstand die erste Koalition in Israel unter Beteiligung einer arabischen Partei, die jedoch keinen Minister nominierte. Das wäre zu viel gewesen angesichts des andauernden Konflikts mit den Palästinensern.

Der israelisch-palästinensische Konflikt dominiert die Israel-Berichterstattung in Deutschland. Wichtiger und interessanter scheint mir zurzeit der Blick auf die etwa zwei Millionen arabischen Israelis (obwohl sich manche als Palästinenser bezeichnen, wäre diese Bezeichnung für die Leser verwirrend). Sie lassen sich nicht beispielsweise mit der türkischen Minderheit in Deutschland vergleichen, denn die arabische Minderheit in Israel besteht ja nicht aus einstigen Migranten: Einwanderung nach Israel ist zwar offizielle Politik, aber diese gilt nur für Juden und ihre Familienangehörigen. Das im März 2022 novellierte Staatsangehörigkeitsgesetz erschwert hingegen die Zusammenführung arabischer Israelis mit Palästinensern und Arabern aus feindlichen Staaten.

Zu Beginn der jüdischen Zuwanderung ins Land Israel Ende des 19. Jahrhunderts waren neunzig Prozent der Bewohner dort Araber. Als die UN-Vollversammlung 1947 beschloss, das Land zwischen Jordan und Mittelmeer in einen jüdischen und einen arabischen Staat zu teilen, stellten die Araber knapp zwei Drittel der Einwohner. 1948 wurden sie aufgrund von Flucht und Vertreibung im neuen Staat Israel zur Minderheit, denn nur wenige arabische Flüchtlinge (der Begriff Palästinenser war damals nicht geläufig) durften nach Kriegsende zurückkehren. Ein Fünftel der Araber, die 1948 in Israel blieben, wurden zu »inneren Flüchtlingen«. Sie fanden Zuflucht in arabischen Ortschaften unweit ihrer Heimatdörfer, in die sie bis heute nicht zurückkehren dürfen. Ihre Ortschaften wurden einem Militärregime unterstellt, nicht jedoch gemischte (jüdisch-arabische) Städte wie Haifa oder Jaffa. Viele Araber in Israel verloren ihr Land, auf dem jüdische Neueinwanderer angesiedelt wurden. Obwohl sie allmählich eingebürgert wurden, fühlen sie sich dennoch bis heute als Bürger zweiter Klasse. Schließlich sind arabische Israelis Teil des palästinensischen Volkes – manche heiraten Palästinenser aus dem Westjordanland oder dem Gazastreifen, andere haben Verwandte dort oder in Jordanien, im Libanon oder Syrien.

Ein Beispiel für diese Verbindung ist der *Nakba*-Tag am fünften Tag des hebräischen Monats *Ijjar*, an dem arabische Israelis der palästinensischen Katastrophe von 1948 gedenken. Familien oder Mitglieder eines Dorfes versammeln sich an diesem Tag, der auch der israelische Unabhängigkeitstag ist, in ihrem ehemaligen Dorf oder neben dessen Resten. Für Palästinenser in Ostjerusalem, im Westjordanland, Gaza und im Ausland hingegen fällt der Gedenktag auf den 15. Mai. In den frühen 1990er Jahren nahmen die jährlichen Gedenkfeiern arabischer Israelis an diesem Tag einen bedeutenden Platz im öffentlichen Diskurs der Gemeinschaft ein. Als Gegenmaßnahme verabschiedete Israel 2011 das »*Nakba*-Gesetz«, das die Kürzung staatlicher Förderung für solche Organisationen zulässt, die der *Nakba* anstelle von Israels Unabhängigkeitstag gedenken. Das Nationalstaatsgesetz von 2018 schreibt den jüdischen Charakter des Staates fest und stellt die Gleichberechtigung der arabischen Israelis in Frage. Zudem ist Arabisch nicht mehr Amtssprache. Laut Gesetz gelten nur die jüdische Besiedlung des Landes und die jüdische Einwanderung als Grundfeste. Die arabischen Israelis stecken in der Zwickmühle: Ihr Staat befindet sich in einem Konflikt mit ihrem Volk, der alle Palästinenser betrifft, auch die in den besetzten Gebieten und diejenigen, die geflüchtet sind. Und er flammt immer wieder auf, in den letzten Jahren im Gazastreifen oder in der Altstadt von Jerusalem. Über Friedensperspektiven redet in Israel zurzeit kaum jemand, und seit der palästinensische Terror zurückgegangen ist, ignoriert die israelische Öffentlichkeit die Palästinenser weitgehend. An den hohen jüdischen Feiertagen, am Pessach- und Purimfest, verhindert Israel seit Jahren die Einreise aus den Palästinensergebieten. Man wähnt sich in Sicherheit dank des (an manchen Stellen leicht überwindbaren) Grenzzauns, der Mauer und der amerikanischen Luftabwehrraketen.

Anders erleben das die arabischen Israelis, auch wenn sie selbst schon Opfer von Terroranschlägen oder Raketenangriffen waren. Nur ganz wenige von ihnen beteiligten sich an Terroranschlägen. Hunderte oder sogar Tausende nahmen jedoch an den Attacken auf Juden im Mai 2021 teil. Weil die meisten Täter und Opfer in derselben Stadt leben, manchmal sogar in derselben Straße, konnte keine Sperranlage diese Explosion der Gewalt verhindern. Viele meiner Gesprächspartner erwarten für die Zukunft noch schlimmere Unruhen. Deswegen ist dieser innerisraelische Konflikt für Israel existenzieller als die vorherigen, denn er betrifft seine Identität, vor allem als Demokratie.

Die Stimmung unter den Palästinensern in Ostjerusalem war Ende April 2021 gereizt, weil die Wahl des palästinensischen Parlaments am 22. Mai und die Präsidentschaftswahl am 31. Juli 2021 auf ein unbestimmtes Datum verschoben worden waren. Ausgelöst wurden die Unruhen dann durch Proteste palästinensischer Bewohner des Stadtteils Sheikh Jarrah, die in Ostjerusalem gegen die geplante Räumung ihrer Unterkünfte durch Juden protestierten. Sie weiteten sich aus durch Zusammenstöße zwischen rechtsextremistischen Israelis und protestierenden Arabern am Nablus-Tor in der Altstadt sowie zwischen Muslimen und Polizisten auf dem Tempelberg. All das während des Fastenmonats Ramadan.

Am 10. Mai 2021 feierten Tausende Israelis den Jerusalemtag, mit dem in Israel der Vereinigung der Hauptstadt im Krieg von 1967 gedacht wird. Für arabische Israelis steht dieser Tag sinnbildlich für die Präsenz der israelischen Besatzung. Nachdem Polizisten aus der al-Aqsa-Moschee mit Steinen beworfen worden waren, stürmten sie auf den Tempelberg und warfen Blendgranaten in die Moschee. Dutzende Menschen wurden verletzt.

Daraufhin stellte die in Gaza regierende Hamas ein Ultimatum: Israel solle binnen einer Stunde seine Truppen vom Tempelberg und aus Sheikh Jarrah abziehen. Nur Minuten nach Ablauf des Ultimatums feuerte die Hamas eine Raketensalve vor allem in Richtung Jerusalem, so dass der Fahnenzug abgebrochen werden musste. Das war eine Blamage für Israel und ein Propagandasieg für die Hamas, die sich als »Beschützer der al-Aqsa-Moschee« profilieren konnte. Als Reaktion startete die israelische Armee im Gazastreifen die groß angelegte Militäroperation »Beschützer der Mauer«. Damit schwappte die Gewalt auf das Kernland Israel über und breitete sich vor allem auf die gemischten Städte aus, in denen keine Mauer Schutz bietet – ein guter Nachbar aber schon.

Kibbuz Lochamei haGetaot

Das *Haus der Ghettokämpfer* im gleichnamigen Kibbuz im Norden Israels schrieb bereits mehrmals Geschichte. Das erste bescheidene Archiv wurde im April 1950 von ehemaligen Widerstandskämpfern und Partisanen gegründet – am Jahrestag des Aufstandes im Warschauer Ghetto. 1959 wurde neben dem osmanischen Aquädukt der jetzige Museumsbau eingeweiht, der an das israelische Parlament erinnert. Heute blickt er auf das Amphitheater, grüne Felder und einen Orangenhain. Bei der Shoah-Gedenkzeremonie im April 2020, nur einen Monat nach Ausbruch der Coronapandemie, waren es zum ersten Mal keine Shoah-Überlebenden, die zum Gedenken an die sechs Millionen jüdischen Opfer sechs Leuchter anzündeten. Man wollte sie nicht gesundheitlich gefährden, und deswegen entzündete zum ersten Mal eine Araberin das Feuer zu Ehren der Judenretter: Hadil Mazel.[1] Mazel lebt mit ihrer Familie in einem Kibbuz und arbeitet als Krankenschwester in der Notaufnahme des Hagalil-Krankenhauses in der Stadt Naharija. Die 33-jährige Beduinin wuchs in Ramle mit Shoah-Überlebenden als Nachbarn auf. »Jitzhak hat mir während meiner Kindheit immer wieder seine Geschichte er-

1 https://www.ynet.co.il/articles/0,7340,L-5718485,00.html

zählt, wie er seine Frau Chaja vor dem Tod gerettet hat. Auch später waren sie Helden, als sie nach Israel kamen, den Staat gründeten und ihn all die Jahre verteidigten.« Bei der Zeremonie erinnerte sie an die polnische Familie Mackiewicz, die das jüdische Mädchen Lila und fünf ihrer Familienangehörigen retten konnte. Lila Hundert, die im Kibbuz lebte, starb dort mit 88 Jahren.

Geschichte schrieb hier auch Noha Khatib, die sich als Araberin, Palästinenserin und Muslima definiert. Sie leitet seit 2017 das *Zentrum für humanistische Bildung*, welches das *Haus der Ghettokämpfer* in seiner Arbeit ergänzt. »Ab der fünften Klasse besuchte ich eine arabische Schule, wo mich die Shoah überhaupt nicht interessierte. Im Gymnasium war die Shoah ein Teil der Prüfung in Geschichte, und wir lernten die Antworten auf die möglichen Fragen auswendig, mehr nicht.«

Die Wende kam für sie erst in der ersten jüdisch-arabischen Schule in Israel, die sie 1998 im Regionalrat *Misgav* mitgründete. »Ich entdeckte die Shoah erst als Lehrerin in dieser bilingualen Schule, als eine Kollegin mir die Geschichte ihres Vaters, eines Shoah-Überlebenden, erzählte. Das schockierte mich, weil auf einmal aus der Geschichtsstunde eine unmittelbare persönliche Geschichte wurde.« Seitdem bildet die Shoah einen Mittelpunkt ihrer Arbeit.

Immer wenn sich der Shoah-Gedenktag näherte, erzählt Khatib, berieten die Lehrer, ob und wie man das Thema mit Kindern behandeln solle. »Statt einer Gedenkzeremonie organisierten wir Diskussionsgruppen von Lehrern und Schülern. Es war mir klar, dass man Erstklässler damit verschonen muss.«

Ging es darum, über den Schmerz Menschen miteinander zu verbinden?

»Ja, Gefühle wirken hier viel stärker als Fakten und lassen auch starke Aussagen leichter ertragen. Die Empathie gilt zuerst meinem Gegenüber und nicht einem Volk. Was mich motivierte, war, dass ich das machte, woran ich glaube, und zu sehen, dass es möglich ist. Heute ist es Realität, und dieses Bildungssystem wächst.« Die Politik außerhalb der Schule interessierte sie nicht. 2004 gründete sie die einzige binationale Schule in einem arabischen Ort, die sie bis 2008 leitete. Dort gingen auch ihre Kinder zur Schule. »Solche Projekte fördern eine gesündere Gesellschaft.«

Die Idee des *Zentrums für humanistische Bildung* stammte von Schulleiterin Raya Kalisman, die in einem Dorf in Galiläa lebte und jahrelang Begegnungen mit arabischen Schulen organisierte. »Nur über die Shoah sprachen wir niemals.« In Washington besuchte sie 1994 das neue *Holocaust Memorial Museum* und initiierte danach zusammen mit anderen ein Bildungsprojekt zur Shoah. Was sie damals erstaunte, war zum einen, dass die Projektleiterin schwarz war, und zum anderen, dass die Jugendlichen, die an diesem Projekt teilnahmen – afroamerikanische, Latino- und asiatische Jugendliche –, neue Erkenntnisse über den Rassismus und die Gewalt gewinnen konnten, die sie im Alltag erlebten. »Ich verstand durch diese wunderbaren Begegnungen mit den Jugendlichen, dass die Shoah, so wie das Thema in Washington behandelt wurde, auch meine arabischen Nachbarn interessieren könnte.« Kalisman gründete 1995 das *Zentrum für humanistische Bildung*, das sie achtzehn Jahre leitete. »Ich bin sehr stolz, dass auch während der Intifada 2000 und während des Zweiten Libanonkriegs 2006, der Militäroperationen in Gaza und der schweren Terroranschläge, kein Seminar abgesagt werden musste.« Das Zentrum brachte arabischen Kindern die Shoah durch Begegnungen mit Juden bei.

Wie steht es mit dem Shoah-Unterricht in arabischen Schulen?
Khatib: »Wir fangen damit – und auch das ist neu – in der neunten Klasse an (also mit fünfzehn). Man blendet das Thema auch wegen des israelisch-palästinensischen Konflikts aus. Wir aber wollen die israelische Gesellschaft prägen, und deswegen arbeiten wir auch mit Erwachsenen und mit verschiedenen Gruppen.«

Doch nicht alle wollen mitmachen. Im Oktober 2021 lud Noha Khatib den rechtsnationalen Abgeordneten Bezalel Smotrich ins Zentrum ein. In einem offenen Brief hatte sie seine Aussage im Parlament den arabischen Kollegen gegenüber als rassistisch kritisiert. Smotrich hatte sie als Feinde bezeichnet und hinzugefügt: »Es ist ein Fehler, dass ihr hier seid, nur weil Ben Gurion die Arbeit nicht zu Ende brachte und euch 1948 nicht vertrieb.«

Folgte der Politiker deiner Einladung?
»Nein, das habe ich auch nicht erwartet. Aber ich versuche, die Menschen, die er vertritt, zu einer Diskussion über Werte und Bildung einzuladen, die viel wichtiger ist, als Skandale in der Knesset anzuzetteln. Solchen Menschen ist das Wohl der Gesellschaft völlig egal, sie wollen nur Gift versprühen.« Seit Ende 2022 ist Bezalel Smotrich Finanzminister und im Vertei-

digungsministerium zuständig für die Palästinenser im Westjordanland.

Khatib brachte ein Jahr lang jüdische und arabische Schulklassen zusammen, »damit den Schülern ein Fenster geöffnet wurde und das Leben hier aus einer anderen Perspektive erlebt werden konnte. Solche Begegnungen werden in der jeweiligen Gruppe vorbereitet, um authentische Fragen zu diskutieren und nicht über den Diskurs in den Medien. Wir denken uns diese Fragen aus und bereiten die Diskussionen vor, weil unsere Gesellschaft in getrennten Gruppen lebt.« Die Shoah dient als Hintergrund, um Schlussfolgerungen zu ziehen. »Ein Beispiel: Du wohnst in einem Mietshaus. Wen würdest du als Nachbarn ablehnen? Als die Teilnehmer die Ergebnisse der Gruppe auf der Tafel sehen, sind sie verlegen.« Sind ihr die Befürchtungen von jüdischer Seite bewusst, die Araber könnten nur deshalb Interesse für das Leiden der Juden in der Shoah zeigen, damit Juden das Leiden ihrer Familien in der *Nakba* anerkennen? »Natürlich. Jeder bringt seinen Schmerz in die Diskussionsrunde, auch die *Nakba*. Wir schreiben nicht vor, welche Leiden zulässig sind und welche nicht. Es geht nicht um Vergleiche; niemand wäre erleichtert, weil der Schmerz des anderen größer ist. Würde ich aber einem arabischen Jungen in der Shoah-Ausstellung verbieten, Vergleiche zu ziehen, würde er nichts anderes tun. Jedes Jahr kommen Richter und ihre Helfer zu einem dreitägigen Seminar hierher – vermittelt durch eine Absolventin von uns, die selbst Richterin ist.«

In unserem ersten Gespräch sagtest du: »Wenn ich vor einer Shoah-Überlebenden sitze, sehe ich meine Oma vor mir.«

»Stimmt. Auch meine Oma wurde aus ihrem Dorf Bassa in den Libanon vertrieben. Sie kehrte zurück, durfte aber ihr Haus nicht betreten, und seitdem ist sie ein Flüchtling. Von ihrem Dorf stehen nur noch Reste der Moschee und der Kirche.« Da, wo sich das Dorf befand, liegen heute die Orte Betzet, Shlomi und Achziv. Khatib selbst wohnt in der Stadt Karmiel,[2] einer längst gemischten Stadt, wo es aber immer noch keine arabischen Einrichtungen gibt.

Und keine arabischen Straßennamen?
»Bestimmt nicht, aber das ist auch nicht mein Herzenswunsch. Ich bin nicht gekommen, um diese jüdische Stadt oder mich selbst zu ändern. Hätte ich kleine Kinder, würde ich mich für einen bilingualen Kindergarten engagieren und für gemeinsame Einrichtungen dieser Art, statt Diskussionen darüber zu führen, wie sich der jüdische Charakter bewahren lässt.«

Sorgen über die Zukunft macht sich Khatib nicht, denn das Zentrum wird zu einem geringfügigen Teil vom Bildungsministerium finanziert. »Ich wünsche mir, sie würden dort unsere Arbeit angemessener würdigen, auch finanziell«, schmunzelt sie. »Aber wir haben auch private ausländische Förderer und Organisationen.«

Noha Khatib sieht sich nicht als Shoah-Expertin, sondern als »Expertin für zwischenmenschliche Beziehungen, Werte

---

2 Karmiel wurde 1964 gegründet, um Galiläa »jüdischer zu machen«. Heute sind zwanzig Prozent der 50 000 Einwohner arabisch, Tendenz steigend, weil viele junge Paare kein freies Grundstück im Dorf der Familie finden können.

und Bildung sowie dafür, Gruppen aus verschiedenen Kulturen zusammenzuführen – auch mittels jüdischer Geschichte und der Shoah«. Aktuell beleuchtet eine Ausstellung die Verfolgung der Zeugen Jehovas durch die Nationalsozialisten. »Diese Stimmen sind selten, und wir wollten sie zeigen, weil es unsere Aufgabe ist, unbekannte Geschichten über die Shoah und den zivilen Widerstand zu bringen. Für ihre Werte mussten sie einen Preis zahlen. Die Initiative kam von den Zeugen Jehovas. Die vorige Ausstellung stellte die *Weiße Rose* vor, die auch unserer Sichtweise entspricht.«

Die Unruhen 2021 bezeichnet Khatib als »surreal«, vor allem die Lynchversuche und die Angst, fremdes Gebiet zu betreten. »Das waren sehr schwierige Tage, viel Spannung lag in der Luft, obwohl sich an meinem Alltag nichts geändert hatte. Natürlich machte ich mir Sorgen um meinen Sohn, wenn ich ihn zum Bus brachte, und hatte Angst, es könnte was passieren. Aber ich wollte nicht nachgeben. Mir fehlt das kontinuierliche Gespräch, nicht nur bei solchen erschreckenden Ereignissen. Und sie werden nur noch schrecklicher, wenn wir unsere Haltung nicht ändern.«

Auch Yigal Cohen schrieb als erster orientalischer Direktor eines Shoah-Museums in Israel Geschichte. Obwohl seine Eltern aus Tunesien stammen, interessiert sich der 52-Jährige, seit er sich erinnern kann, für die Shoah. Befeuert wurde seine Neugier durch Begegnungen mit einem Rabbiner in der Religionsschule, die er besuchte, einem Shoah-Überlebenden, »der mir von seinen Erlebnissen erzählte. Bis heute erinnere ich mich an diesen alten Mann mit der eintätowierten Nummer auf dem Unterarm. Ich las viel und schaute mir als Kind am Gedenktag andauernd alle Sendungen darüber an. Ich spürte, das ist ein Teil von mir. Erst in diesem Haus erfuhr ich, dass mein Urgroßvater in der Zeit der sechsmonatigen deutschen Besatzung Tunesiens verhungerte. Zudem spricht mich jüdische Kultur sehr an, und jiddische Lieder, die ich hier höre, bewegen mich zu Tränen.«

Cohen leitete das multikulturelle Anne-Frank-Gymnasium in einem Kibbuz an der libanesischen Grenze, mit jüdischen und arabischen Schülern.

Wie gestaltete man den Shoah-Gedenktag in der Schule?
»Nicht viel anders als an jeder staatlichen Schule. Wir behandeln das Thema Völkermord aber nicht nur an dem Tag. Zu den bewegendsten Veranstaltungen in der Schule – das mag dich überraschen – gehörte der Gedenktag für den Völkermord an den Tscherkessen am 21. Mai.«

Davon habe ich noch nie gehört.
Cohen strahlt: »Ich wusste, dass ich dich überraschen werde. Mitte des 19. Jahrhunderts wurden fast anderthalb Millionen Tscherkessen Opfer eines systematischen Massenmordes durch das russische Zarenregime.«

Die große Mehrheit der Bewohner in Galiläa sind arabische Israelis, und die versucht Cohen in sein Shoah-Museum zu locken. »Ich will aber nicht, dass arabische Schuldirektoren Anweisungen vom Ministerium bekommen, Schulklassen hierherzubringen, sie sollen aus eigenem Willen kommen. Ich will, dass junge Araber aus der Gegend ihre eigene Identität mitbringen und sich unseren Werten hier verbunden fühlen. Das ist die große Herausforderung und nicht, arabisch sprechende *guides* auszubilden.« (Er bezieht sich auf den großen Konkurrenten *Yad Vashem*.) Das findet er wichtig gerade wegen der Gewalt zwischen Juden und Arabern in Israel. »Wir wollen hier unsere unterschiedlichen Narrative vorbringen, gerade um diese Spannungen zu überwinden und die Menschen beider Völker einander näherzubringen, zumindest die ›Verrückten‹ unter ihnen.«

Nun sieht allerdings die Realität etwas anders aus, »denn für Araber führt von der Shoah ein direkter Weg zur Gründung Israels. Über das Wirtschaftsministerium kommen Gruppen gefährdeter arabischer und jüdischer Jugendlicher, die im Rahmen ihres Studiums insgesamt dreimal dazu verpflichtet sind. Beim ersten Mal haben sie wenig Interesse. Aber schon mit dem zweiten und dritten Besuch sind sie voll präsent. Andere Gruppen kommen über das humanistische Bildungszentrum.« Solche Besuchergruppen stellen nur fünf, sechs Prozent der gesamten Besucher, schätzt Cohen, der aber hofft, über sie auch ihre Eltern und weitere Kreise erreichen zu können.

Die Angst jüdischer Israelis, arabische Besucher könnten als Gegenleistung für ihr Interesse an der Shoah Anerkennung für die *Nakba* erwarten oder sogar fordern, ist Cohen bewusst. »Der Vergleich zwischen Shoah und *Nakba* ist lächerlich und tut dem Wunsch (der Araber, I. A.) nach mehr Anteilnahme an ihrem Schmerz wegen der *Nakba* Unrecht. Man kann das Leiden nicht messen, und wir wollen zeigen, dass es verschiedene Sorten von Leiden gibt.« Die Veranstaltung *Den Schmerz der anderen begreifen* des Goethe-Instituts und der Rosa-Luxemburg-Stiftung in Tel Aviv zum Thema Holocaust, *Nakba* und Deutsche Erinnerungskultur, die ursprünglich am 9. November 2022, dem Jahrestag der Pogromnacht 1938, eröffnen sollte, musste nach Protesten abgesagt werden. Diese Gegenüberstellung hält Cohen für sehr problematisch.

»In Israel gibt es drei Holocaust-Tage. Am Kaddisch-Tag, am 10. Tag des hebräischen Monats *Tevet*, gedenken viele orthodoxe und religiöse Juden der Shoah, auch an der Religionsschule, an der ich studierte. Am 27. Tag des Monats *Nisan* findet der staatliche Shoah-Tag statt, zwischen dem Tag, an dem der Aufstand im Warschauer Ghetto begann, und dem Gedenktag für die Gefallenen sowie dem Unabhängigkeitstag. Der junge Staat wollte durch diesen Termin das Gedenken an die Shoah mit dem Aufstand und dem damit verbundenen Heldentum verknüpfen. Für uns im Ghettomuseum ist der 27. Januar, der Internationale Tag des Gedenkens an die Opfer des Holocaust, sehr wichtig, um die Shoah mit universalen Themen zu verbinden. Ein Grund dafür ist, dass wir Nichtjuden für das Andenken an die Shoah gewinnen möchten. Am kommenden internationalen Holocaust-Tag thematisieren wir Flucht damals und heute, beginnend mit dem Kindertransport und weiter mit aktuellen Flüchtlingsgeschichten wie der einer Frau aus Ruanda und einer aus dem Libanon.«[3]

3 Als sich Israels Armee im Mai 2000 aus dem Südlibanon zurückzog, flüchteten etwa siebentausend Soldaten der verbündeten Südlibanesischen Armee und ihre Angehörigen nach Israel.

2015 behauptete Israels Premierminister Benjamin Netanjahu, der Mufti von Jerusalem, Husseini, habe Hitler überredet, die Juden zu vernichten. Im August 2022 verkündete Palästinenserpräsident Mahmoud Abbas, Israel habe »fünfzig Holocausts an den Palästinensern« begangen. Cohen kritisiert beide Äußerungen, »denn sie schaden beiden Völkern. Wir müssen einen Weg finden, hier gemeinsam zu leben. Eine Äußerung wie die von den ›fünfzig Holocausts‹ ist Schwachsinn, denn wir müssen den Kontakt mit vielen Palästinensern aufrechterhalten, damit wir eines Tages hier normal leben könnten«, sagt er sehr erregt. »Auch von israelischer Seite finden leider zahlreiche solcher ›verbalen Anschläge‹ statt.«

Habt ihr Kontakt zur Palästinenserbehörde?
»Wir haben es versucht mit einem Bildungsprojekt, aber es ist noch zu früh. Erst einmal wollen wir mit den arabischen Israelis zusammen arbeiten.«

Und mit arabischen Diplomaten?
»Wir planen ein Bildungsprogramm über nordafrikanische Juden in der Shoah, und das könnte ein Anlass sein.« Auch eine entsprechende Ausstellung gehört zu seinen vielen Zukunftsplänen. Dann spricht er leidenschaftlich über einen neuen Roman zum Thema, den er gerade verschlungen hat. Eine Szene berührte ihn besonders: Am Ende der deutschen Besatzung versammelt der Kantor die Juden in Tunis in der Synagoge und erzählt ihnen vom Schicksal der Juden in Polen, und sie beginnen zu weinen. »Es ist ein schauriges Erlebnis, das zu lesen, als ob ich dort im Publikum sitzen würde.«

Im Ghettomuseum versucht man, auch symbolisch Lehren aus der Shoah für einen jüdisch-arabischen Ausgleich in Israel zu ziehen – anhand eines Gegenstandes aus der Dauerausstellung. »Jüdische Zwangsarbeiterinnen in einem Außenlager von Auschwitz bauten eine Waage aus Draht«, erklärt Cohen. »Damit teilten sie täglich ihre kläglichen Brotrationen gerecht auf.« Die Waage schmückt eine Medaille für einen neuen Preis, den das Museum vergibt. Darauf steht ein Spruch aus dem Talmud: »Und wo Unmenschlichkeit herrscht, versuche Mensch zu sein.« Den Preis verlieh das Museum 2019 an Masad Barhoum, den medizinischen Direktor des Krankenhauses in Naharija für sein außerordentliches humanitäres Wirken. Der Professor leitet als einziger arabischer Direktor ein staatliches israelisches Krankenhaus.

Akko

Am 11. Mai 2021 artet eine Demonstration in Akko, mit der gegen die Gewalt in Jerusalem protestiert werden soll, selbst in Gewalt aus. Am »Kanonenplatz« am Rande der Altstadt beschießen junge arabische Männer die wenigen Polizisten mit Steinen und Feuerwerkskörpern.[1] Lokale arabische Aktivisten und Würdenträger verhandeln mit der Polizeiführung über den Rückzug der Uniformierten, um die Lage zu beruhigen. Aber das gelingt nicht ganz. Die wenigen Polizisten – die meisten waren als Verstärkung nach Jerusalem geschickt worden – drängen die Randalierer in Richtung Moschee. Zugleich evakuieren sie eingekesselte Juden aus der Altstadt, wo nur Araber wohnen und wo es brennt. Ein 84-jähriger Gast des Hotels *Efendi* erleidet schwere Verbrennungen und eine Rauchvergiftung, an der er später stirbt. Die Brandanschläge, die offenbar nur jüdischen Geschäften galten, kann niemand verhindern. Arabische Einrichtungen in der Altstadt wurden offenbar nicht angegriffen.

Gegen alle Prognosen flammt die Gewalt auch in der Nacht vom 12. auf den 13. Mai auf, auch im überwiegend von Arabern

---

1 https://www.youtube.com/watch?v=XtGDUNWfNMo,
https://www.facebook.com/watch/?v=3316994355282661

bewohnten Wolffsohn-Viertel. Hanna Ganashvili, die dort wohnt, wird am Abend im arabischen Lebensmittelladen gewarnt, sie solle schnell weg, »die Juden« würden einen Krieg anzetteln. »Ich ging nach Hause und hörte draußen das Geschrei *Allahu akbar.*« Sie ruft ihren Sohn Mor an, der sie beruhigt: »Alles in Ordnung, ich komme.« Auf dem Weg zu ihr kommt dem dreißigjährigen Versicherungsangestellten der Weg durch Akko ruhig wie immer vor, abgesehen von einer jüdischen Demonstration. »Ich telefonierte mit meinem Bruder und sagte, ›ich bin gleich bei Mama, alles okay‹. Als ich über einen Platz fuhr, sah ich auf einmal mit Steinen und Schlagstöcken bewaffnete Vermummte.« Auf einer Handyaufnahme sieht man (in der TV-Dokumentation) Dutzende von Menschen in Schwarz; am Strommast weht die palästinensische Fahne. »Sie warfen mir hasserfüllte Blicke zu und spuckten auf das Auto«, erzählt Mor. »Immer noch am Telefon rief ich meinem Bruder zu, dass jetzt irgendwas Schlimmes passieren könnte.« Vielleicht fällt ihm ein, dass die kleinen Israelfahnen, die er zu Israels Unabhängigkeitstag im April an beiden Seitenfenstern befestigt hat, auf die hasserfüllten Männer wie rote Tücher wirken.[2]

Gegen 21.20 Uhr trifft er an einer Kreuzung auf Dutzende junge Männer, die die große Straße blockieren. Als er sie sieht, versucht Mor, rückwärts zu fahren. »In dem Moment versuchte jemand, mich aus dem Auto zu zerren.« Ein weiterer Wagen kommt von hinten und versperrt ihm den Fluchtweg. »Mir war klar, jetzt würden sie mich umbringen«, erzählt er.

2 Vgl. das Gerichtsurteil vom 28.11.2022 gegen Adham Bashir.

»Ich versuchte weiterzufahren, schrie und stieß gegen eine Mauer. Ich hörte einen Knall, und dann war einen Moment lang Stille. Danach flogen wieder Ziegelsteine in meine Richtung. Dann wurde alles schwarz. Ich wollte aussteigen, bevor sie mich lebendig verbrannten, machte die Tür auf, rannte auf Mamas Haus zu und versuchte, mein Gesicht mit den Händen zu schützen. Der Mob holte mich ein und schlug mit Eisenstangen und Holzlatten auf mich ein. Ich hatte Schnittwunden im Gesicht und fiel zu Boden. Jemand kickte mich ins Gesicht. Mir war jetzt klar: Ich werde sterben.«

In diesem Moment öffnet Hanna Ganashvili ihre Jalousien und sieht lauter Araber, die »wild umherrannten und schrien, und etwas brannte«. Das war Mors Wagen. »In dem Moment klingelt meine arabische Nachbarin an der Tür, sagt, ich solle keine Angst haben und aufmachen. ›Dein Sohn ist unten‹, sagt sie. Ich gehe zwanzig Meter vor das Haus, sehe Blutspuren auf dem Bürgersteig und einen Mann, der dort liegt. Ich weiß sofort: mein Sohn. Denn ich kenne seine Sachen. Ich rufe: ›Mor‹ und er antwortet: ›Mama‹. Dann verliert er das Bewusstsein.« In dem Moment kommt der Lokalpolitiker Sheikh Abbas Zakour und fordert die Randalierer auf, sofort aufzuhören. Bei ihm ist der arabische Krankenpfleger Fadi Kassem.

Fadi willigt sofort in ein Gespräch mit mir ein. In Akko sei seine Zeit dieser Tage allerdings sehr knapp. Mehr Zeit hätte er unter der Woche in Holon, wo er inzwischen arbeitet, in der Stadt südlich von Tel Aviv, wo ich selbst geboren und aufgewachsen bin. Am Tag vor dem Treffen schickt er mir eine Karte von der Umgebung seines Arbeitsplatzes: direkt neben dem

Jugendpark Tel Giborim. Als ich dort im Heim für geistig Behinderte eintreffe, heißt es, Fadi sei kurz weg. Ich warte in einer Holzhütte im Hof des Hospizes und finde inzwischen heraus, dass das Viertel Tel Giborim (»Hügel der Helden«) nach den Kriegshelden benannt wurde, die 1948 das arabische Dorf A-Rish und vor allem den Stützpunkt auf dem Hügel hinter uns eroberten. Der Ort passt trotzdem gut zu dem dreißigjährigen arabischen Krankenpfleger, denn er hat in der zweiten Krawallnacht in Akko einem Menschen das Leben gerettet. Kurz wurde er dafür in den Medien gefeiert und erhielt auch Auszeichnungen von seinem Krankenhaus und einem privaten College. Aber wie ergeht es einem Helden, wenn die Kameras wieder weg sind? Und was macht er so weit weg vom Schauplatz seiner eigenen Heldentaten? Der sanfte bärtige Mann mit den großen Augen und der dunkelblauen Kapuze ist überrascht, dass jemand ihn für einen Helden hält.

Die im Norden Israels gelegene Hafenstadt Akko erlebte bereits im Herbst 2008 tagelang schwere Straßenschlachten zwischen Juden und Arabern. Ausgelöst wurden sie durch einen Araber, der mit seinem Sohn am jüdischen Fastentag Jom Kippur mit dem Auto in ein überwiegend jüdisches Viertel fuhr, um dort Freunde zu besuchen. Es gibt in Israel kein Gesetz, welches das Fahren am jüdischen Fastentag verbietet, nur die gesellschaftliche Norm. Vor allem Kinder genießen dieses inoffizielle »Fahrradfest« auf den fast leeren Straßen, und die wenigen Autofahrer, vor allem Polizisten und Sanitäter, sind angehalten, besonders vorsichtig zu fahren. In Akko gerieten an dem Tag jüdische Anwohner mit dem arabischen Autofahrer in Streit, weil sie ihm vorwarfen, er sei absichtlich an diesem Fastentag hierhergefahren. Irgendwann fingen sie an, sein Auto mit Stöcken und Steinen zu traktieren. Als sich in den arabischen Stadtteilen das Gerücht verbreitete, der Autofahrer sei getötet worden, strömten wütende Araber zu Hunderten in die jüdischen Stadtteile und zerstörten wahllos Autos und fast dreißig Läden.

Die Unruhen im Mai 2021 hingegen waren eine Folge der Ausschreitungen um die al-Aqsa-Moschee in Jerusalem. Sieht Fadi einen direkten Zusammenhang zwischen beiden Gewaltexzessen? Seine Antwort überrascht mich: Ja, Bürgermeister Shimon Lankri. Der Krankenpfleger scheint bestens informiert über die Politik in der 50 000-Einwohner-Stadt, wo jeder Dritte arabisch und Muslim ist. »Wenn man sich den kommunalen Haushalt anschaut, lässt sich eine erhebliche Diskrepanz feststellen zwischen dem jüdischen und dem arabischen Sektor«, klagt er. »Eine jüdische Bildungseinrichtung wird drei- bis viermal höher subventioniert als eine arabische. Lankri, der seit 2003 regiert, schwärmt ständig vom ›perfekten Zusammenleben‹ in Akko und betont, sein Stellvertreter sei Araber. Aber wo ist die Gleichberechtigung? Und warum hat man die angespannten jüdisch-arabischen Beziehungen so lange ignoriert, bis alles aus dem Ruder lief? Warum förderte man nicht das Positive in Akko?« Fadi nennt ein Beispiel für Diskriminierung. »Seit ein, zwei Jahren feiert man in Akko im Dezember die Feste der drei Religionen und schmückt die Straßenlaternen mit den Symbolen der Muslime, Juden und Christen. Nach dem Ramadan entfernte man aber plötzlich das muslimische und das christliche Zeichen und ließ nur den Davidstern hängen. Dahinter steckt die Stadtverwaltung.«

Fadi Kassem war nicht zufällig am richtigen Ort zum richtigen Zeitpunkt, wie die israelischen Medien berichteten. Vielmehr hatte er von Beginn an versucht, Gewalt zu verhindern, wie er sagt. Wie kam es dazu? »Ich bin auch sozialer Aktivist und unterstütze Ahmad Tibis Partei *Ta'al* (die Arabische Bewegung für Erneuerung)«, sagt er. »Ich stamme aus einer großen Familie in Akko, wo man mich kennt. Im Rahmen der *Akko-Bewegung* organisierten wir Kinderfeste und sammelten zusammen mit dem *Verein für Akko* von Amihai Ben Shlush, einem *Likud*-Aktivisten, Spenden. Gemeinsam verteilten wir Lebensmittel an arabische und manchmal auch jüdische Bedürftige. Wir kooperierten, um das Zusammenleben zu fördern.«

Amihai Ben Shlush, den ich in einem Einkaufszentrum in Akko treffe, erzählt über sein schon fünfzehn Jahre dauerndes ehrenamtliches Engagement, auch mit Fadi. Der jüdische Aktivist koordiniert den Einsatz von dreihundert Freiwilligen, die Lebensmittel an Senioren und Überlebende der Shoah verteilen, »vor dem Schabbat, am jüdischen Neujahrsfest, am Pessachfest und auch im Fastenmonat Ramadan. Fadi ist einer der Ehrenamtlichen. Von daher kenne ich ihn gut, und wir respektieren einander, denn bei dieser Art Aktivität spielt die politische Agenda keine Rolle; es geht nur darum, den Menschen in Akko zu helfen.« Im Gegensatz zu Fadi lobt Ben Shlush den Bürgermeister von der rechtsnationalen *Likud*-Partei und bemängelt, dass lokale arabische Würdenträger kein Wort darüber verlieren, wenn die arabischen Jugendlichen randalieren.

Ben Shlush wuchs, so wie Fadi, zeitweise im überwiegend arabischen Viertel Wolffsohn auf, in schwierigen Verhältnissen. »Schon mit sechzehn musste ich arbeiten gehen, um meiner Mutter zu helfen. Sie zog allein drei Söhne groß, denn mein Vater war drogenabhängig. Wir haben Drogen, Gewalt und Alkohol überstanden, und das hat uns gestärkt.« Der Aktivist, der kürzlich eine Anwaltskanzlei eröffnet hat, wollte Bedürftigen helfen und zugleich ihre Würde bewahren. »Die schöne Idee ist, dass Familien Lebensmittel für andere Familien spenden, und wir liefern diese, so wie bei einer Pizzabestellung. Schön ist auch, dass die Bedürftigen nicht wissen, wer für sie gespendet hat. Wir bedanken uns bei den Förderern auf unsere Facebook-Seite, so dass andere Familien motiviert werden mitzumachen.« Spannungen zwischen Juden und Arabern interessieren Ben Shlush nicht, »sondern an erster Stelle die Hungrigen. Im arabischen Sektor fehlte ursprünglich das Bewusstsein für ehrenamtliche Tätigkeit, aber in den zehn Jahren, in denen wir uns dort engagieren, haben sie dieses System verstanden, so dass die Zahl der arabischen Freiwilligen kontinuierlich steigt – von zwei auf dreißig. Zum Beginn des Ramadan organisieren wir ein kostenloses festliches Essen für zwanzig Muslime, beim Pessachfest für dreihundert jüdische Bedürftige.«

Über die Freiwilligen erfährt Ben Shlush, in welch erbärmlichem Zustand vor allem Shoah-Überlebende leben. Er lässt alle sechs bis acht Wochen Wohnungen mithilfe von Spenden renovieren. Gerührt erzählt er vom jüngsten Fall: »Letzte Woche war ich bei dieser alten kranken Frau und schockiert zu sehen, in welchem Zustand sie lebt – ohne Küchenplatte, Spülbecken und Dusche – nur ein Wasserschlauch. Noch nie habe ich so etwas erlebt. Ich riet ihr, sich bei der Stadt zu beschweren, aber eine Woche lang hat sie es umsonst probiert. Deswegen habe ich heute die Presse alarmiert. Ich hoffe, dass ihr nach dem TV-Bericht jemand wenigstens einen Wunsch erfüllt: eine bescheidene Dusche. In ihrer Wohnung hat sie einen Ofen, den sie nicht benutzt, weil sie nichts zum Kochen oder Backen hat. Sie sagte, ich solle ihren Ofen jemand anderem spenden.«

Im Gegensatz zu Ben Shlush kommt Fadi aus einer großen und einflussreichen Familie und sieht sich als Repräsentant seiner Gemeinschaft. Am 11. Mai 2021 schloss er sich dem Protest gegen die Gewalt in Gaza und der al-Aqsa-Moschee in Jerusalem an. »Zu dieser legalen Demonstration am Eingang zur Altstadt ging ich zusammen mit meiner Schwester«, erzählt er. »Die Polizisten waren noch weit weg, als einige Demonstranten anfingen, Steine zu werfen – ohne jedoch zu treffen. Von den Juden haben wir gelernt: Du musst nicht im Recht sein, sondern schlau. Die Polizisten hätten sich gegenüber der Wut der Jugendlichen nachsichtiger verhalten sollen. Stattdessen reagierten sie mit Tränengas und Blendgranaten. Alle rannten umher, und im Chaos habe ich meine Schwester verloren. Irgendwann aber hörte die Polizei auf uns, und wir schafften es, die Lage zu entschärfen.« In der TV-Recherche sieht man ihn als Vermittler neben einer arabischen Abgeordneten und einem Polizisten.

Als in Akko die Steine flogen, versuchte Fadi zusammen mit dem Sheikh und früheren Parlamentarier Abbas Zakour sowie arabischen Stadträten mit den Polizisten zu reden und die Lage zu beruhigen. »Während der Unruhen fand der Beerdigungszug eines prominenten Bürgers von Akko statt. Ich bat den Sheikh, zur Teilnahme aufzurufen. Den Leiter der Polizeistation bat ich, seine Leute zurückzuziehen. Er war einverstanden, und es herrschte Ruhe – bis ein Junge wieder einen Stein warf und die Polizisten sofort reagierten. Daraufhin scherten einige aus dem Trauerzug aus und beteiligten sich am Scharmützel mit der Polizei.« In jener Nacht versucht Krankenpfleger Fadi, allen Verletzten zu helfen – egal wer sie waren. »Am Abend wollte ich mit meiner Familie nach dem Ramadan-Fasten zu Tisch gehen, als das Telefon klingelte. Eine Frau rief, religiöse Juden hätten Araber im Stadtteil Wolffsohn attackiert. Wir sollten bitte kommen und die jungen Männer nach Hause schicken. Ohne einen Bissen schnappte ich meine Erste-Hilfe-Tasche und lief los.«

Fadi Kassem wuchs im Wolffsohn-Viertel auf, wo er zusammen mit Juden und Arabern spielte. Er besuchte dort eine arabische Schule, aber bemühte sich, sein Hebräisch zu verbessern. In der zweiten Krawallnacht war er in Wolffsohn als Friedensstifter unterwegs. »Zusammen mit dem Sheikh und der Polizei konnten wir die Lage beruhigen. Dann passierte das mit Mor. Er war bei seinem Fluchtversuch in eine kleine Mauer gefahren, wo ein arabisches Paar saß, und hatte den Mann am Bein verletzt. Auch den habe ich behandelt. Er stieg aus und versuchte, das Haus seiner Mutter zu erreichen. Sie erwischten ihn aber und schlugen auf ihn ein, bis er das Bewusstsein verlor. Ich stand nur fünfzig Meter weg und rannte hin.«

Hattest du Angst?
»Darüber habe ich in dem Moment nicht nachgedacht, mein Beruf ist, Menschenleben zu retten. Ich rannte zu dem re-

gungslos am Boden liegenden Mor, zusammen mit dem Sheikh, der die Menge fernhielt, während ich ihn behandelte.«

Warst du selbst in Gefahr?
»Nein. Ein paar Araber brachten sogar Wasser, damit ich sein Gesicht waschen konnte, um den Grad der Verletzungen zu erkennen.«

Und die Angreifer?
»Die rannten weg.«

Was waren das für Leute?
»Schlechte Kinderstube, mieses soziales Umfeld. Wir riefen den Krankenwagen, aber beim Rettungsdienst hatten sie Angst, zu kommen. Also lief der Sheikh zum Eingang des Viertels und lotste den Rettungswagen her.«

Wie war Mors Zustand?
»Er hatte mittlere bis schwere Verletzungen am Kopf sowie am Körper. Dass er kurz das Bewusstsein verlor, deutete auf eine Gehirnerschütterung, so dass dauerhafte Schäden zu befürchten waren. Wir schafften ihn in den Krankenwagen, zusammen mit dem angefahrenen Araber. Unterwegs kam Mor wieder zu sich.«

Und wie vertrugen sich die beiden?
Fadi schmunzelt: »Mor wusste in dem Moment nichts, der Araber aber fing gleich wieder an, ihn zu beschimpfen.«

Das Foto von Mor, der im Krankenbett liegt und während eines gemeinsamen Fernsehinterviews spontan nach Fadis Hand greift, bewegte viele Israelis.

Wie erlebtest du diese Begegnung im Krankenhaus, wo du damals arbeitetest?

»Ich besuchte ihn, weil ich wissen wollte, wie er zurechtkam. Ich fragte Mor, ob er mich erkennt, und er verneinte. Dann zog ich meine Maske ab, aber er erkannte mich immer noch nicht. Ich fragte ihn: ›Kannst du dich daran erinnern, dass, als du wieder zu Bewusstsein kamst, jemand beruhigend auf dich einredete, alles werde wieder gut?‹ ›Ja, klar. Warst du das?‹ ›Ja‹, sagte ich. Da umarmte er mich und bedankte sich.« Während er erzählt, wirkt Fadi noch immer sehr bewegt von dieser Geste. »Eine Krankenschwester, die diese Szene erlebte, musste weinen.«

Aber Akko ist nicht Hollywood.

Hast du wegen der Rettungstat auch Drohungen bekommen?
»Ja, von beiden Seiten.«

Wer war das?
»Während der friedlichen Demonstration wurde ich fotografiert, und das Foto tauchte auf einem Nachrichtenportal auf. Ein Jude postete mein Foto auf seiner Facebook-Seite und schrieb: ›Ein Krankenpfleger vom Galil-Krankenhaus aus der dritten Inneren Abteilung beteiligt sich an der Demo und hetzt gegen Juden.‹ Ich weiß nicht, woher er meinen Namen hatte. Wegen diesem Post bekam ich viele Beschimpfungen und

Drohungen von Juden per Facebook und telefonisch: Ich solle verbrennen und meine Eltern auch, ich solle nach Gaza oder Syrien verschwinden. Sie beschimpften auch meine Mutter. Ich versuchte, alle Anrufer zu beruhigen, trank in Ruhe Kaffee, ging dann zur Polizei, um Anzeige zu erstatten. Anschließend postete ich, ich hätte Vertrauen in den Rechtsstaat.«

Und wer bedrohte dich von arabischer Seite?
»Ein Freund schrieb mir: ›Du behandelst einen Juden, der Araber überfahren wollte?‹, gefolgt von Beschimpfungen. Ich antwortete: ›Gerade als Freund solltest du mich kennen und wissen, wie ich denke. Ich wünsche dir ein gutes Leben.‹ Täglich rette ich als Pfleger Menschenleben, dafür wurde ich noch nie bedroht oder beschimpft.«

In den israelischen Medien wurden Fadi und Mor als »ziemlich beste Freunde« umjubelt, und sie berichteten, dass Fadi Mor zu seiner Hochzeit im September 2021 einladen würde. Das tat er dann aber doch nicht.

»Genau. Unser Verhältnis jetzt ist inzwischen korrekt, mehr nicht, denn seine politische Einstellung empfinde ich als verletzend.«

Ist die womöglich eine Folge des Lynchversuchs?
»Jeder, der so was erlebt, wird Araber hassen.«

Auch wenn er von dir gerettet wird?
»Man vergisst das Gute, nicht aber das Böse. Einer der mutmaßlichen Täter, Adham, wurde zu zehn Jahren verurteilt, aber unsere Geschichte wurde vergessen. Dabei hätte man

ruhig mal dazu ermuntern sollen, dass ein Jude einem Araber hilft und ein Araber einem Juden.«[3]

Wir sitzen in Fadis kleinem Büro in einer Holzbaracke und schlürfen arabischen Mokka. Es ist ruhig hier an diesem sonnigen Vormittag, und Fadi hat offenbar viel Zeit. Sein Arbeitsplatz ist über hundert Kilometer von Akko entfernt, und er fährt in jede Richtung über zwei Stunden – mit Bahn und Elektroroller, um täglich ein wenig Zeit zu Hause zu verbringen. Das ist für israelische Verhältnisse für einen frisch verheirateten Vater ungewöhnlich. Fadi erklärt: »Nach der Sache mit Mor bekam ich eine Anerkennungsurkunde von meinem Krankenhaus. Aber als ich durch die Medien gereicht wurde, waren einige Kollegen neidisch, deshalb beschloss ich wegzugehen. Ich wollte in Akko arbeiten, fand aber in der Gegend keine passende Stelle, und meine Frau arbeitet als Lehrerin sowieso hier in der Gegend. Hier in Holon leite ich jetzt eine private Klinik im Heim für geistig Behinderte.« Fadi ist verheiratet und der Vater »des schönsten Mädchens auf der Welt«.

Mor Ganashvili musste lange im Krankenhaus bleiben und konnte sich nur an Krücken bewegen. Er musste seine Arbeit kündigen, lebt von Sozialhilfe und leidet unter posttraumati-

---

3 Am 28. November 2022 wurde Adham Bashir, 25, wegen eines terroristischen Angriffs mit der Absicht, körperlichen Schaden anzurichten, verurteilt. Er soll einen Stein auf Mor Ganashvilis Auto geschleudert und anschließend mit einem Knüppel ein Autofenster eingeschlagen haben, um ihn aus nationalistischen Motiven schwer zu verletzen.

schen Symptomen. Während eines Gesprächs mit dem israelischen Fernsehen sitzt er im Rollstuhl in seiner Hochhauswohnung. Am Balkongeländer hängt eine große Israelfahne. Mor berichtet von neurologischen Folgen des brutalen Angriffs, von Albträumen, in denen Vermummte und ein Fluchtversuch vorkommen. Er sagt: »Ich gehe nicht mehr aus dem Haus, weil ich Todesangst habe.« Von den Dutzenden Arabern, die versuchten, ihn umzubringen, wurden nur vier angeklagt, zwei davon verurteilt. »Die anderen sind noch irgendwo in Akko«, sagt Mor.

Jeder in der Hafenstadt kennt den Weg durch die verwinkelten Gassen der Altstadt zu *Uri Buri*. Denn alle kennen das Fischrestaurant und den Besitzer, bekannt als Uri Buri – *Buri* ist Hebräisch für Meeräsche. Der imposante weiße lange Bart ist das Markenzeichen des 77-jährigen Uri Jeremias, der inzwischen auch deutsche Fans hat, die die Rezepte von Israels berühmtestem Fischkoch kennen. In Akko gilt er als prominentestes Opfer der Unruhen vom Mai 2021, als sein berühmtes Fischlokal niederbrannte und sein Luxushotel schwer beschädigt wurde. Aber die wenigsten kennen seine faszinierende Lebensgeschichte.

Alles wirkt friedlich an diesem sonnigen Mittag in der Altstadt von Akko, nur wenige Menschen schlendern die Promenade entlang, zwei Fischer angeln beim Felsen hinter der kleinen Lagune. Im *Uri Buri* an der Kaimauer der Altstadt sind alle Tische besetzt, die Gäste blicken zufrieden drein, die Kellner – Juden wie Araber – reden freundlich miteinander. Vergeblich suche ich nach Spuren jener schrecklichen Nacht vom 11. Mai

2021, als arabische Randalierer hier und in Uris benachbartem Hotel Feuer legten.

Sie möchten zu Uri? Ein junger Kellner zeigt mir den Weg durch die Küche. Eine lange Außentreppe führt zum winzigen Büro in einem Gebäude hinter dem Fischrestaurant. Er gibt Anweisungen an seine Buchhalterin und mahnt mit sanfter Stimme, wir hätten nur dreißig Minuten, denn er müsse anschließend zu seinem Hotel, wo Netflix drehen will. In zwei Tagen reist er nach Deutschland, wo er in Schloss Elmau eine ganze Woche kochen wird. Zu meinem Glück wird dann der Drehtermin kurzfristig verschoben, so dass wir im gut besuchten Lokal weiterreden können. Je länger wir über seine Familie aus Deutschland reden, desto fröhlicher und witziger wird er.

Uri ist notorischer Optimist und glaubt auch nach den Anschlägen weiter an eine friedliche Zukunft in der jüdisch-arabischen Stadt Akko. Ein Blick in seine deutsch-jüdische Familiengeschichte hilft, die Quellen dieses Optimismus zu verstehen.

Uri Jeremias' Großvater mütterlicherseits, Davis Trietsch, war Zionist der ersten Stunde. 1895 entwarf er, noch vor Theodor Herzl, Pläne für eine jüdische Heimstatt auf Zypern. Er nahm als Delegierter am Ersten Zionistischen Kongress teil, lebte ab 1906 zwei Jahre in Palästina, heiratete in Jaffa und veröffentlichte 1907 ein Palästina-Handbuch. 1932 wanderte er endgültig nach Palästina aus, wo er 1935 starb. Nach seiner Vision gründeten deutsche Juden das Dorf Ramot HaShavim, wo er beigesetzt wurde. »Gestern war Lisa Sophie Gebhard hier, die Autorin einer Doktorarbeit über meinen Großvater«, erzählt er stolz.

Uris Vater Benjamin wollte schon als Jugendlicher Bauer in Palästina werden. Aber seine Mutter verbot die Reise, weil sie überzeugt war, die Araber würden ihn umbringen.[4] Erst als Volljähriger und Absolvent der ersten jüdischen Gartenbauschule Ahlem bei Hannover konnte er 1931 auswandern. Bereits auf dem Schiff befreundete sich Benjamin mit einem Araber und folgte seiner Einladung ins Dorf Beit Sahour, im Westjordanland, wo er drei Wochen blieb und jeden Abend den Bewohnern auf der Mundharmonika vorspielte. In Jaffa heiratete Benjamin Trietschs Tochter Hannah, und 1934 zog das Paar als wohl einzige Juden in die arabische Kleinstadt Akko. Benjamin radelte täglich in das benachbarte deutsch-jüdische Dorf Naharija, bei dessen Gründung er mithalf, und wo sich die Jeremias' schließlich niederließen.

Uri wurde 1944 in Naharija geboren. »Mein Vater konnte sich auf Arabisch verständigen und brachte auch Arabern Landwirtschaft bei«, erzählt er. Im Krieg von 1948 vermittelte Benjamin als Kommandant der Bürgerwehr den Waffenstillstand im benachbarten arabischen Dorf Mazra'a. Bei einem seiner Besuche im Dorf fiel ihm das neunjährige arabische Mädchen Mirjam auf, und mit Zustimmung ihres Vaters, der den Jeremias' vertraute, verbrachte Mirjam sieben Jahre lang die Schulferien in Hannahs Kinderheim in Naharija. »Die anderen waren verwaiste Kinder, die ihre Eltern im Krieg verloren hatten«, weiß Uri. Später brachte Benjamin seine jüdischen Nachbarn zu Besuch nach Mazra'a, und ab 1968 organisierte er eine ers-

4 Karin Friedrich, *Wege ins Gelobte Land: Zehn Lebensgeschichten aus Israel*. Berlin 1994.

te Reise einer jüdisch-arabischen Jugendgruppe nach Deutschland. Später begleitete Mirjam, inzwischen Krankenschwester, zusammen mit ihrem arabischen Mann jüdische Seniorengruppen zur Kur nach Deutschland. Seine Geschichte erzählte mir Benjamin schon vor über dreißig Jahren. Damals war er so alt wie Uri heute – und hatte einen ähnlich langen Bart.

Uri wuchs in einem offenen Haus auf. »In den ersten Jahren nach dem Krieg durfte man in Galiläa nachts nicht fahren – aus Sicherheitsgründen, denn die Grenze zum Libanon war nicht gut gesichert. Tagsüber begleiteten Grenzschützer die Autokonvois. Wenn mein Vater am Busbahnhof war und dort Menschen begegnete, die den letzten Bus verpasst hatten, brachte er sie einfach mit nach Hause. Sie schliefen bei uns und kriegten auch ein bescheidenes Frühstück.«

Uri Jeremias sollte, geographisch gesehen, den umgekehrten Weg seines Vaters gehen, also von Naharija nach Akko, weil er dessen liberale Weltanschauung teilte. Durch Verwandte und aus Deutschland stammende Nachbarn lernte er gut Deutsch. Gespräche mit deutschen Gästen seiner Eltern veranlassten ihn, mit sechzehn nach Deutschland zu reisen. Ein Freund seines Vaters lud ihn zu einem Jugendlager der SPD-Jugendorganisation *Die Falken* in Niedersachsen ein. Anschließend lud ihn der Regierende Bürgermeister Willy Brandt für drei Tage nach Westberlin ein. »Das war 1961, kurz nach der Errichtung der Berliner Mauer«, erinnert er sich. »Brandt empfing mich in seiner Kanzlei und zeigte mir die Stadt.«

Wie erlebte er Brandt? »Für jene angespannte Zeit war er fast zu entspannt, und er sprach mit mir auf Augenhöhe. Natürlich wusste ich, dass er Nazi-Gegner gewesen war.«

Im israelischen Militär war Uri Flugzeugmechaniker, arbeitete danach in Deutschland und befreundete sich mit Günter Wallraff. Er kaufte sich einen VW-Bus, mit dem er den Balkan und den Orient bereiste, wo er sich einen Teil seines Unterhalts als Betreiber einer Straßenküche verdiente. Seine Jugend hatte er am Strand verbracht, Kochen war immer sein Hobby gewesen. Also eröffnete er 1989 ein Fischrestaurant in seiner Heimatstadt Naharija. Wegen ständiger Schikanen der Stadtverwaltung zog sein Lokal 1997 in die Altstadt von Akko um, wo nur Araber wohnen. »Alle meine Freunde fanden, ich mache den Fehler meines Lebens«, sagt er schmunzelnd. Denn er war der erste jüdische Israeli in der Altstadt und ignorierte die Bedenken seiner Freunde: »Ich bin weder anti-arabisch noch islamfeindlich, und mir gefiel das Flair der Stadt.« Die Altstadt von Akko ist seit 2001 Weltkulturerbe der UNESCO. Zum gleichen Zeitpunkt erwarb er zwei angrenzende verfallene osmanische Paläste, die er acht Jahre lang denkmalgerecht restaurieren ließ, und eröffnete dort 2012 das *Efendi Hotel*.

Uri macht täglich eine Runde bei den arabischen Fischhändlern auf dem Markt. Er beschäftigt auch arabische Mitarbeiter, und fast alle nennenswerten Köche der Stadt haben bei ihm schon gearbeitet. Araber lernte er als Kind über seinen Vater Benjamin kennen. Wurde er von der arabischen Gewalt im Mai 2021 überrascht? »Ja. Noch am 4. Mai hatte ich an einem *Iftar*-Mahl (das ›Fastenbrechen‹ während des Fastenmonats Ramadan) in Akko teilgenommen, gemeinsam mit allen religiösen Würdenträgern, allen Sheikhs aus Galiläa, Lokalpolitikern und dem Polizeichef. Fünfhundert Leute, und alle waren sie Gäste des früheren Imams der Großen Moschee in

Akko, Sheikh Samir Assi. Das beispielhafte Zusammenleben in Akko wurde allseits gelobt.«

Nur eine Woche später jedoch kam es zu einer seltenen Kette von Ereignissen, von der alle überrascht wurden: der Krieg im Gaza, die Randale auf dem Tempelberg, die Unruhen im Ostjerusalemer Stadtteil Sheikh Jarrah, der jüdische Fahnenmarsch in Jerusalem, eine erneute Razzia der Polizei, die sich gegen arabische Kriminelle richtete, und das alles mitten im muslimischen Fastenmonat Ramadan. »Weil so viele Polizisten nach Jerusalem verlegt wurden und wir in Akko ungeschützt blieben, fühlten sich die Extremisten vor Ort wohl zur Randale ermuntert. Sie fingen mit meinem Restaurant und Hotel an, dann nutzten die Kriminellen die allgemeine Anarchie, warfen Brandsätze und plünderten.« Sachlich und in ruhigem Ton berichtet er von den Ereignissen in der Nacht des 11. Mai 2021. Man merkt, dass er auch mal als Bombenentschärfer bei der Polizei in Jerusalem tätig war und sich nie aus der Ruhe bringen lässt.

»An dem Abend kam ich ins Restaurant, um meinen Mitarbeitern moralisch den Rücken zu stärken. Die Situation war angespannt. Akko war menschenleer. Mit meiner Frau und Tochter aß ich eine Suppe. Wir wollten gerade aufbrechen, als die Nachricht von Unruhen am Hafen kam. Fünfzehn Minuten später gingen draußen vier maskierte Männer vorüber, und ich rief den Gästen zu, von den Fenstern wegzugehen. Gleich darauf schlugen sie mit Eisenstangen die Fenster ein und verschwanden. Unter den gut zwanzig Gästen brach Panik aus. Ich rief einen Freund an und bat ihn, zu kommen und sie zu ihren Hotels zu begleiten. Dann rief jemand an, ein Molotowcocktail sei in die Hotellobby geworfen worden. Ich rannte hin mit zwei Arbeitern und Feuerlöschern, aber Nachbarn hatten das Feuer bereits gelöscht. Trotz Qualm und Rauch konnten wir alle Gäste evakuieren. Ich wollte Taxis mieten, um sie nach Naharija bringen zu lassen, aber mein Telefon funktionierte nicht. Dann kam jemand und sagte, das Restaurant stünde in Flammen. Ich rannte wieder zurück, denn meine Frau und Tochter und drei Kellnerinnen waren noch dort.«

Die Randalierer fanden Uris Frau und Tochter in der Toilette, wo sie sich versteckt hatten. Sie geleiteten sie hinaus, nahmen Tablets und Laptops mit, raubten die Kasse aus, brachen den Safe auf und legten Feuer. Dann traf Uri ein. »Meine Frau und Tochter waren inzwischen zur Polizei gelaufen. Ich sah hohe Flammen aus dem Restaurant lodern. Zweieinhalb Stunden brauchte ich mit dem Wasserschlauch, um zu löschen, denn auch die Feuerwehr kam nicht. Kein Polizist wagte sich in die Altstadt, sie waren einfach zu wenige.« Ein paar arabische Nachbarn halfen beim Löschen. Sie kennen Uri seit Jahren und mögen ihn. Einige, die direkt hinter dem Restaurant wohnen, befürchteten auch, das Feuer könnte übergreifen.

Einer von Uris Hotelgästen, der schwer verletzt wurde, starb Tage später. Avi Har-Even war 84 Jahre alt und früher Chef des israelischen Raumfahrtprogramms gewesen. »Nachbarn hatten den Gästen geholfen und Essen und Trinken gebracht. Aber als sich die Lage schon beruhigt zu haben schien und die Gäste ihre Koffer aus den Zimmern holten, kamen die Rowdies. Dieser Gast hatte was im Zimmer vergessen und kam als Letzter die Treppen hinunter. Unten brannte es schon.

Er verletzte sich irgendwo unterwegs, vielleicht ist er gestürzt und dann halb erstickt, jedenfalls starb er zehn Tage später.«

Schon am Tag danach verkündete Uri die baldige Neueröffnung. Kapitulieren kam für ihn noch nie in Frage. Nur drei Wochen nach dem Anschlag eröffnete er im August 2021 ein provisorisches Restaurant im Industriegebiet. Er wollte sein Team nicht verlieren. Offensichtlich kennt er jeden Kellner persönlich. Die meisten kommen aus Akko, anders als die Mehrzahl der Gäste. Im Januar 2022, acht Monate nach dem Brandanschlag, kehrte *Uri Buri* an die Promenade zurück. Zur feierlichen Eröffnung in Anwesenheit von Bürgermeister Shimon Lankri und US-Botschafter Thomas Nides sang der einheimische Chor der drei Religionen.[5] »Das war ein Signal: Wie kehren zurück, um zusammen etwas Gutes zu machen.«

Könnte es wieder zu einem Ausbruch kommen? »Zuerst muss man die Ursachen dafür herausfinden und entsprechend handeln, damit sich das nicht wiederholt. Heute kommen alle vernünftigen Menschen zum Schluss, dass sie selbst aktiv werden müssen. Wir dürfen nicht einer Handvoll von Idioten – auf beiden Seiten – erlauben, eine ganze Stadt zu terrorisieren und unseren Alltag zu diktieren.« Zum einzigen Mal in unserem Gespräch wird er sarkastisch: »Dank der großzügigen Unterstützung der (israelischen) Medien bekommen die Extremisten wahnsinnig viel Aufmerksamkeit. Die Berichterstattung grenzt schon fast an Gehirnwäsche. Normale Menschen hingegen kommen nicht zu Wort.« Und dann wird er etwas laut: »Das ist einfach nicht normal! Diese dauernde

5 https://carmelist.co.il/item/40044

Berichterstattung über den Fahnenzug in Jerusalem sorgt hier für Panik – Gäste annullieren Hotelreservierungen. So etwas bringt unser ganzes Leben durcheinander.« Dann wieder leiser: »Mein Ziel ist Normalität.«

Ideologien sind Uri fremd; er strebt nach pragmatischen Lösungen: »In all meinen 77 Jahren hat mir noch niemand eine bessere Lösung präsentiert als Zusammenleben, damit meine Kinder und Enkel eine bessere Zukunft haben können. Bei mir funktioniert es.« Der Weltenbummler und Gastwirt hat ein Rezept: »Wenn wir Juden den Arabern hier mehr Respekt gezollt, ihnen weniger misstraut und das Gefühl vermittelt hätten, dass sie gleichberechtigt sind, würden sie freiwillig Militär- oder Zivildienst leisten.« Zu seinen 69 Mitarbeitern gehören Menschen unterschiedlichster Herkunft. Nachzuzählen, wie viele davon jüdisch und wie viele arabisch sind, damit hat er längst aufgehört.

Zouheir Bahloul war jahrelang der wohl bekannteste arabische Israeli. Über 25 Jahre lang lauschten alle Fußballfans jeden Samstagnachmittag der legendären Radiosendung *Songs und Tore*. Besonders interessant waren die Liveberichte aus Akko – egal wer dort spielte. Das lag an dem ausgezeichneten und oft poetischen Ivrit von Reporter Bahloul, das eher zur Poesiestunde im Kulturkanal als zu Live-Reportagen aus dem Fußballstadion passte. Er wurde in einem legendären Sketch verewigt, der jeden Israeli meiner Generation grinsen lässt. Darin berichtet »Zouheir Elul« über ein kürzlich erzieltes Tor als das größte Ereignis in Akko seit der Belagerung der Stadt durch Napoleon. Vor lauter Begeisterung stimmt er ein berühmtes israelisches Lied an. Nur eines verrät er trotz mehrfacher Aufforderung nicht: Welche Mannschaft das Tor erzielte.

2015 wurde Bahloul auf einmal als Araber wahrgenommen. Er war als einziger Araber als Mitglied der 24-köpfigen Fraktion des *Zionistischen Camps* nominiert worden, ein Bündnis der Arbeitspartei mit einer kleinen linksgerichteten Liste. Dort leitete er die Parlamentsgruppe zur Förderung der jüdisch-arabischen Städte. Schon bald aber galt er in seiner Fraktion als Enfant terrible. In Interviews bezeichnete er sich als Palästinenser und stellte klar, er sei kein Zionist. Aus Protest gegen ein Gesetz, das den jüdischen Charakter des Staates Israel festschreibt, aber kein Wort zur Gleichberechtigung der israelischen Araber enthält, verließ er 2018 das Parlament. Mit 71 Jahren moderiert er immer noch bei einem privaten arabischen Radiosender. Seit Jahren setzt er sich in Akko für jüdisch-arabische Begegnungen ein.

2008 löste der erwähnte Besuch eines arabischen Autofahrers in einem überwiegend jüdischen Stadtteil Ausschreitungen zwischen Juden und Arabern aus. »Er ignorierte die Feiertagsregeln, spielte im Auto laute Musik, und es gab Krach«, erinnert sich Bahloul. »Dann verbreitete sich das Gerücht, die Juden hätten ihn ermordet, und es kam zu Unruhen, auf die die Polizei nicht vorbereitet war, denn der Fastentag war bislang fast immer friedlich verlaufen.«

Vor diesem Hintergrund gründeten Bahloul und sein jüdischer Mitstreiter Haim Asulin den Begegnungsverein *Keshet* (»Regenbogen«). »Seit 2008 versuchen lokale muslimische Würdenträger in Kooperation mit dem Bürgermeister und der Polizei, Spannungen im Vorfeld abzubauen«, erzählt Bahloul. Was hat die Polizei aus dem Fiasko von 2008 gelernt? »Nichts«, sagt ein Kenner der aktuellen Lage in Akko, der politisch eher rechtsnational tickt. »Man hat keinen Plan, wie man vorgehen sollte, wenn wieder solche Unruhen ausbrechen, und die Polizei hätte auch nicht die nötigen Mittel, um die Randalierer auseinanderzutreiben.«

Im Mai 2021 warnte Bahloul in einem Vortrag vor »Spannungen unter der Oberfläche« der guten Nachbarschaft zwischen den 34 000 Juden und 17 000 Arabern in Akko. In der Altstadt leben nur noch Araber. »Sie hatten das Gefühl, man wolle sie aus der Altstadt wieder verdrängen.« Von der Intensität der Gewalt war der gut informierte Bahloul dennoch überrascht: »Wer hätte gedacht, dass sie das *Efendi Hotel* in Brand setzen würden, oder das jüdisch-arabische Theaterzentrum?« Oder dass radikale Siedler nach Akko kommen?

Bahloul wirft den neu zugezogenen Nationalreligiösen vor, sie würden Spannungen schüren, um Araber zu vertreiben. Er nennt ein Beispiel: »Meine Eltern wohnen in einem zweistöckigen Haus. Die jüdischen Nachbarn im Erdgeschoss waren gute Menschen. Als sie starben, zogen religiöse Zionisten dorthin, erst ins erste Nachbarhaus, dann ins zweite. Meine Eltern wollten keinen Ärger mit ihnen. Das Problem ist, dass die Demographie die Verhältnisse verändert, es geht um ›Judaisierung‹, und es scheint, als ob die Behörden ihnen den Einzug in solche staatlichen Sozialwohnungen aus Trotz gegenüber den Arabern im angrenzenden Viertel erlauben.« Juden, die es sich leisten konnten, zogen hingegen in bessere Stadtteile oder in kleine Kommunen.

Was würde Zouheir Bahloul in der Küstenstadt, in der er fast sein ganzes Leben verbracht hat, verbessern? »Es fehlt zum Beispiel eine gemeinsame Schule, wobei ich keine bilinguale Schule meine.« Was ist der Unterschied? »In einer gemeinsamen Schule lernen alle Schüler die Kernfächer gemeinsam. Die jeweiligen kulturellen und religiösen Themen werden getrennt unterrichtet. Widerstand wird von denen kommen, die Freundschaften zwischen einem arabischen Mädchen und jüdischen Jungs oder umgekehrt ablehnen.« Offensichtlich bin ich auf ein empfindliches Thema gestoßen, denn der Pädagoge Asulin mischt sich ein, teilweise ergänzen beide Männer einander: »Juden verlassen bilinguale Schulen oft mit fünfzehn, denn, ab sechzehn entstehen Beziehungen.« Bahloul: »Genau deswegen spreche ich von einer gemeinsamen Schule, und nicht von einer bilingualen. Da herrscht Angst vor Vermischung, Gott bewahre! Und das obwohl die Zahl der Mischehen in Israel bei einigen Hunderten oder höchstens ein-, zweitausend liegt. Religiöse Gemeinden wären strikt dagegen.

Irgendwann muss Bahloul los, und sein Partner Asulin kann allein fortfahren. Seit 22 Jahren leitet er die Bildungsabteilung im Rathaus von Akko. Er berichtet stolz, dass arabische Schulen finanziell den jüdischen gleichgestellt würden. Und eine gemeinsame jüdisch-arabische Schule? »Weder Araber noch Juden haben in Akko ein Interesse daran.« Auch die Aktivitäten seines Vereins sind weniger geworden. »Früher trafen wir uns einmal in der Woche mit Ausnahme der Coronazeit, jetzt eher selten. Und das obwohl viele die gemeinsamen Zusammenkünfte durchaus zu schätzen wissen.

Die meisten Israelis haben großes Interesse, dass sich die arabischen Mitbürger genauso zugehörig fühlen und die gleichen Rechte genießen in diesem Land wie ich.«

Asulin stammt aus Marokko und spricht ein wenig Arabisch. Aber dass eine kleine arabische Demonstration »ohne jegliche Provokation« derart eskaliert, hat auch ihn erstaunt. Auch er war sehr enttäuscht von der Abwesenheit von Polizei und Feuerwehr, als in der ersten Nacht die Gewalt eskalierte. Offensichtlich war die Polizei personell überfordert und konzentrierte sich auf die Rettung von Menschen, nicht von Eigentum. Asulin ist überzeugt, dass solche Ausschreitungen sich in Akko wiederholen können.

Zouheir Bahloul treffe ich zu einem zweiten Gespräch im selben Imbiss in Akko während der Fußball-WM in Katar, die er zu Hause oder beim Radiosender, wo er arbeitet, verfolgt. Eine Mannschaft spielte in Israel eine besondere Rolle: Marokko. »14 der 26 Spieler wurden außerhalb von Marokko geboren, aber sie alle fühlen sich als Marokkaner«, sagt Bahloul. Wie erklärt er sich, dass sowohl viele arabische Israelis als auch Juden marokkanischer Herkunft dieser Mannschaft die Daumen drücken? »Die arabischen Fans feiern die Siege der marokkanischen Mannschaft als Sieg über den Westen, zu dem sie auch Israel zählen. Sie suchen immer einen Grund zu feiern, aber im zionistischen Staat gibt es für sie nichts zu feiern, stattdessen sind sie immer in Gedanken an die *Nakba* und ihre verlorenen Rechte in Israel. Wenn ich mir das Spiel der Marokkaner zu Hause anschaue und den Ton wegdrehe, höre ich die Begeisterung auf den Straßen, das Gehupe der Autofahrer.« Auch Haim Asulin unterstützt als Jude marokkanischer Herkunft ebenfalls diese Mannschaft und hofft, »dass ihr Erfolg etwas zu den Beziehungen zwischen Juden und Arabern beitragen kann«. Für Zouheir habe der Siegeszug der Marokkaner und die Lage in Israel nichts miteinander zu tun: »Die ist politisch und kompliziert.«

Wie sehr allerdings Politik in gewaltsamen Zeiten auch Fußballkarrieren bestimmen kann, zeigt die des israelischen Nationalspielers Munas Dabbur, der heute bei der TSG 1899 Hoffenheim spielt. Der arabisch-israelische Stürmer wurde zum Buhmann der Fans der Nationalelf, nicht wegen eines verpassten Tores, sondern wegen eines missverstandenen Posts. Am 8. Mai 2021, nach den Zusammenstößen auf dem Tempelberg in Jerusalem, stellte er ein Bild des Felsendoms und ein Zitat aus dem Koran ins Netz: »Denkt nicht, dass Allah die Augen verschließt vor Übeltätern. Er wartet nur auf das Jüngste Gericht.« Darauf sah sich der Stürmer mit 124 000 Followern mit einem Shitstorm konfrontiert. Er postete zurück, er habe nur gegen die exzessive Gewalt der israelischen Sicherheitskräfte protestiert, unter der auch ein älterer Verwandter von ihm leiden musste, der verletzt wurde. Er sagte in Interviews: »Als gläubiger Muslim bin ich gegen jede Person, die der al-Aqsa-Moschee schadet oder dies versucht, die Herkunft der Täter spielt keine Rolle.« Bei Spielen der israelischen Nationalmannschaft wurde Dabbur dennoch fortan bei jeder Ballberührung ausgebuht. Der rechtsextreme Parlamentarier Itamar Ben-Gvir (inzwischen Polizeiminister) twitterte: »Jetzt wissen wir, auf welcher Seite Dabbur steht; so ein Spieler hat keinen Platz in der Nationalmannschaft. Soll er doch in Syrien spielen.« Ende Juli 2022 verließ der Stürmer, der in vierzig Spielen fünfzehn Tore erzielte, die Nationalelf.

Zouheir Bahloul: »Für mich waren die Reaktionen purer Rassismus. Schließlich haben sich auch andere Fußballer als Meinungsmacher aufgespielt. Ein jüdischer Nationalspieler twitterte, nur Ben-Gvir würde Israel vor ›Terroranhängern‹ retten, aber darüber regte sich niemand auf. Allein Dabbour wollte das jüdische Publikum nicht verzeihen. Die andauernden Buhrufe gegen ihn zeigten, wie übel Israelis mit einem umgehen, den sie als Fremdkörper betrachten. Ich hätte es lieber gesehen, dass er weitermacht – trotz des Widerstandes. Das habe ich auch geschrieben, ohne mit ihm persönlich gesprochen zu haben. Ich erhielt daraufhin zwar auch zig kritische Stellungnahmen, aber damit hatte ich gerechnet, und es war mir auch egal.«

Als Fußballmoderator hat Zouheir Bahloul überall seine Sympathisanten. Auch bei Betar Jerusalem, der einzigen Mannschaft in der ersten Liga, bei der noch nie ein arabischer Israeli gespielt hat und unter deren Fans viele rechtsnationale Juden sind? »Einmal moderierte ich ein Spiel von Betar gegen eine arabische Mannschaft. Ich kam vorher und saß noch in einem Café neben dem Stadion, als sich zwei Betar-Fans an den Nachbartisch setzten, in den traditionellen Farben Schwarz-Gelb. Aus Neugier sprach ich sie an. Sie stellten sich vor als stolze Mitglieder des offiziellen Fanklubs. Ich fragte sie, ob sie Araber mögen, und sie riefen ›Nein‹. Ich bat sie, bei Gelegenheit in den Schriften des rechtsnationalen zionistischen Vordenkers Zeev Jabotinsky nachzuschauen, für den die Araber ein integraler Teil dieses Staates seien. Dann stellte ich mich vor, und offenbar kannten sie meinen Namen. Sie standen auf und verließen das Lokal mit etwas schiefem Lächeln.«

Gaben sie dir die Hand?
»Nein, aber immerhin fielen sie nicht über mich her. Man muss es auch positiv sehen.«

Als im Juli 2022 der Polizeichef und der Polizeiminister die abgebrannte Polizeistation in der Altstadt neu eröffneten, war ein einziger arabischer Amtsträger anwesend: der Vizebürgermeister. Das Misstrauen der einheimischen Araber gegenüber der Polizei ist offensichtlich noch immer groß. In den Nächten während der gewaltsamen Ausschreitungen im Mai 2021 war ein rechtsreligiöser einheimischer Jude, der anonym bleiben möchte, beruflich unterwegs. Er sah »Hunderte blutrünstige vermummte Araber, die nach Juden suchten«. Seine eigene Kopfbedeckung versteckte er. Wie war das für ihn? »Genauso schlimm, wie zu erfahren, dass meine Kinder vor dem Schulgebäude beschimpft, bespuckt und manchmal sogar mit Steinen beworfen werden: der Weltuntergang.« Gewalttäter müsse man bekämpfen, aber gleichzeitig sollte man nicht vergessen, dass die allermeisten arabischen Bewohner Gewalt ablehnen. Kann sich ein solcher Pogrom wiederholen? »Klar, schon morgen, wegen der al-Aqsa-Moschee oder wegen Gaza. Es ist auf jeden Fall besser, paranoid zu sein, als unbekümmert.«

Der größte Skandal für ihn sei es, dass von den Hunderten Randalierern nur ein paar wenige angeklagt wurden und die

Strafen zu mild ausfielen. Wer waren die Täter? »Fast alle der knapp hundert Angeklagten sind junge Araber ohne kriminelle Vergangenheit.« Was stand dahinter? Palästinensischer Nationalismus, Ablehnung des Staates Israel, der Ruf nach Rückkehr zum UN-Teilungsplan von 1947 (der Akko als Teil des arabischen Staates vorsah), das Gerede von Akko als »besetztem Gebiet«. Wie erklärt er sich die langjährige Kooperation des rechtsgerichteten Bürgermeisters mit der Islamischen Bewegung, zu der auch sein Vizebürgermeister gehört? »Das Leben ist stärker als Politik, und man kann auch mit seinem Feind zusammenleben. So entstehen Kooperationen, die gemeinsames Leben ermöglichen, zumal in der Lokalpolitik Begriffe wie rechts und links keine Bedeutung haben. Wenn die nationalreligiösen Aktivisten in Akko (*Gar'in Torani* oder ›Gruppe der Gläubigen‹) Lebensmittelpakete verteilen, geben sie die nicht nur an jüdische, sondern auch an arabische Bedürftige.«

Die Gruppe *Ometz* (Hebräisch für »Mut«), von nationalreligiösen Juden gegründet, entstand 1997 in Akko mit dem Ziel, die jüdische Identität dort zu stärken. Inzwischen sind es zweihundert junge Familien, die einen Frauen- und Jugendklub betreiben, aber auch zwei Religionsschulen und Thoraunterricht für Kinder anbieten. Sie helfen Studenten und jüdischen Zuwanderern. In einer dokumentarischen TV-Serie über die gemischten Städte sagte Geschäftsführerin Reut Getz: »Ich lebe in einem Haus, in dem die meisten Bewohner Araber sind. Als Nachbarin komme ich mit ihnen zurecht. Aber das heißt nicht, dass wir gemeinsame Aktivitäten brauchen. Daran habe ich kein Interesse, sie gehören nicht zu meinem Volk, sie identifizieren sich mit dem palästinensischen Volk.«

Dialog mit Juden aber ist genau das, was Abdu Matta sucht, eine Art Ureinwohner Akkos. Er stellt sich kurz vor: Abdu Salvador Matta, geboren in der Altstadt, wo seine Familie seit elf Generationen dasselbe Haus bewohnt. »Wir sind eine der wenigen Familien, die 1948 nicht weggegangen sind.« Der großgewachsene charismatische Mann mit Sonnenbrille, rosa Mütze und weißem T-Shirt mit der Aufschrift »Havana Cuba« sieht wie ein Rugby-Spieler aus. Dabei ist er Musiker, Schauspieler und Reiseführer und hier so verwurzelt wie kaum jemand anders, worauf er recht stolz ist. Wir suchen einen Tisch in einem Lokal in der Altstadt. Und tatsächlich: Rein zufällig hat Matta die beste Kulisse für seine Botschaft ausgewählt.

Kurz nachdem wir uns gesetzt haben, erklingt der Ruf des Muezzins der nahen Großen Moschee. »Die nächsten fünf Minuten können wir vergessen«, flüstert der Griechisch-Orthodoxe, während der Muezzin Luft holt. Solche Pausen wird er nutzen, um weiterzuerzählen: »Ich spiele Gitarre, Laute und Bouzouki, und ich schreibe Gedichte.« Jetzt donnert es *Allahu akbar*. Matta zitiert aus einem seiner Gedichte: »Trotz des Schicksals und der Erschöpfung ist das Meer immer noch blau.« Wieder tönt es: »Allah ist groß.« Matta meint die Erschöpfung der arabischen Israelis. Wieder der Muezzin. Matta muss seine kräftige Stimme erheben.

Nach den gewalttätigen Ausschreitungen 2008 begann Matta, Führungen zu aktuellen Themen in Akko für Institutionen, Wissenschaftler und Studenten zu organisieren. Seitdem warte er auf eine neue Runde der Gewalt in Akko, sagt er.

Warum? »Das Rezept ist das gleiche, der Koch ebenfalls. Warum also soll die Suppe anders schmecken?« Um der Gewalt etwas entgegenzusetzen, muss man nach Gemeinsamkeiten suchen und weniger polarisieren: »Ich bin das Produkt eines jüdisch-arabischen Kindergartens.« Deswegen wandte sich *Keshet*, der Verein, in dem er aktiv ist, 2013 an den Bürgermeister mit dem Plan für eine binationale Schule. »Der aber sagte, die Menschen in Akko seien dafür noch nicht reif.«

Abdu Matta ist 61 Jahre alt und hat viel Erfahrung mit Juden. Bereits als Jugendlicher organisierte er Führungen im Naturschutzverein und im jüdisch-arabischen Zentrum in Haifa. »Wir wurden in der Familie so erzogen, dass man an Jom Kippur kein Lagerfeuer zum Grillen macht, weil die Juden fasten, ebenso an Ramadan oder am christlichen Karfreitag. Warum ignoriert man diese Regeln heutzutage?«

Matta selbst litt unter dem jüdischen Boykott von Akko in Folge der Auseinandersetzungen von 2008. Arabische Geschäfte wurden davon hart getroffen. »Viele jüdische Besuchergruppen, die ich durch die Altstadt führe, kommen zwar von außerhalb. Aber wegen der Gewaltexzesse 2021 machen inzwischen viele einen Bogen um Akko«, beklagt er. Im gleichen Atemzug kritisiert er jüdische Aktivisten, die sich hier niederlassen, sowohl die nationalreligiösen als auch die säkularen: »Beide wollen in der gemischten Stadt die jüdische Identität stärken, egal ob die säkulare oder die religiöse.« Obwohl er von Touristen lebt, beklagt er die »touristische Gentrifizierung« in der Altstadt durch Hotels, Gasthäuser und Restaurants. Der Hafen wird renoviert, die Fischer werden von den Yachtbesitzern verdrängt. Ein Einziger bekommt vom kritischen Künstler eine lobende Erwähnung: »Das ist ein Visionär, jemand, der niemals aufgibt. Sogar die Banditen, die sein Lokal angegriffen haben, ziehen vor ihm den Hut. Das ist einer von uns.«

Er meint Uri Buri.

Ein Foto zeigt Moni Yosefs Büro im jüdisch-arabischen Theaterzentrum in Akko kurz nach dem Brandanschlag: Rußschwarze Wände, verkohlte Aktenordner im Regal, sein Bürostuhl und die Sofas verbrannt. Man schaut sich die Fotos an und kann den Brandgeruch regelrecht riechen. Das Feuer zerstörte das Archiv des Theaters, die PCs, die Beleuchtung und die Ausstattung. Ein Jahr später im Mai 2022 ist Yosefs Büro aufgeräumt. Brandspuren sucht man vergeblich. Der Mitbegründer und Direktor empfängt mich mit breitem Lächeln. Fast dreißig Jahre ist es her, seit wir uns zuletzt begegneten. Das Akko-Theater gastierte 1992 in Berlin mit der provokativen Produktion *Arbeit macht frei* über die Spätfolgen der Shoah bei den Kindern von Überlebenden, in der er mitspielte. Jetzt sprechen wir über eine kleinere Katastrophe, mit deren Spätfolgen er sich konfrontiert sieht. »Alles hier im Büro war verkohlt«, sagt Yosef. »Alles schwarz. Dass so etwas hier passieren würde, war für uns unvorstellbar.« Warum? »Weil das ein Haus für Juden und Araber ist, die hier arbeiten. Das ist ihr Haus«, sagt er, als ob hier ein Naturgesetz gebrochen wurde. »Und weil wir hier für die Gemeinschaft arbeiten, der dieses Haus gehört. Hier finden auch Workshops für Erwachsene und Jugendliche statt – alles umsonst, auch Kindertheater auf Arabisch. Jährlich organisieren wir ein Festival auf Arabisch und das bekannte Akko-Festival, das im ersten Jahr nach dem Brandanschlag nur in Innenräumen stattfand.«

Es ist ganz ruhig an diesem sonnigen Mittag – im Garten schläft eine Katze auf einem Bürostuhl unter einem Baum. In diesem osmanischen Haus mit der gewölbten Decke und den dicken Mauern ist es kühl. Doch in jener Nacht boten diese Wände keinen Schutz. Die Flammen schossen aus einem großen Fenster, wie man in einem Video sehen kann. Zum Glück erreichten sie nicht die Palme vor dem Theatergebäude. Ein Graffiti an der Außenmauer hinterlässt keine Zweifel an den Sympathien der Täter: »Unser geliebtes Jerusalem, die Männer von Deif.« Nur eine Woche zuvor (am 4. Mai 2021) hatte Mohammed Deif, der Chef des militärischen Arms der Hamas, Israel wegen der Spannungen im Ostjerusalemer Stadtteil Sheikh Jarrah gedroht. Dort waren palästinensische Familien von der Evakuierung bedroht. Israel werde einen hohen Preis zahlen, »wenn es seine Aggressionen nicht einstelle«, warnte Deif, Israels meistgesuchter Terrorist. Die Botschaft des vermeintlichen Beschützers der Palästinenser in Jerusalem kam bei den Brandstiftern in Akko offensichtlich an.

Erst im März 2021 hatte das Theater nach der erzwungenen Coronapause wieder eröffnet. An jenem Freitag im Mai war Moni Yosef zu Hause im Kibbuz Tuval, etwa 25 Kilometer östlich von Akko. »Ein Mitarbeiter der (benachbarten) staatlichen Firma für die Entwicklung der Altstadt (von Akko) rief mich an«, erinnert er sich. »Als Erstes sagte er: ›Setzt dich hin, dein Theater ist abgebrannt.‹« Das war für Moni wie ein Stich ins Herz. Da er die Schabbat-Regeln einhält, fuhr er erst am Sonntag ins Theater. »Wir mussten alle Aktivitäten stoppen, weil sämtliche Geräte, darunter sehr teure Verstärker- und Beleuchtungsgeräte, verbrannt waren.«

In einem Video posierte die Leitung des Theaters vor den rußschwarzen Wänden und verbogenen Metallstangen und bat die Freunde des Theaters um Hilfe, »um die Scherben einzusammeln«, sagt Yosef in die Kamera. Er wirkt traurig und müde, als er verspricht: »Nichts wird uns aufhalten.« Das Akko-Theater, seit 1985 ein Symbol jüdisch-arabischen Zusammenlebens in Akko, werde wiederhergestellt. »Zum Glück erhielten wir Spenden aus aller Welt«, fährt er fort. »Ein Freund aus Hannover, der bei uns zum Theaterfestival zu Gast gewesen war, spendete einen Beleuchtungscomputer.« Besonders traurig findet er es, dass auch Verwandte der Brandstifter an diesem Theater arbeiten.

Die Spenden trafen ein, aber die Zuschauer blieben weg. »Sie hatten Angst. Erst allmählich kehrten sie zurück, doch ein wenig Angst ist geblieben. Das ist der eigentliche Schaden«, sagt er traurig. Der Alltag in Akko ist manchmal absurder als jedes Theaterstück. Während des Zweiten Libanonkriegs 2006 feuerte die schiitische Hisbollah-Miliz aus dem Libanon Tausende Raketen auf Israel, siebzig schlugen in Akko ein. »Die Hälfte der getöteten Israelis waren Araber«, sagt Yosef. Er kann etwas Arabisch, denn er wuchs in einer aus dem Irak stammenden Familie auf. »Aber damals schämte ich mich für meine Herkunft und wollte die Eltern zu Hause nicht mehr Arabisch sprechen lassen.«

Immerhin ist auch das jährliche Theaterfestival in Akko nach der erzwungenen Coronapause im gleichen Umfang zurückgekehrt. Sind also Gewaltausbrüche ausgeschlossen?

Moni Yosefs Antwort kommt sofort: »Es wird wieder passieren. Und das nächste Mal wird es noch schlimmer. Im Alltag ist das Verhältnis zwischen Juden und Arabern hier fantastisch, aber populistische Politiker schüren die Spannungen und schaden den israelischen Arabern sehr, weil sie verhindern wollen, dass sie Teil der israelischen Gesellschaft werden.«

Immerhin diente die angespannte Lage in Akko auch als Quelle der Inspiration. Im Theater arbeitet man an einem neuen Stück über die Randale von 2021.

Vor einigen Jahren diente die Geschichte des arabisch-israelischen Schauspielers Khaled Abu Ali als Grundlage für die Hauptfigur des Theaterstücks *Arabischer Traum*. Moni Yosef, der Regisseur, erzählt genüsslich von dieser Synthese zwischen Realität und Fantasie. Angefangen mit Khaled: »Für die Juden ist er ein Araber, für die Palästinenser ein Verräter, weil seine Familie 1948 in Israel geblieben ist. Das Stück beginnt mit Khaleds Hochzeit: Seine Frau ist arabisch, seine Geliebte jüdisch. Am Hochzeitstag (kurz vor dem Jawort) verlässt er seine Frau und geht zu seiner Geliebten, die für westliche Werte wie Freiheit steht. Sie ist eine Zugewanderte aus Russland, die als Soldatin immer wieder seinen Personalausweis kontrollierte. Ihr Lächeln interpretierte er als Zeichen, dass sie in ihn verliebt sei. Als er sie umwirbt, will sie wissen: Warst du beim Militär? Die nehmen doch keine Araber auf!, sagt er. Aber solange er nicht in die Armee geht, will sie von ihm nichts wissen.«

Also macht der verliebte Khaled bei einer verdeckt operierenden Spezialeinheit des Militärs mit. Die Soldaten operieren, als Palästinenser getarnt, vor allem bei der Terrorbekämpfung. »In der israelischen Armee bringen sie ihm dann bei, ein richtiger Araber zu sein.«

Auf der Bühne spielt Khaled Abu Ali einen Traum. Jetzt sitzt er vor mir, nach einem Auftritt vor arabischen Kindern. Er ist überrascht, dass sein Theaterstück nach so vielen Jahren immer noch aktuell wirkt. Aber die Fragen, die seine Figur aufwirft, sind schließlich aktueller denn je: »Was bin ich in diesem Land? Araber? Israeli? Palästinenser? Und wie sehen mich die anderen? Wie wollen sie mich definieren – als Verräter, als ›guter Araber‹? Dabei bin ich sowohl Araber und Israeli als auch Palästinenser.«

Khaled spielt an diesem Theater seit seiner Eröffnung 1985. Die Nachricht vom Brandanschlag erreichte ihn an jenem Freitag in der arabischen Kleinstadt Sachnin etwa 22 Kilometer östlich von Akko. »Sie schickten mir ein Video per WhatsApp, und ich sah, wie das Theater brannte. Erst am Sonntag (zwei Tage später) fuhr ich hin: Sie hatten mein Herz verbrannt! Andererseits waren es schließlich arabische Nachbarn, die das Feuer hier löschten. Die Bewohner der Altstadt fühlen sich doch wie eine große Familie.«

Die Brandanschläge richteten sich in erster Linie gegen jüdische Geschäfte, ist Khaled überzeugt. Die Ohnmacht der Polizei erlebte er bei einer Sitzung im Rathaus. Vertraut er den Uniformierten? Zum ersten Mal stockt sein Redeschwall. »Im Fernsehen sehe ich, wie brutal sie in Jerusalem vorgehen. Bei uns herrscht Chaos, Hebräisch *Balagan*. Es reicht ein falsches Wort, und sie prügeln auf dich ein! Das Jahr seit den Unruhen war für mich das schwerste in Israel. So schlimm war es noch nie!« Ist denn wenigstens der erste arabische Politiker in der

Koalition, Mansour Abbas, für ihn ein Trostpflaster? »Er will Geld für die Araber, aber die meisten Araber wollen einfach Respekt.«

Khaled ist überzeugt, dass Juden und Araber in Israel aufeinander angewiesen sind. »Das funktioniert nicht«, betont er mehrmals und meint eine Trennung beider Völker in Israel. »Wir sind doch längst eine Gesellschaft.« Zum Schluss hat er eine Familiengeschichte, die er mit großem Talent erzählt und die lange bei mir nachhallt. »Mein Vater starb 1972 und versprach mir, dass in wenigen Jahren Friede sein werde. Er sagte aber auch, dass er das Gleiche schon von seinem Vater zu hören bekam. Und ich sage: Wo bist du, Frieden? Komm schon! Ich würde ihm die Schuhe küssen – aber er kommt einfach nicht!«

Von der Altstadt mache ich mich zu Fuß auf den Weg zum Kibbuz in Akko. Beim Weg durch die Gassen der Altstadt muss ich ein paarmal innehalten, um Fotos zu machen – von der Silhouette eines Glockenturms, von Palmen und Jugendlichen, die von der Kaimauer ins Meer springen, von arabischen Häusern mit türkisfarbenen Jalousien aus Holz. Sobald man aus dem Tor der Altstadt tritt, verschwinden die visuellen Ablenkungen. Es bleibt die glühende Nachmittagshitze. Irgendwann taucht wie aus dem Nichts ein Taxi auf, und da ich ohnehin verspätet bin, gönne ich mir die kurze Fahrt zum Stadtteil Wolffsohn.

Bis zum Krieg von 1948 galt Akko als homogene arabische Stadt. Nach dem Krieg wurde daraus eine gemischte Stadt mit jüdischer Mehrheit. Die meisten Juden waren Neueinwanderer und Familienangehörige der Soldaten, die die Stadt im Krieg erobert hatten. Zuerst wurden die Juden in den verlassenen arabischen Häusern in der Neustadt untergebracht, und die meisten der etwa fünftausend Araber lebten innerhalb der Altstadtmauern. In den 1950er Jahren kamen Neueinwanderer in Aufnahmelagern unter, später in für sie errichteten Wohnsiedlungen im nördlichen und östlichen Teil der Stadt. 1966 wurde die Militärverwaltung für die arabischen Israelis abgeschafft, so dass sie fortan frei ihren Wohnort wechseln durften. In den siebziger Jahren begannen Araber und Juden, die sich das leisten konnten, die engen und heruntergekommenen Wohnungen in der Altstadt zu verlassen, und ließen sich in benachbarten Dörfern und in jüdischen Stadtteilen Akkos nieder, wo auch arabische Zugezogene aus der Umgebung ein Zuhause fanden. So entstanden in Akko trotz der politischen Spannungen gemischte Stadtteile wie Wolffsohn oder die »Mandatsstadt« nördlich der Altstadt. Jüdische Bewohner wechselten in homogene jüdische Stadtteile oder sie verließen Akko. Wolffsohn wurde weitgehend arabisch.

Dieser Stadtteil wurde 1960 mit Förderung des britischen Mäzens Sir Isaak Wolffsohn gegründet, um jüdische Familien aus den provisorischen Aufnahmecamps anzusiedeln.[6] Doch je mehr Juden Wolffsohn mit der Zeit verließen, desto mehr arabische Familien zogen ein. Seit Jahren sind fast alle Bewohner hier arabisch, abgesehen von wenigen bedürftigen jüdischen Zuwanderern und gemischten Familien. Kriminalität und Drogenkonsum sind ein großes Problem. Eine Mo-

6 *Ma'ariv*, Mazala shel Akko, 11.1.1984.

schee gibt es hier nicht, aber die verwaiste Synagoge wurde 2003 als die Religionsschule Ruach Tzfonit (»Nordwind«) für die gut 130 Soldaten wieder eröffnet, die im selben Stadtteil wohnen.

Zu den wenigen Juden in Wolffsohn gehören die Mitglieder des Kibbuz. Den finde ich erst mal nicht, denn das mehrstöckige Wohnhaus liegt versteckt etwas abseits der Straße. Aber dann sehe ich Yahel Faraj, der hinaus auf die Straße gekommen ist, um mich in Empfang zu nehmen. Faraj sieht aus wie ein politischer Aktivist, mit Dreitagebart und T-Shirt mit einem Konterfei und der Aufschrift: »Bis wann, Avera Mengistu?« Avraham »Avera« Mengistu ist ein Israeli äthiopischer Herkunft, der 2014 zu Fuß über die Grenze nach Gaza gelaufen war. Seitdem gilt er als vermisst. In Akko koordiniert der Vierzigjährige die Arbeit der sechzig Aktivisten, die hierherkamen, um pädagogische Arbeit zu leisten. Die meisten wohnen auf vier Stockwerke verteilt. Faraj stammt selbst aus einem Kibbuz. Er ist Mitglied der Bewegung *Dror Israel* (*Dror* heißt »Freiheit«). Im Bildungszentrum organisiert er Seminare, Führungen und Reisen zu KZ-Gedenkstätten in Polen. Vorher war er Journalist für die sozialdemokratische Zeitung, für die ich ebenfalls vor dreißig Jahre berichtete.

Das »Erziehungskibbuz« in Akko wurde 2005 als Kollektiv gegründet, um durch Bildung eine gerechtere Gesellschaft zu schaffen. Die neunzig Lehrer und Aktivisten sind alle Absolventen einer sozialistisch-zionistischen Jugendbewegung und waren in der Armee, alle glauben an die jüdisch-arabische Koexistenz. Sie betreiben in Akko Jugendklubs, ein Kulturzentrum mit Musikschule und bieten Kurse für Kinder. Die Lehrkräfte leiten Schulen und unterrichten außerhalb von Akko oder entwickeln Lehrmaterialien. Sie leben bescheiden und wohnen in diesem Haus und in der nahen Umgebung.

»Wir sind Zionisten«, verkündet Faraj gleich zu Beginn, »und zwar sehr.« Ist das kein Widerspruch zu den Zielen von *Dror*? Faraj ist von der Frage überrascht, antwortet aber mit einem klaren Nein: »Juden und Araber können gut zusammenleben, wenn die eigene Identität klar festgelegt ist.« Aber es sei doch so, dass es manche Araber stört, dass eine Gruppe die jüdische Identität besonders stärkt. »Unser Auftrag ist es, die jüdische Identität in Akko zu stärken, aber auch die israelische und bei den Arabern die palästinensische. Vor allem wollen wir demokratische Werte und demokratisches Bewusstsein stärken.« Wie erlebte er die Unruhen im Mai 2021 in Akko? »Es war schrecklich«, seufzt er. »Ich kam extra aus Haifa, um hier Wache zu halten, denn sie bewarfen das Haus mit Steinen. Sie wussten, dass wir Juden sind. Einige arabische Bewohner der Häuser gegenüber nahmen leider an einigen Lynchversuchen teil.« Einer ereignete sich südlich, die lange Straße hinunter. Sie heißt Derech HaArbaa, Hebräisch für den »Weg der Vier«. Wer sind die vier Menschen, nach denen die Straße benannt wurde?

Am 18. März 1948, also kurz nach der Gründung Israels, musste ein Team des Elektrizitätswerkes Stromleitungen in Akko reparieren, die von Arabern beschädigt worden waren. Die Elektriker fuhren von Haifa aus in einem gepanzerten Lieferwagen los und wurden von britischen Soldaten begleitet. Der kleine Konvoi wurde in Akko von Arabern aus dem Hinterhalt überfallen. Die fünf Soldaten, die im vorderen Wagen saßen, fuhren auf eine Mine und wurden getötet. Die fünf Soldaten, die am Ende des Konvois mitfuhren, kehrten um und flohen. Sie ließen die Elektriker zurück, die von einem arabischen Mob überfallen wurden, der die vier Juden tötete. Die Hauptstraße erinnert an die Opfer.

Der Stadtteil Wolffsohn in Akko ist seit den letzten Jahren ein Seismograph der nationalen Spannungen. 2006 debattierten zwei Parlamentsausschüsse über eine große Schlägerei dort.[7] Am jüdischen Thorafest, das in dem Jahr in den Fastenmonat Ramadan fiel, gerieten siebzig feiernde Religionsschüler mit arabischen Anwohnern aneinander. Es wurde in die Luft geschossen, Polizisten mussten die Ruhe wiederherstellen. Schon vorher stellte ein Araber einen Lautsprecher auf das Dach, um täglich das Ende des Fastens zu verkünden. Diesen Neunzig-Sekunden-Ruf betrachteten die orthodoxen Juden als Bruch des Status quo; die Muslime wiederum waren verärgert wegen der großen Ansammlung tanzender Juden mit Thorarolle, die sie als Provokation empfanden. Vor allem ärgerte sie, dass Religionsschüler bewaffnet herumliefen. Damals wurde ein Versöhnungsgespräch organisiert und eine kleine Polizeistation errichtet. An der Straße der Vier fand im Mai 2021 der brutale Lynchversuch an Mor Ganashvili statt. Yahel Faraj erzählt im Akko-Kibbuz aus gutem Grund von diesem Vorfall: »Fadi Kassem war sechs Jahre bei uns aktiv im Projekt *Gemeinsame Existenz*.«

7   http://fs.knesset.gov.il/globaldocs/MMM/654b6b58-e9f7-
    e411-80c8-00155d010977/2_654b6b58-e9f7-e411-80c8-
    00155d010977_11_8121.pdf

In jener schlimmen Nacht kam Faraj aus Haifa, um das Kibbuzhaus zu bewachen: »Irgendwann kam endlich die Polizei.« Sie vertrieb die Randalierer, die sich dem Haus näherten, mit Blendgranaten und Tränengas.[8] Aber die Feuerwehr reagierte auf seine Anrufe nicht, und so brannten die Mülleimer, und die Kibbuzniks wurden mit den Rauchwolken allein gelassen.

Faraj erzählt aber auch eine positive Geschichte, die unerwähnt blieb, weil sie ein Happy End hat: »2014 konnten wir hier schlimmeres Chaos verhindern. Meine Vorgängerin hatte in den Terminkalender geschaut und festgestellt, dass das islamische Opferfest *Eid al-Adha* und der jüdische Versöhnungstag Jom Kippur auf denselben Tag fallen. In vielen Sitzungen haben wir daraufhin ein Unterrichtsprogramm für den Fachbereich Sozialkunde vorbereitet, das allen Grundschulen und Gymnasien in Akko, jüdischen wie arabischen, zur Verfügung gestellt wurde. Wir veranlassten den Stadtrabbiner und den Sheikh, gemeinsam die zweisprachige Petition ›Akko – Stadt des Friedens‹ zu unterzeichnen. Dafür sammelten wir auf der Straße Unterschriften. Und so verlief besagter Tag 2014 ohne nennenswerte Vorkommnisse – und ohne schlechte Nachrichten.«

Zurzeit laufen Forschungen über die Gründe für die Gewalt in Akko. Für Faraj gehört die nationalistisch arabische Hetze dazu, in den sozialen Medien und Moscheen, das Gefühl eines nationalen Konfliktes vor Ort nach dem Motto: Wir oder sie. »Diese Einstellung haben leider auch die meisten

8 Yair Kraus, *Makor Rishon*, 4.6.2021.

Menschen aus der nationalreligiösen Gruppe, die rund zweihundert Familien zählt. Wir denken anders, *weil* wir Zionisten sind«, betont er. Ein weiterer Faktor ist die Armut: Akko war im Juni 2022 die Stadt mit der dritthöchsten Arbeitslosigkeit in Israel, mit sechs Prozent mehr als doppelt so hoch wie in anderen Städten in Israel. Vier der führenden fünf Städte auf dieser Liste sind arabisch, nur eine ist eine gemischte Stadt.

Faraj empfiehlt eine Kolumne seines ehemaligen Kollegen Omer Cohen, der bis August 2021 in Akko lebte. Unter der Überschrift »Der Morgen nach der Nacht der Katastrophe in Akko« berichtete er von verbrannten Autos, umgestürzten Verkehrsschildern, aufgerissenen Bürgersteigen und einer zerstörten Bushaltestelle.[9] Kurz nach den Unruhen von 2021 schrieb er: »Der Gestank von verbranntem Plastik erfüllt das Haus, obwohl alle Fenster geschlossen waren. Es riecht nach Gewalt, Tränengas und Schweiß. Die Kinder bleiben heute zu Hause, um sie zu schützen vor den ›Narben‹ auf der Straße, damit sie wieder zum Spielplatz gehen können, ohne jedes Mal über das verbrannte Auto an der Ecke nachdenken zu müssen und damit sie nicht in der Nähe zufällig eine nicht explodierte Gasgranate finden. Irgendwann werden die Erinnerungen an diese Nächte verschwimmen, und wir können sie vielleicht verarbeiten. Gestern früh beschlossen die Eltern, ein Schild aufzustellen: ›In unserem Kindergarten werden jüdische und arabische Kinder erzogen. In unserem Kindergarten lernt man, dass manche Menschen nicht bereit sind, Feinde zu sein.‹ Am Morgen nach der Nacht des Hasses steht dieses Schild immer noch.«

9   https://www.davar1.co.il/305057/

Auch Faraj und seine Mitstreiter geben nicht auf. »Am letzten Pessachfest im April 2022 organisierten wir ein jüdisch-arabisches Fest. Wir kombinierten die Tradition des *Mimouna*, des traditionellen jüdisch-marokkanischen Festessens, mit dem *Iftar*-Mahl. Wir feierten zusammen mit 120 Menschen, die Hälfte Araber, die Hälfte Juden – mit Speisen, einem Quiz und Gesang. Wir wollten diejenigen stärken, die verstehen, dass beide Völker lernen müssen, hier friedlich zusammenzuleben.«

Mit am Tisch im Kibbuzhaus sitzt auch Afik Friedman. Er wohnt seit 2018 in Akko und unterrichtet eine Schulklasse in der benachbarten jüdischen Stadt Karmiel. Der 31-jährige schmächtige Mann ist nicht gut auf den Stadtteil Wolffsohn zu sprechen, wo er in den ersten zwei Jahren eine Wohnung gemietet hatte – ausgerechnet in der Straße, wo Mor Ganashvili fast gelyncht wurde. »Schon vorher war es gefährlich gewesen, diese Straße entlangzulaufen. Überall liegt Müll herum, viele defekte Mülleimer waren, bevor man sie in Brand setzte, schon lange nicht mehr ausgetauscht worden. Nationalismus und Rassismus grassieren hier ebenso wie Gesetzlosigkeit: gefährdete Jugendliche, Sprengsätze, nächtliches Geschrei und Polizeipräsenz.« Faraj mischt sich ein. Er gehe auch nachts zu Fuß durch Wolffsohn zum Bahnhof, »nicht, weil ich mich ganz sicher fühle, sondern weil ich mich sicher fühlen muss«.

Im Gespräch erzählt Afik von seinen vielen Beschwerden über die Zustände: »Ich habe ein Abonnement bei der Hotline der Stadt«, scherzt er. »Bei den Unruhen wurde ein Stein auf mich geworfen, weil ich wegen meiner Schläfenlocke (er trägt nur eine) als Jude erkennbar bin.« Eine Woche nachher zogen er und seine Mitbewohner deshalb in den Wohnblock des Kibbuz, wo er sich sicherer fühlt. Hier ist immer ein Mitstreiter anwesend, und nach Dienstschluss ist die Eingangstür abgeschlossen. »Die Spuren von Mors abgebranntem Auto wurden auch nach über einem Jahr noch nicht beseitigt, auch die abgebrannten Mülleimer nicht«, schimpft er.

Während der Straßenschlachten hatte sich Afik heimlich in die WhatsApp-Gruppe der lokalen jüdischen Extremisten eingeloggt. »Sie haben ihre Pläne nicht realisiert – singend mit Fahnen zu marschieren und Araber zusammenzuschlagen – auch weil wir die Sicherheitskräfte rechtzeitig alarmierten«, berichtet er stolz. »Auch die Bahnlinie half! Sie trennt die Stadt in Ost und West – das ist weitgehend auch eine demographische Trennlinie« – westlich davon befindet sich der Kibbuz.

Mit Akko hat Afik noch nicht gebrochen, auch wenn er dafür Kompromisse eingehen muss. »Ich würde gern mit dem Fahrrad zur Schule radeln und die Jugendlichen nach meiner Weltanschauung unterrichten. Aber so eine Schule gibt es hier nicht.« Er hofft, dass sie noch gegründet wird. In Karmiel unterrichtet er politische Bildung an einem jüdischen Gymnasium. Die Schulklasse betreut er zusammen mit einer arabischen Lehrerin, die Hebräisch unterrichtet. »Ihre Töchter wollen aber nicht auf unsere Schule gehen.« Um die Gewaltausbrüche in Akko zu überwinden, beschloss Afik, sich eine Rede von Fadi anzuhören, der Mor gerettet und das jüdisch-arabische Fest mitgestaltet hatte. »Um mein Posttrauma zu überwinden, musste ich auch die helle Seite sehen.«

Haifa

Mein Weg vom Bahnhof in Haifa den Carmelberg hinauf ist eine kleine jüdisch-arabische Zeitreise. Die zentrale Zionismus-Allee beginnt seit 2013 am Emil-Habibi-Platz, der einen der wichtigsten israelischen Schriftsteller in arabischer Sprache verewigt. Der Träger des israelischen Nationalpreises und des Preises für palästinensische Kultur wuchs im angrenzenden arabischen Stadtteil Wadi Nisnas auf und ließ sich in Haifa beisetzen. Nach wenigen Schritten stoße ich auf die Filiale der zionistischen *Bewegung der arbeitenden und studierenden Jugendlichen* mit bröckelnder Fassade, geziert vom Logo einer Gersten-Ähre und dem Motto »Zur Arbeit, zur Verteidigung und zum Frieden« – auf Hebräisch und Arabisch. Kurz hinter der Buchhandlung der *Bible Society in Israel* und dem *Königlichen Saal der Zeugen Jehovas* muss ich rechts abbiegen. Da fällt mir die Geschichte dieser Straße ein, die die deutschen Templer noch im Osmanischen Reich anlegten und »die Bergstraße« nannten – offiziell hieß sie hier al-Dschabl, arabisch für »der Berg«. Als die Briten kamen, fügten sie das hebräische Pendant Rechov haHar hinzu. 1948 wurde die Straße nach der Staatsgründung Israels aus Dankbarkeit für die Vereinten Nationen, die mehrheitlich für die Teilung des Landes gestimmt hatten, in »Allee der Vereinten Nationen« umbenannt. Als die UN-Vollversammlung wiederum 1975 beschloss, der Zionismus sei eine Form des Rassismus, benannte Haifa aus Protest die Allee in Sderot Hazionut um, »Zionismusallee«. Im Dezember 1991 wurde zwar der Zionismus-Beschluss annulliert, aber der Straßenname blieb.

1994 scheiterte eine Lokalinitiative, den Straßenabschnitt entlang des arabischen Viertels in al-Dschabl umzubenennen. Im Frühjahr 2001, kurz nach Ausbruch der Zweiten Intifada, des palästinensischen Aufstandes in den besetzten Gebieten, forderte die arabische Fraktion im Stadtrat eine Umbenennung. Lokalpolitiker Ayman Odeh – heute der Parteivorsitzende – argumentierte, der Zionismus glaube nicht an ein jüdisch-arabisches Zusammenleben. Die Initiative schlug fehl, aber Odehs Partei lud 2013 zu einer Gedenkveranstaltung ins jüdisch-arabische Theater in die al-Dschabl-Straße 33 ein und setzte das Wort »Zionismusallee« in Klammern. Ende 2022 lösten Anzeigen der Stadtverwaltung, die über eine Teilsperrung des Weges wegen Bauarbeiten informierten, einen Skandal aus. Im arabischen Text stand nämlich auch der ursprüngliche Name »al-Dschabl-Straße«.[1] Das bewertete der frühere Leiter der lokalen Namensgebungskommission als »eine Tilgung des Zionismus«.

Biegt man von der Straße der jüdischen Nationalbewegung rechts ab, kommt man ausgerechnet in die St.-Lucas-Straße. Die schmale Straße führt zu einer prächtigen Villa mit einem schattigen Vorgarten, dem von Mansur al-Hafawi 1915 eingeweihten *Carmel Center*. Hier wohnten Krankenpfle-

---

1 https://www.colbonews.co.il/haifa-news/136439/, 11.11.2022.

ger und später der britische Generalkonsul. Nach der Staatsgründung wurde das Gebäude verstaatlicht und dem führenden Gasunternehmen übertragen. Erst 2003 erwarb es das *Mossawa-Zentrum*, das sich für die Gleichberechtigung arabischer Israelis einsetzt. 2006, nur einen Tag vor dem Zweiten Libanonkrieg, zogen die Aktivisten in die restaurierte Villa ein. Eine imposante Steintreppe führt durch den orientalisch anmutenden Eingang hinein. Im Treppenhaus blickt man auf ein eingerahmtes Bild eines palästinensischen Flüchtlings, der auf dem Buckel Jerusalem und die Moscheen auf den Tempelberg schleppt.

Direktor Jafar Farah, ein christlicher Araber, lässt mich lange in seinem geräumigen Büro warten, so dass ich mich in Ruhe umsehen kann. Am Eingang hängt Martin Luther Kings Konterfei mit dem Titel seiner berühmten Rede *I have a dream* (»Ich habe einen Traum«), die mit der Hoffnung endet, eines Tages frei zu sein. Nach einigen Tassen arabischem Mokka kommt Farah endlich. Wenige Israelis sprechen so gut Hebräisch wie er. Wie kommt das? »Als ich drei, vier war, schickte mich mein Vater immer wieder los, um eine hebräische Zeitung vom *Carmel Center* zu holen. Damals gab es nur einen Fernsehsender, und alle schauten dasselbe Nachrichtenmagazin. Von beiden habe ich Hebräisch gelernt. Als ich Reporter war, fand die Redakteurin der Zeitung, mein Hebräisch sei besser als das der jüdischen Kollegen«, sagt er stolz.

An dem Tag, der sein berufliches Leben verändern sollte, nützte ihm das allerdings wenig. »1997 war ich noch vom mit den Oslo-Verträgen von 1993 eingeleiteten Friedensprozess euphorisiert und machte Recherchen für Zeitungen und Fernsehen. Eines Tages wurden drei arabische Häuser am Rande der arabischen Stadt Schefar'am abgerissen, um das angrenzende jüdische Dorf Adi zu erweitern. Ich war die ganze Nacht vor Ort, eine schreckliche Nacht: Polizisten setzten Tränengas und Gummigeschosse ein und brachen einem jüdischen Reporter vom Konkurrenzblatt die Hand. Am nächsten Morgen erzählte ich dem Redakteur von der großen Story, aber er meinte: ›Lass die Fotos hier und gib die Informationen einem anderen Reporter, du bist da zu sehr involviert.‹ Ich erwiderte: ›Du wohnst in Adi nur zweihundert Meter vom Ort des Geschehens entfernt, aber weder gehst du selbst hin noch setzt du einen Reporter an diese Geschichte.‹ Ich hatte genug von den israelischen Medien und gründete das *Mossawa-Zentrum*.«

Mossawa bedeutet »Gleichheit«. »Die Idee trug ich mit mir schon herum, als die führenden arabisch-israelischen Politiker ihre Unterstützung für die Oslo-Verträge verkündeten. Die Rabin-Regierung hatte als erste israelische Regierung gefragt, welche Forderungen die arabischen Politiker hätten. Es ging um Fördermittel, um Stellen, Gesetze und Planung sowie Bauen. Wir wussten damals nicht, wie man darauf Einfluss nimmt, weil Araber noch nie im Finanzministerium oder im Amt des Premierministers gearbeitet hatten. In allen Ministerien waren damals nur fünf Prozent der Mitarbeiter arabisch«, in Israel hingegen bildeten sie schon zwanzig Prozent der Bevölkerung.

Im Gleichheitsgesetz wurden ursprünglich keine Quoten formuliert. Erst 2007 beschloss die Regierung, den Anteil der arabischen Beamten binnen fünf Jahren auf zehn Prozent zu erhöhen. »Heute sind es laut offiziellen Behauptungen bereits zwölf Prozent. Die fünftausend zusätzlichen arabischen Beamten sind unser Verdienst.« Farah ließ auch überprüfen, welcher Anteil des Haushalts an die arabischen Israelis geht. »Heute kommen wir ins Finanzministerium mit klaren Forderungen nach Industriegebieten, Schulen, Wasserleitungen und Kanalisation.«

Jafar Farah engagierte sich weiterhin in israelischen Medien, aber anders. »Den Versuch, arabische Israelis in den (jüdischen) Medien zu integrieren, gab ich auf. Stattdessen gründete ich arabische Medien in Israel.« Er ist stolz auf zwei Fernsehsender, wobei *Mossawa-TV* von der Palästinenserbehörde finanziert wird, sagt er. »Zuletzt gründeten wir das Nachrichtenportal *Sowtna*, Arabisch für ›unsere Stimme‹, wo wir die Stimme der arabischen Bevölkerung auch auf Hebräisch, Russisch und Englisch bringen.«

Spaltest du dich von der Mehrheit der Israelis ab?
Die Frage mag er nicht. »Die Juden in Israel kapseln sich ab und wollen nicht Teil des Nahen Ostens sein, wo die Mehrheit arabisch ist. Sie weigern sich, Arabisch zu lernen, weil sie auch nach 75 Jahren damit beschäftigt sind, ein jüdisches Volk zu schaffen. Dafür brauchen sie einen Feind. Weil der Palästinenserpräsident die weiße Fahne bereits hisste, machen sie die arabischen Israelis zum ›inneren Feind‹. Ich spalte mich nicht ab: Ich kann morgens an der Universität Haifa unterrichten, mittags an der Uni in Jenin und abends an der Uni in Amman. Das wäre normal. Nicht normal sind die Checkpoints und Kontrollposten.«

Die meisten Israelis lernten Jafar Farah kurz nach seiner Verhaftung 2018 als den Mann mit dem Gips am linken Bein kennen. In einem Video aus dem Gerichtssaal sieht man, wie der heute 56-Jährige den Raum auf Krücken betritt und mit lautem Beifall empfangen wird.[2] »Meine Verhaftung bewirkte, dass alle Israelis etwas sahen, was man verheimlichen wollte«, weiß der Medienexperte. Wie kam es dazu, dass der geschätzte politische Aktivist, der sich häufig im Parlament für die Rechte der arabischen Israelis einsetzt, im Mai 2018 selbst Opfer polizeilicher Gewalt wurde?

»An jenem Freitagabend fand in der unteren Stadt eine Solidaritätsdemo für Gaza statt«, erinnert er sich. »Am Morgen erst war ich mit meiner Frau aus Italien zurückgekommen, und meine schwerkranke Mutter benötigte meine Pflege und Aufmerksamkeit. Ich war so erschöpft, dass ich kaum Notiz von der Kundgebung nahm.«

Warum hast du denn dann deinen Kindern erlaubt, hinzugehen?
Die Frage gefällt ihm auch nicht. »Es sollte eine friedliche Demo sein, und zudem sollen Eltern ihre Kinder ermuntern, sich zu engagieren und zu demonstrieren. Das ist normal. Gute Eltern sollten ihre Kinder lieber nicht zum Militär schicken, um ein anderes Volk zu besetzen und durchgedrehte Siedler zu schützen, die glauben, Gott hätte ihnen meine Heimat versprochen.«

Nachdem Farahs Frau auf Facebook sah, dass die Stimmung bei der Kundgebung eskalierte, eilte er hin. »Das war

2 https://www.ha-makom.co.il/post/einat-haim-jafer, 21.5.2018.

am Pariserplatz, und ich bat meine Kinder, nach Hause zu kommen. Aber die Polizisten wollten uns nicht gehen lassen. Ich filmte sie, während sie wahllos Leute verhafteten. Dann verhafteten sie auch meinen jüngeren Sohn Bisam, und um mein Video zu vernichten, beschlossen sie, mich auch gleich festzunehmen, und verlangten, ich solle ihnen mein Handy geben. Das war aber bereits bei meinem zweiten Sohn Basal«, sagt er schmunzelnd. Wegen überhöhter Geschwindigkeit verursachte der Polizeiwagen auf dem Weg ins Revier einen Verkehrsunfall. »Die verletzten Polizisten kamen ins Krankenhaus, die drei verletzten Häftlinge hingegen, auch mein Sohn, aufs Polizeirevier.« Als Farah protestiert, »fiel ein Polizist über mich her und brach mir ein Bein«. Stundenlang musste er unter starken Schmerzen warten, bis er und die anderen Verletzten, darunter sein Sohn, endlich ins Krankenhaus gebracht wurden.[3] Dort setzten die Polizisten die Ärzte und Krankenschwestern unter Druck, ihn trotz seiner starken Schmerzen nicht dazubehalten. Sieben der neunzehn inhaftierten Demonstranten mussten medizinisch behandelt werden.

Der zuständige Untersuchungsrichter beim Gerichtstermin, Amir Salameh, ist arabischer Israeli. Lokalreporter zitieren den Verteidiger: »Ich habe gestern den Häftling Jafar Farah im Krankenhaus besucht. Warum?« Stille im Saal. Auch der Polizeivertreter schweigt. »Was ist mit Jafar Farah passiert? Warum haben Sie ihn nicht von unten (aus der Haft) hierher geholt, damit er sich neben die anderen Häftlinge

3 https://www.ynet.co.il/articles/0,7340,L-5690984,00.html, 9.3.2020.

setzt? Ist er verletzt? Was haben Sie mit ihm gemacht?« Der Polizist schweigt weiter. Der Verteidiger beantragt, Jafar Farah aus der Zelle in den Gerichtssaal zu bringen. Der Richter bittet das Gefängnispersonal, den Häftling in den Gerichtssaal zu rufen. Farah kommt, auf Krücken gestützt, sein Bein in Gips. Er wird mit Beifall empfangen und darf sogar ausnahmsweise kurz in die Kamera sprechen. Die eskortierenden Polizisten intervenieren nicht. Journalisten fragen ihn: »Was ist mit dir passiert?« Und er: »Ein Polizist hat mir das Bein gebrochen.«

Der Polizist war als gewalttätig bekannt und hatte antiarabische Posts auf Facebook verbreitet. Er wurde suspendiert und steht inzwischen wegen Körperverletzung vor Gericht, das Verfahren zieht sich.[4]

Trotz dieser schlimmen Erfahrungen stellte sich Farah auch bei den gewalttätigen Unruhen vom Mai 2021 auf die Seite bedrohter arabischer Mitbürger. »Am 12. Mai kamen religiöse jüdische Nationalisten zur Deutschen Kolonie, aber wir konnten sie aufhalten. Am nächsten Tag warfen Polizisten in Zivil in Wadi Nisnas Blendgranaten, um die friedliche Demonstration aufzulösen. Auch hier konnten wir intervenieren, bevor Schlimmeres passierte, denn die Bewohner hielten die Polizisten für jene nationalistischen Aktivisten, die den Alltag in Haifa immer wieder stören, weil sie nicht wollen, dass sich die Beziehungen zwischen Juden und Arabern normalisieren.«

4 https://www.ha-makom.co.il/post-jafer-police-lawsuit/, 25.7.2021.

Und dann regt sich Farah schon wieder auf. »Nur in Israel können Besuchergruppen dein Grundstück betreten, ohne um Erlaubnis zu bitten – als ob das ihr Haus wäre«, beklagt er. »Das passiert hier jeden Tag.« Und schon eilt er hinaus – im Vorgarten steht so eine Besuchergruppe. Als er zurückkehrt, erzählt er von dem Haus seiner Familie, das für ihn eine Art Mahnmal für Diskriminierung darstellt, eine Art Gegenpol zum *Mossawa-Zentrum*. »Unsere Familie, eine Arbeiterfamilie, war 1915 aus Nazareth hierhergezogen. 1948 merkten sie, dass die Zionisten und die Briten die Vertreibung der meisten Palästinenser planten. Also sperrten sie sich zwei Wochen lang zu Hause ein, bis wieder Ruhe eingekehrt war. Als sie herauskamen, war fast niemand mehr da: Nur 2500 der 70 000 Araber waren geblieben.«[5]

Meine nächste Frage gefällt ihm schon wieder nicht: *Flüchteten die Araber aus Haifa oder wurden sie vertrieben?*
»Juden fliehen, aber sie haben auch nach dreitausend Jahren noch ein Rückkehrrecht. Araber – egal ob vertrieben oder geflüchtet – dürfen nicht zurück. Es ist legitim, wenn Zivilisten im Krieg fliehen, zum Beispiel Millionen von Ukrainern, nicht

---

5 In seinem Buch *The Birth of the Palestinian Refugee Problem 1947–1949* beschreibt der israelische Historiker Benny Morris den Sieg der 1500 jüdischen Kämpfer über die gleiche Zahl arabischer Milizionäre in Haifa und über die Flucht der arabischen Zivilisten zum Hafen, den die Briten noch kontrollierten, und weiter per Boot oder in Konvois mit britischer Begleitung, nur 5000 blieben in Haifa.

aber Palästinenser.« Für einen kurzen Moment sieht er in mir wohl den Vertreter »der jüdischen Israelis«. Aber dann kommt die nächste Frage:

Was ist mit eurem Haus geschehen?
»Der Onkel meiner Oma, Spiridon, hat es 1914 gebaut, aber weil er 1948 nicht mehr da war, wurde es als ›verwaiste Immobilie‹ verstaatlicht. 1948 zog mein Onkel ein. Er durfte als sogenannter ›geschützter Mieter‹ der staatlichen ›Entwicklungsbehörde‹ und später der Wohnungsbaugesellschaft *Amidar* ein Stockwerk beziehen. In den 1960er Jahren kaufte ein anderer Onkel ihm sein Wohnrecht ab, mein Vater kaufte sich in den 70er Jahren ein, und nach seinem Tod kaufte ich in den 2000er Jahren in diesem Haus eine Wohnung für meine Mutter.«[6]

Die Katastrophe vor 75 Jahren hat auch Jafar Farah geprägt. »Meine Mutter erzählte mir, was in ihrem Dorf Eilaboun geschah, mein Vater berichtete über das Geschehen hier in Haifa. Die *Nakba* ist eine persönliche und eine kollektive Geschichte. Meine Mutter flüchtete, nachdem sie gesehen hatte, wie ihre Verwandten im Hof der Kirche erschossen wurden.[7] Sie lebte als Kind in Flüchtlingslagern im Libanon, kehrte aber trotz allem, was man ihrer Familie angetan hatte, nach Haifa

---

6 Den Status eines »geschützten Mieters« darf man höchstens zweimal weitergeben.

7 Israelis töteten zwölf Christen, kein Soldat wurde dafür belangt, schreibt Benny Morris in *1948: A History of the First Arab-Israeli War*, in der hebräischen Fassung auf Seite 374.

zurück. Als Christen konnten sie das. Muslimische Palästinenser durften nicht zurückkehren.«

Farah spricht von »der palästinensischen Gesellschaft in Israel«. Nur eine kleine Minderheit der arabischen Israelis definiert sich Studien zufolge als Palästinenser.[8] Seine Erklärung: Menschen, die in Unsicherheit leben, verleugnen ihre Identität. »Manche Brüder meiner Mutter waren Mitglieder der Arbeitspartei, andere Verwandte wählten die (jüdische) nationalreligiöse Partei *Mafdal* – nur um zu überleben.« Auf meinen erstaunten Blick folgt die Erklärung: »Im illegalen arabischen Dorf Ein Houd, das von Flüchtlingen errichtet und erst 1996 legalisiert wurde, stimmte man für *Mafdal*, weil diese Partei das Innenministerium kontrollierte und sie sich Schutz vor den ständigen Schikanen der Bewohner des jüdisch-religiös geprägten Nachbardorfs Nir Etzion versprachen.

»Wir sind nicht auf einmal Palästinenser geworden. Mein damals achtzehnjähriger Bruder saß 1988 sechs Monate im Gefängnis, weil er die Palästinenserfahne gehisst hatte. Die größte israelische Zeitung berichtete damals darüber unter der Überschrift: ›Terrorzelle in Haifa‹. 1993 wurde mit den Oslo-Verträgen die Fahne in Israel über Nacht legal.«

An der Tür seines Büros hängt Martin Luther Kings Redetext. Was wäre Farahs Traum von Israel? »Ich träume von Gleichberechtigung und Zusammenleben beider Völker hier.« Die richtige Formel könne man finden, »ob in einem Staat oder in zwei – das ist mir egal«. Interessant findet er das belgische

8 https://jppi.org.il/he/article/arab-identity/#.Y2vyT-TPo1k

Modell (drei geographische »Regionen« mit weitreichenden Gesetzgebungskompetenzen), das spanische, britische und kanadische Modell. Sein Fazit: »Wir palästinensischen Israelis sind ein zentraler Akteur bei der Normalisierung der Beziehungen zwischen beiden Völkern, damit beide in Würde leben können. Dafür müssen wir allerdings als Minderheit erst einmal die jüdische Bevölkerung überzeugen.«

Wir gehen in den Vorgarten. Mit seinem Charme und Humor gewinnt Farah die Besuchergruppe für sich, die ebenfalls auf ihn warten musste. Er erzählt ihnen, in der prächtigen Villa residiere ein Hilfszentrum, das arabische und afrikanische Flüchtlinge auf dem Weg nach Europa psychologisch betreue. Dann führt er mich in den Stadtteil Wadi Nisnas. Unterwegs stoßen wir auf eine weitere israelische Besuchergruppe: »Das ist keine echte Begegnung, sondern eher so eine Art Völkerkunde«, schimpft er. Wir stehen vor dem großen Haus der bekanntesten arabischsprachigen Tageszeitung *al-Ittihad*, die älter ist als der Staat Israel. Sie war das Organ der unter Arabern dominanten kommunistischen Partei, die an den ersten jüdisch-arabischen Kooperationen beteiligt war. Das dreistöckige Gebäude, das damals leer stand, wurde während des Libanonkriegs im August 2006 durch einen Volltreffer schwer beschädigt.[9] Familienmitglieder, die nebenan wohnten, wurden durch die Explosion verletzt. Bei einem anderen Raketenbeschuss starben acht Mitarbeiter eines Bahndepots und 23

9 Zafrir Rinat/Yoav Stern/Jack Khoury: Katyusha Strikes Kill Three, Hurt Dozens in Haifa, in: *Haaretz*, 7.8.2006.

wurden verletzt.[10] Bei einem weiteren Angriff auf ein Wohnhaus in Wadi Nisnas, wo wir gerade stehen, starben drei Menschen, unter ihnen die christlich-arabischen Israelis Hanna Hamam und Ladiwa Mazzawi. »Sie waren unsere Nachbarn«, sagt Farah. »Hisbollah-Anführer Hassan Nassrallah hatte die Araber in Haifa aufgerufen, die Stadt zu verlassen, bevor er sie mit Raketen beschießen ließ. Ich sagte damals in einem Interview, dass wir – anders als 1948 – nicht mehr weggehen und er die Stadt schonen solle.«

Jetzt stehen wir vor Farahs Familienhaus in Rechov Jochanan Hakadosh, der Straße Johannes des Täufers. »Wir mussten es zurückkaufen«, sagt er mit bitterem Lächeln. Den arabischen Schriftzug über dem Eisentor liest er mir vor: »Salim Spiridon 1914«. Unser kurzer Rundgang endet an der ersten Station der Farahs in Haifa.

Nur wenige Minuten bergauf liegt *Beit HaGefen* (»Das Haus der Weinrebe«), das älteste jüdisch-arabische Kulturzentrum in Israel. Das flache weiße Gebäude ist anhand von Kreuz, Davidstern und Halbmond an der Fassade leicht erkennbar. Das Zentrum wurde von der Stadt Haifa 1963 gegründet, um Besuchern eine multikulturelle Gesellschaft zu präsentieren, so Geschäftsführer Assaf Ron, der seit zwölf Jahren hier das Sagen hat. Das gelang ihm sogar in der eigenen Familie: »Meine inzwischen erwachsenen Söhne würden nie eine Eintrittskarte für ein Konzert mit arabischer Musik kaufen. Aber hier

10 https://www.ynet.co.il/articles/0,7340,L-3276382,00.html,
    16.7.2006.

besuchten sie Dutzende Veranstaltungen auf Arabisch während des *Fest der Feste-F*estivals«, das jährlich im Dezember stattfindet. In zeitlicher Nähe zum jüdischen Chanukkafest, Weihnachten sowie dem Fastenmonat Ramadan und dem Fest des Fastenbrechens *Eid al-Fitr*, die manchmal im Dezember stattfinden, gibt es hier Konzerte, Tanz- und Kinoaufführungen, Führungen sowie den Weinukkabasar.

Der Pädagoge Ron ist stolz auf die Unabhängigkeit des »Weinhauses«, obwohl er finanziell von der Förderung der Stadt abhängig ist. »Bürgermeister haben mich bei mehreren Gelegenheiten beschimpft«, sagt er ganz entspannt. Beispiele nennt er gern: den Dokumentarfilm *Naila und die Intifada* über das Leben einer palästinensischen Aktivistin im Gaza der 1980er Jahre. Die Kulturministerin drohte mit einer Einstellung der Finanzierung des Kulturzentrums. Viel Ärger löste auch die Inszenierung der Novelle *Die Rückkehr nach Haifa* des palästinensischen Schriftstellers Ghassan Kanafani aus. Der begabte Literat war auch Sprecher der PFLP, der Volksfront zur Befreiung Palästinas, und wurde 1972 in Beirut vom israelischen Auslandsgeheimdienst Mossad ermordet. In seiner Novelle kehrt ein palästinensisches Ehepaar nach dem Krieg von 1967 zurück nach Haifa, von wo sie 1948 geflüchtet waren. Im Chaos des Kriegs hatten sie ihr Baby zurückgelassen. In ihrem Haus finden die Flüchtlinge ein israelisches Paar, das in der Shoah ihren Sohn verloren hatte, das Haus erhielt und das verlassene Baby adoptierte. Dieses ist inzwischen israelischer Soldat.

Obwohl das Theaterstück Jahre zuvor bereits in Tel Aviv aufgeführt worden war und mit staatlicher Förderung sogar in

Washington gastiert hatte, forderte Kulturministerin Miri Regev, den Text zu überprüfen. »Wir haben das Stück in der Originalsprache Arabisch aufgeführt, mit Simultanübersetzung ins Hebräische«, so Ron. »Der Saal war voll, Juden und Araber, die danach diskutierten. Es war toll, aber wir wurden von allen Seiten beschimpft. Das hatte nichts mit dem Theaterstück zu tun, sondern mit der populistischen Politik, die Hass verbreitet.« Den Vorwurf, er sei *Parve*, im jüdischen Speisegesetz das Wort für weder milch- noch fleischhaltig, kontert Ron ganz nüchtern. »Wäre ich extrem, würde niemand dieses Haus betreten.« Der Kulturmanager will weder provozieren noch sich ducken. Er erzählt von den Beschwerden und Mahnungen, die er erhielt, als wären sie Tapferkeitsmedaillen: »Angeschrien haben sie mich, Protestbriefe geschickt – von Ministerien, vom Generalstaatsanwalt und von der Stadtverwaltung – wegen angeblicher Sympathien für Palästinenser.« 2018 rollte eine Empörungswelle wegen des Festivals palästinensischer Kultur in Israel. »Das Kulturministerium, das das Festival laut Gesetz fördern muss, drohte damit, sein Logo zu entfernen.« Ron lud daraufhin die zuständige Beamtin ein. »Sie kam schon am nächsten Tag, eine religiöse Frau aus einer Siedlung. Sie war von uns sehr beeindruckt«, was ihn nicht überraschte: »Es gibt keinen Zusammenhang zwischen unseren Aktivitäten, den entsprechenden Zeitungsberichten darüber und der Interpretation der Politiker.«

Assaf Rons Weltbild ist klar und realitätsnah: »Die allermeisten Israelis kennen keine Araber wirklich und haben keine Ahnung von ihrem Trauma«, bemängelt er. »Sie müssen akzeptieren, dass die *Nakba* von 1948 eine palästinensische

Katastrophe war, bei der Menschen ihr Haus verloren. Und unsere Aufgabe ist es, die Leute so zu erziehen, dass sie keine Angst haben müssen vor einer anderen Fahne«, sagt er und meint die palästinensische. Sein Haus allerdings steht unter ständiger Beobachtung. Weil es öffentliche Förderung erhält, muss es die israelische Fahne nicht nur bei Veranstaltungen, sondern immer hissen. Ein rechtsnationaler israelischer Aktivist hatte sich darüber schon beschwert: »Der wollte wissen, warum ich nur eine Israelflagge und nicht noch mehr hissen würde. Ich sagte ihm, laut Gesetz müsse ich nur eine Fahne hissen, nicht zwei, und dass ohnehin Menschen wichtiger seien als Symbole.«

Diese Menschen, engagierte Juden und Araber, initiierten in *Beit HaGefen* am dritten Tag der Unruhen im Mai 2021 eine Debatte unter der Überschrift »Es gibt keine Alternative zum gemeinsamen Leben in Haifa«. Fünfhundert Menschen kamen, um zu sagen: »Genug. Wir rufen Juden und Araber dazu auf, miteinander zu reden statt aufeinander einzuschlagen«, berichtet Ron. Dann führt er mich durch das Haus und die neuen Kunstausstellungen der »dritten Dimension«. Am meisten beeindruckt mich die intelligente und witzige zweisprachige Ausstellung der Grafikerin Roni Levit *Das Labor – eine subjektive Untersuchung* (Atlas Israel) über verbindende Symbole jenseits der Religion. Eine Grafik vergleicht zum Beispiel den Durchmesser männlicher Kopfbedeckungen – bei Juden und Muslimen.[11] Die eines säkularen Juden bei einer Beerdigung ist winzig, die eines Imams etwas größer, die

11 https://www.ronilevit.com/copy-of-gefilterama

eines traditionellen Palästinensers noch größer und die eines chassidischen Juden überdimensional. Ein Plakat erkundet die Speisegewohnheiten im Frühling: Am Beispiel des Fotos von einem Pitabrot lernt man, dass die säkularen jüdischen Bewohner von Haifa die traditionellen ungesäuerten *Matzot* während des Pessachfestes meiden und, um nicht zu verhungern, *Pitot* bei ihren arabischen Nachbarn kaufen.

Vom Gipfel des Carmelbergs aus lassen die leicht durch die Nadelbäume fächelnde Brise und das atemberaubende Panorama von Stadt und Hafen den Konflikt in die Ferne rücken. Der Blick folgt stattdessen den zahlreichen prachtvollen Zypressen von der weißen Kuppel des Bahai-Gerichts bis zur goldenen Kuppel des Bahai-Schreins, der einzigen Religion, die ihr Zentrum in Haifa hat. Noch gemütlicher ist es in Merav Ben-Nuns Vorgarten. Die Bildungsexpertin sitzt auf einer Schaukel im Schatten eines Nadelbaums, nippt aus einer Bierflasche und sagt: »Bildung ist der Weg, die Welt zu verändern. Wir müssen Kinder dazu erziehen, sich zuerst den Frieden vorzustellen, um ihn später realisieren zu können.« Bildung ist ein großes Thema in ihrer Familie. Ihr Vater ist Geschäftsführer der ältesten hebräischen Realschule in Haifa, die 1913 nach hartem Kampf das Hebräische als Hauptunterrichtssprache an Stelle des Deutschen durchsetzte.

Ben-Nun wurde in den USA geboren und kehrte als Jugendliche zurück nach Haifa. Manchmal wechselt sie ins Englische, um prägende Formulierungen wie »Gleichheit und Trennung schließen sich aus« besser auszudrücken. Ihr jugendliches Weltbild, dem zufolge Israel die Hand stets zum Frieden ausstreckt, erhielt Risse durch die Erste Intifada 1987 und die Ermordung von Premier Jitzhak Rabin 1995. »Seitdem erziehen wir hier zur Ablehnung des anderen, zur Trennung und zum Rassismus. Deswegen studierte ich in New York Friedenspädagogik. Ich war von den drei jüdisch-arabischen bilingualen Schulen in Israel sehr beeindruckt und habe sie in meiner Doktorarbeit mit Belfast verglichen, wo man katholische und protestantische Kinder zusammen unterrichtete.« Nach der Promotion ließ sich ihre Familie 2008 in Haifa nieder. Ben-Nun wollte ihre Kinder in einem jüdisch-arabischen Kindergarten anmelden, aber so etwas gab es nicht. »Also ging ich auf die Kinderspielplätze und sammelte interessierte Familien. So konnten wir 2012 mithilfe des Vereins *Yad be Yad* (»Hand in Hand«) den ersten bilingualen Kindergarten eröffnen – mit zwölf Kindern und in einer Garage.«

Im Jahr darauf hatten sich auf dem Weg über Mundpropaganda bereits drei Gruppen gebildet, »und seitdem wachsen wir. Seit 2015 ist Bildung ab dem dritten Lebensjahr kostenlos, so dass wir uns an den Bürgermeister wandten, um den Kindergarten öffentlich fördern zu lassen. Er lehnte erst ab, gab aber später nach und stellte uns für die erste Schulklasse ein Wohnmobil im Hof einer staatlichen arabischen Schule zur Verfügung. Im dritten Jahr nutzten wir bereits drei Camper und mussten aus Platzmangel in einer anderen Schule unterkommen. Heute nehmen knapp dreihundert Kinder bis zu zwölf Jahren an unserem Bildungsprogramm teil. Die Rekrutierung ist hier in Haifa leichter, weil die jüdischen und arabischen Familien aus der gleichen sozialen Schicht kommen.«

Inzwischen kann Ben-Nun von Erkenntnissen aus der langjährigen bilingualen Erziehung berichten: »Die arabischen Kids sprechen Arabisch natürlich besser als die jüdischen, weil die meisten jüdischen Eltern kein Wort Arabisch können. Ein jüdisches Mädchen aber kann so gut Arabisch, dass es sich mit ihren arabischen Freunden in dieser Sprache unterhält, das Gleiche gilt für ein arabisches Kind mit seinen jüdischen Spielkameraden.« Warum soll die gemeinsame Sprache zwangsläufig friedensstiftend wirken? Junge Israelis lernen Arabisch, weil sie sich so einen interessanteren Militärdienst erhoffen. Es geht nicht um die Kinder, sondern »unsere Kinder wachsen zusammen mit arabischen Kindern auf. Sie verbringen Zeit in deren Familien, wir machen gemeinsam Camping. Unser Projekt stärkt die Zivilgesellschaft in Haifa, gerade für den Fall einer weiteren Welle der Gewalt. Aber trotz der Rückendeckung durch die Bürgermeisterin müssen wir immer noch um ein eigenes Schulgebäude kämpfen.« Bisher ohne Erfolg.

Der Pariserplatz in Haifa ist fast menschenleer an diesem sonnigen Nachmittag. Bis Rolly Rosen eintrifft, kann ich mir vor Augen führen, wie es einst zuging, als hier noch zahlreich überdachte Kutschen parkten, die die deutschen Templer, die sich an dieser Stelle 1868 außerhalb der Stadtmauern niederließen, in die benachbarte Deutsche Kolonie, andere Fahrgäste nach Jerusalem oder Jaffa fuhren. Von der christlich-arabischen Geschichte in der osmanischen Zeit zeugen mehrere Kirchen und die Maroniten-Straße, die hier beginnt. Demonstriert wurde hier bereits zurzeit des britischen Mandats, als

Araber gegen Churchills pro-zionistische Politik protestierten. Sie wurden von britischen Polizisten auseinandergetrieben. Seinen Namen erhielt der Platz 1954 zum Dank, dass eine französische Firma die bisher einzige unterirdische Seilbahn in Israel baute. Seitdem ist das einstige Stadtzentrum Endstation dieser Bahn.

Wir sitzen an einem Tisch am Rande des abschüssigen Platzes unweit eines Falafel-Standes. Als Stadt-Anthropologin und Autorin kennt Rolly Rosen die Geschichte Haifas bestens. »Trotz aller Spannungen arbeiteten viele Juden und Araber in der britischen Stadtverwaltung und in den Ölraffinerien zusammen«, sagt sie. »Die Araber lebten überwiegend in der unteren Stadt, die Juden bauten ihre Viertel auf dem Carmelberg.« Nach Kriegsende fand hier im Mai 1948 ein Bevölkerungsaustausch statt. »Nur etwa 4000 der 70 000 Araber blieben damals in Haifa, und Staatschef Ben Gurion ordnete im Juli 1948 an, den Parkplatz dort anzulegen«, sagt sie und zeigt mit der Hand, »Bulldozer rissen die dichtbebaute Altstadt ab. Er wollte verhindern, dass die Araber zurückkehren könnten. Bis heute weist kein Schild darauf hin. Geblieben sind lediglich die Kirche dort und die Moschee um die Ecke. Diese Geschichte ist unter den Arabern, die hiergeblieben sind, sehr präsent. Die bilden aber nur eine kleine Minderheit unter den Arabern in Haifa, das inzwischen zur kulturellen und wirtschaftlichen Metropole der Araber Nordisraels avanciert ist. Offiziell leben in Haifa 35 000 Araber, also rund zwölf Prozent der Einwohner. Viele arbeiten hier, wohnen aber außerhalb der Stadt oder sind in arabischen Ortschaften angemeldet, zum Beispiel viele arabische Studenten (rund vierzig

Prozent der Studenten in Haifa sind Araber – 1972 waren es nur fünf Prozent). Araber ziehen zunehmend in überwiegend jüdische Viertel um und haben leitende Positionen in Krankenhäusern und Hightech-Firmen übernommen, wo sie Juden beschäftigen. Dieses erfolgreiche Zusammenleben wird von den Erinnerungen an 1948 und dem anhaltenden nationalen Konflikt getrübt. Ganz anders sieht es aus für Haifas bedürftige arabische Bewohner, zum Beispiel geschiedene und alleinerziehende Frauen, die unter der zunehmenden Gentrifizierung in Wadi Nisnas leiden.«

Rolly Rosen wurde in Haifa geboren, lebte jedoch nach dem Militärdienst 28 Jahre lang in einer anderen jüdisch-arabischen Stadt: Jerusalem. Der Unterschied zwischen beiden Metropolen ist für sie ganz klar: »Die arabischen Jerusalemer leben unter Besatzung, sind keine Staatsbürger und haben kein Wahlrecht. Wegen der Nähe zu den besetzten Gebieten sind die Spannungen dort viel größer. Der Konflikt in Jerusalem ist auch wegen der Geschichte und der Religion viel präsenter. Zum Glück gibt es in Haifa keine heiligen Stätten, und alle Bewohner sind mit allen Rechten ausgestattete Israelis.« In Jerusalem wohnte Rosen im südöstlichen Stadtteil Armon HaNatziv, das bis 1967 im Niemandsland lag: »Vom Balkon aus blickten wir in Jerusalem direkt auf das palästinensische Viertel Jabel Mukaber. Als ich 1997 in diese Eigentumswohnung zog, dachte ich mir: Wenn ein Krieg ausbricht, könnte man direkt auf meinen Balkon schießen. Als die Umzugshelfer kamen, trat einer von ihnen auf den Balkon und sagte: ›Wow, von hier aus kann man sie wunderbar beschießen.‹ Das zeigte mir, wie man die Aussicht vom selben Balkon auf unterschiedliche Weisen interpretieren kann. Unangenehm waren manchmal die Checkpoints in Jabel Mukaber. In unserem Kiez gab es auch hin und wieder Anschläge, aber nicht direkt bei uns.«

Der Zweite Libanonkrieg 2006 markierte einen Wendepunkt sowohl für Haifa als auch für Rosen. Um den Terroranschlägen in Jerusalem zu entkommen, zog sie mit ihrer Familie zurück nach Nave Sha'anan, einer Nachbarschaft auf dem Berg, wo sie aufgewachsen war. In der Hafenstadt war damals die allgemeine Meinung, dass die jüdischen und arabischen Bewohner ihre Konflikte nur vorläufig beilegten, weil beide Zielscheibe der Raketen aus dem Libanon waren. In der Folge startete die NGO *Shatil*, die den sozialen Wandel in Israel vorantreibt, das Forschungsprojekt *Haifa – gemeinsame Stadt*, das die Einwohner einbeziehen sollte. Rosen koordinierte es jahrelang zusammen mit einer arabischen Lokalpolitikerin. Wie kann man dem nationalen Konflikt begegnen? »Durch persönliche Beziehungen und strukturelle Wandlungen, was den Anteil der arabischen Mitarbeiter im Rathaus und den kommunalen Haushalt betrifft. Haifa gilt als Beispiel für gelungene Koexistenz, weil hier relativ wenige Araber leben und viele arabische Zuwanderer zu den Eliten zählen: Akademiker, Ärzte.«

Im Rahmen des *Program for Peace and Conflict Management* an der Universität Haifa (und zusammen mit dem jüdisch-arabischen Verein *Abrahams Initiativen*) untersuchte Rosen in einer Studie die Unruhen im Mai 2021 in Haifa. »Es gab schon vorher Diskriminierung, aber viele Juden und Araber hielten Kontakt zueinander und versuchten zu deeskalieren. Anders als in Jerusalem schürt man in Haifa den nationalen Konflikt nicht, sondern reagiert nur darauf, weil es keine heiligen Stätten gibt und keine Seite ihr Viertel für sich beansprucht, so wie in Belfast.«

Rosen zeichnet den Ablauf der zehntätigen Unruhen in Haifa, die – nicht überraschend – von Jerusalem ausgingen. Radikale arabische Aktivisten hatten gegen die geplante Evakuierung von Palästinensern in Ostjerusalem und die Ausschreitungen auf dem Tempelberg demonstriert. Die illegale Kundgebung wurde gewaltsam von der Polizei aufgelöst, nachdem ein Jugendlicher die Palästinafahne an einen Strommast gehängt hatte. Viele arabische Jugendliche schlossen sich den fliehenden Protestlern an, bewarfen jüdische Häuser mit Steinen und zerstörten Schaufenster jüdischer Geschäfte, ohne dass die wenigen Polizisten sie aufhalten konnten. Weitere arabische Demonstrationen wurden gewaltsam auseinandergetrieben. Am Mittwoch, dem 12. Mai 2021, mobilisierten rechte jüdische Gruppen zu einem »Präsenzmarsch«. Es wurden arabische Häuser und Passanten attackiert. Die Polizei schaute dem »Pogrom«, so Rosen wörtlich, tatenlos zu. Auch die Bürgermeisterin reagierte eher verhalten, Geheimdienstler nahmen Hunderte junger Araber fest, von denen allerdings die wenigsten angeklagt wurden. Hingegen wurde fast keiner der jüdischen Randalierer belangt. Im Verlauf einer Woche gewalttätiger Auseinandersetzungen wurde Benny Salman von zwanzig Arabern, die ihn als Juden erkannten, zusammengeschlagen und fast gelyncht, obwohl er mit ihnen Arabisch sprach.[12] Er überlebte schwer verletzt. Während

12 https://haipo.co.il/item/276548, 15.5.2021.

mehrere jüdisch-arabische Organisationen Solidaritätsveranstaltungen organisierten, folgten viele arabische Geschäfte einem Aufruf zum Generalstreik. Danach ebbte die Gewalt ab, aber das Misstrauen gegenüber den israelischen Behörden blieb.

In ihrem Bericht empfiehlt Rosen unter anderem, die Diskriminierung der Araber in Haifa zu überwinden und eine gemeinsame städtische Identität zu entwickeln, in der das Anderssein als Bereicherung gesehen wird, nicht als Bedrohung. Sie fordert auch eine Lösung des weitgehend verschwiegenen Problems der Familien palästinensischer Informanten des israelischen Geheimdienstes, Hebräisch *Maschtapim*. Diese Palästinenser, die früher in den besetzten Gebieten für den israelischen Geheimdienst arbeiteten, wurden nach dem israelischen Rückzug auch in Haifa angesiedelt. Zehntausende IM und ihre Angehörigen leben in Israel und genießen de facto Immunität, auch wenn sie sich schwere Gewalttaten haben zu Schulden kommen lassen. Im Gespräch präzisiert Rosen: »Viele von ihnen sind Kriminelle oder leben am Rande der Gesellschaft und haben kein Problem, ihre Volksgenossen zu verraten.« Bewaffnete Kriminelle, die den Schutz des Geheimdienstes genießen? »Richtig. Sie genießen in Haifa Narrenfreiheit. Auch bei Gewaltdelikten oder wenn sie Drogen verkaufen, greift die Polizei nicht ein.« Die Kinder der *Maschtapim* sprechen in der Regel kein Hebräisch, haben keine israelischen Ausweise und kaum Chancen auf dem Arbeitsmarkt, was ihnen den Weg in die Kriminalität ebnet.

Stadtexpertin Rosen räumt ein, dass sie vom Ausmaß der Feindschaft und von der Polizeigewalt, die zur Eskalation beitrug, überrascht worden sei. »Es ist legal, Palästinenserfahnen zu hissen, aber die Polizisten sehen darin eine Kriegserklärung und meinen, im Krieg müsse man siegen. Darin steckt die größte Gefahr – dass jeder Bürger sich bewaffnet! Denn jeder Tote – in Haifa starb niemand, und nur wenige Menschen wurden verletzt – schürt durch die unvermeidlichen Racheakte das Feuer weiter. Die Polizei hätte deeskalierend wirken sollen, um das (jüdisch-arabische) Zusammenleben auch am Tag danach zu ermöglichen. Nach dem Zweiten Libanonkrieg richtete die Stadtverwaltung einen Krisenstab ein, der regelmäßig verschiedene Szenarien durchspielt – nicht jedoch für Zusammenstöße zwischen Bürgern in Haifa. Das Zentrum für Konfliktlösungen besteht aus einem Beamten mit Teilzeitstelle.«

Rolly Rosen ist überzeugt, dass sich die Unruhen vom Mai 2021 in Haifa wiederholen werden. »Unter der jetzigen Regierung ist Eskalation auch in Haifa vorprogrammiert. Darauf muss man sich vorbereiten, indem man zum Beispiel die friedliebenden Kräfte stärkt. Zugleich ist bei städtischen Unruhen starke Polizeipräsenz nötig, um allen Bürgern zu signalisieren, dass die Polizisten für ihren Schutz da sind. Sonst gründen die Leute Milizen, und wir haben einen Bürgerkrieg, so wie im Libanon.« Und hört die Polizei ihr zu? Sie lächelt: »Wir arbeiten dran, aber nach den Wahlen im November 2022 fällt es schwer, optimistisch zu sein.«

Nur wenige Minuten dauert die Fahrt mit der einzigen U-Bahn in Israel, der *Karmelit*, und schon ist man im Hadar-Viertel. Ein Zug singender Kleinkinder kommt mir auf der Hillel-Straße entgegen. In diesem gemischten Viertel ist jeder vierte Bewohner arabisch.[13] Dass alle Kinder auf Arabisch singen, liegt daran, dass sie in den bilingualen Kindergarten des Bildungsnetzwerks *Yad be Yad* gehen, dessen Logo den Holzzaun vor dem Gebäude ziert: ein Junge und ein Mädchen, tanzend, am Himmel ein bunter Vogel. Im Garten spielen Kleinkinder auf einem künstlichen Rasen, einige Mädchen reden mit einer Betreuerin. In der Küche empfängt Direktor Michael Farjun, ein kräftiger, bärtiger, junger Mann mit strahlenden Augen. Aus seiner Frage: »Kaffee?« – Israelis mögen es kurz – entwickelt sich eine kleinen Arabischstunde. Während ich den Kaffee schlürfe, erfahre ich, dass *Fincan*, das aus dem Türkischen stammt, für Mokkatasse und nicht Kännchen steht, anders als die meisten Hebräisch Sprechenden denken.

Michaels Vorfahren stammen aus Tunesien, Marokko und Syrien. Ich frage, ob er schon Arabisch konnte, als er 2012 hier als Erzieher anfing. »Meine Eltern sprachen untereinander Arabisch, wenn wir etwas nicht verstehen sollten, so dass mir Arabisch nicht fremd war, aber sprechen konnte ich es nicht.« Anders als die hundertzehn Kinder hier, die in jeder Klasse von einer jüdischen und einer arabischen Kindergärtnerin sowie von einer arabischen Helferin unterrichtet werden. »Bei uns sind die Hälfte der Kinder arabisch. Wir bevorzugen ganz bewusst die arabische Sprache, aber die Kinder fallen immer wieder sehr schnell ins Hebräische. Sie wissen, dass draußen Hebräisch gesprochen wird.«

13 https://haipo.co.il/item/60005

Können jüdische Eltern Arabisch?
»Manche bemühen sich, es zu lernen, und wir bieten sowohl ihnen wie auch den jüdischen Betreuerinnen Arabischunterricht an. Die Kinder dieser Eltern nehmen deren Bemühungen wahr, die sie auch beeinflussen. Trotzdem können jüdische Kinder hier fünf Jahre verbringen und bestens Arabisch verstehen, aber es kaum sprechen. Denn sie wissen, dass man sie auf Hebräisch verstehen wird.«

Und die arabischen Kinder?
»Die sprechen bereits nach drei Monaten fließend Hebräisch.«
Laut Statuten des Bildungsnetzwerks muss in jeder Altersgruppe die Hälfte der Kinder jüdisch und die Hälfte arabisch sein. Farjun beaufsichtigt hier sechzig arabische und fünfzig jüdische Kinder.

Und zu welcher Gruppe zählt er die Bahai-Kinder?
»Ah ja, zu den Arabern«, sagt er, als ob ich ihn bei einer Ungenauigkeit ertappt habe.

Sehen sie sich als Araber?
»Nein, absolut als Bahai. Aber sie bemühen sich, beide Sprachen zu lernen – nachmittags sogar mit Privatlehrern. Sie kapseln sich ab, und die Eltern nehmen an unseren Familientreffen kaum teil.« Die Gemeinschaft des Kindergartens, zu der auch die Erzieher, Eltern und Nachbarn gehören, ist in den Statuten festgeschrieben. »Sie zählt bereits dreihundert Familien, die an verschiedenen Aktivitäten beteiligt sind.« Zum Valentinstag lädt Michael Musiker ein, die mit den Songs auf-

treten, die die Kinder bei ihm lernen, so dass auch die Kleinen mitsingen können. Stolz präsentiert er den ersten Jahreskalender seines Vereins, wo auf Hebräisch und Arabisch nicht nur die religiösen Feiertage stehen, sondern auch der Gedenktag für den ermordeten Premier Yitzhak Rabin, der Internationale Kindertag und der Jahrestag des Massakers im arabischen Dorf Kafr Qassem. Geschmückt wird der Kalender mit dem israelischen *Lied des Friedens*.

Wir gehen hinein. Vor dem Hintergrund eines mit kleinen Zeichnungen geschmückten Tannenbaums tobt ein Dutzend Kinder, die Michael nicht lange bitten muss, damit sie an diesem Tag Anfang Dezember *O Tannenbaum* singen – zuerst auf Arabisch, dann auf Ivrit. Als Michael mein Erstaunen bemerkt – ein Weihnachtslied auf Hebräisch? –, erklärt er, er selbst habe den Text übersetzt. Im Nebenraum hat jedes Kind eine eigene Schublade im Holzschrank, auf der sein Name zweisprachig geschrieben steht. Die Kleinen essen gerade zu Mittag – *Mejadra*, ein traditionelles arabisches Linsengericht nach »jüdischem« Rezept, also mit Reis statt Bulgur, sowie *Labneh*, eine cremige Spezialität aus Joghurt, Salat und Früchten. Die Eltern nehmen gern die Reste mit nach Hause.

Kindergärtnerin Jasmin Atamne, mit dunkelblauem Kopftuch, nimmt sich ein paar Minuten Zeit für uns, denn ihre drei- und vierjährigen Schützlinge ruhen sich nach dem Donnerstagsausflug eine Stunde lang aus. »Wir bemühen uns hier um Gleichberechtigung, obwohl Juden und Christen mehr Feiertage haben als Muslime«, sagt Jasmin. Im Fastenmonat Ramadan nehmen auch Eltern nach Sonnenuntergang am »Fastenbrechen« *Iftar* teil, und der Kindergarten sammelt

Spenden für Bedürftige. 2021 zum Beispiel schickten sie zwei
Lkws mit Windeln, Babynahrungsmitteln und neuer Kleidung
für Kleinkinder nach Gaza. Jasmin ist seit zehn Jahren dabei
und bedauert nur, dass ihre eigenen drei Kinder schon zu alt
für diesen Kindergarten sind. Sie hofft, dass ihre Enkelkinder
einmal »das Privileg« genießen können, so wie hier andere
Kulturen kennenzulernen. »Dass ich hier jedes Kind in meiner
Muttersprache ansprechen kann, ohne dass es ihm fremd vorkommt, empfinde ich als etwas Wunderbares.«

Diese Kinder zu erleben, macht viel Hoffnung für Israel.
Aber um seinen Kindergarten aufrechtzuerhalten, muss Michael die demographische Parität bewahren, die in Folge der
Gewaltausbrüche im Mai 2021 gefährdet war. »Wir planten
damals eine zweite Klasse für die Fünf- und Sechsjährigen
und starteten eine Werbekampagne, um jüdische Interessen-
ten zu gewinnen. Kaum waren die Unruhen ausgebrochen,
sagten alle zehn neuen jüdischen Familien eine nach der anderen ab – mit Ausreden wie der großen Entfernung von zu
Hause, obwohl der Weg kurz ist und die öffentlichen Verbindungen gut sind. Um den zehn angemeldeten arabischen Familien nicht absagen zu müssen, eröffneten wir das Schuljahr
mit einer arabischen Mehrheit von zwei Dritteln. Die ›alten‹
jüdischen Familien störte das nicht, weil sie hier schon seit
fünf Jahren waren. Daraus lernte ich, dass ich unbedingt Eltern von Kleinkindern brauche.«

Wie geht das?
»Wir planen in jüdischen Kindergärten Lesungen bilingualer
Geschichten – vorgelesen von unseren elfjährigen Schülern.«

Michael fällt es auch in ruhigen Zeiten schwerer, jüdische Kinder zu gewinnen als arabische. Warum? »Weil dieses Konzept den meisten Juden fremd ist und sie in Haifa genug Alternativen haben. Hierher kommen fast nur überzeugte linksgerichtete (europäischstämmige) Aschkenasi-Juden.«

Die man nicht überzeugen muss?
»Genau.« Haben die orientalischen Juden kein Interesse, dass ihre Kinder die Sprache ihrer Großeltern lernen? »Wenn uns das gelingt, werden wir das richtige Zusammenleben verwirklichen«, freut sich Michael, seine Vision preiszugeben. »Dann werden wir dieses verschlossene Tor durchbrechen«, sagt er und scheint für einen Moment die Verwirklichung seines Traums zu kosten. Nur der entsprechende Plan fehlt noch. »Die Araber hingegen strömen in Bussen hierher«, sagt er in Anspielung auf Netanjahus Warnung am Wahltag. »Sie gehören zur Elite in Haifa und haben mehr Geld als die Juden, denn der Kindergarten ist privat – er wurde im Gegensatz zur binationalen Schule noch nicht staatlich anerkannt.«

Deswegen brauchst du keine Genehmigung, um mit mir zu sprechen?
Michaels grinst und nickt: »Exakt.« Statt die Eliten zu umarmen, muss er deren Ansturm auf das offene Tor seines Kindergartens bremsen, der Demographie wegen. »Die jüdischen Eltern wollen genau wissen, wie viele jüdische und wie viele arabischen Kinder in der (avisierten) Klasse ihres Kindes angemeldet sind. Das verpufft jedoch, sobald das Schuljahr beginnt.« Stolz ist er auf Familien, die er bevorzugt, wie ein

jüdisch-arabisches Paar, beide schwul, die gemeinsam Zwillinge großziehen. »In einer konservativen Einrichtung würden es solche Kinder schwer haben.«

Seine Leidenschaft und sein Optimismus sind ansteckend, aber lediglich zweitausend Schüler besuchen die sieben binationalen Einrichtungen – Kindergärten und Schulen.

Und die restlichen 1,9 Millionen gleichaltrigen israelischen Schüler?

»Wir sind ein Tropfen im Ozean«, räumt Michel ein. »Aber dieser Tropfen ist Gold wert, das sehe ich an meinen eigenen drei Kindern. Ich sehe, welche Gespräche sie zum Beispiel mit meinen Neffen führen. Beim letzten Sukkotfest löste eine Messerattacke auf eine israelische Soldatin eine Diskussion in meiner Familie aus – wir waren zu Gast bei meinen Eltern. Manche Kinder sagten, die Araber seien böse und Mörder. Mein zehnjähriger Sohn sagte zu meiner Nichte: ›Ich habe auch arabische Freunde, und es gibt auch böse Juden.‹«

Jaffa

Kurz nach dem Ausbruch der Zweiten Intifada im Herbst 2000 hatte ich mich mit Amir Badran in Jaffa getroffen. Wir saßen in den Räumen eines kleinen arabischen Vereins, den er mitgegründet hatte. An der Wand hing ein frisches Poster mit der Aufschrift: »Polizeiterror tötet: Wir werden weder vergessen noch verzeihen.« Im Mai 2022 sitzen wir in seinem kleinen Büro in einer klimatisierten Anwaltskanzlei in Jaffa, nur drei Gehminuten von der neuen regionalen Polizeizentrale entfernt.

Wenn du dich an das Poster von damals erinnerst: Was hältst du davon vor dem Hintergrund der letzten Unruhen im Mai 2021?
»Heute stimmt der Text erst recht, und das ist ein echtes Problem. Die Polizei nimmt die Sorgen der arabischen Bürger um ihre Sicherheit nicht ernst. Ich möchte nicht verallgemeinern, aber über 120 jährlich ermordete arabische Bürger – das ist wirklich schockierend.«[1]

---

1 2021 wurden 126 Araber getötet, pro Kopf zehnmal mehr im Vergleich zu den getöteten jüdischen Israelis. Die polizeiliche Aufklärungsquote war 23 Prozent bei arabischen und 73 Prozent bei jüdischen Ermordeten. https://www.haaretz.co.il/news/2022-01-02/ty-article-static-ext/.premium/0000017f-f4f4-d318-afff-f7f7e9490000

Bei unserem Gespräch im Jahr 2000 hast du von dem Moment erzählt, der nach meinem Verständnis deine Identität prägte.
Badran ist etwas verdutzt.

Du bist vierzehn und spielst Fußball mit deinen Freunden, stehst allein vor dem leeren Tor und schießt vorbei. Was rufen dir deine Freunde zu?
»Was denn?«

»Araber.«
»Stimmt. Ich hatte es gar nicht mehr im Kopf. Aber ja, stimmt genau. Das Wort ›Araber‹ war ein Schimpfwort«, sagt er und scheint sich diese Szene nochmals in Erinnerung zu rufen. »Ja, ja, stimmt, damals wohnte ich in Bat Jam in einer jüdischen Umgebung. Meine Freunde wussten kaum, wer ich eigentlich war. Sie schimpften nicht, weil ich Araber war, sondern weil das Wort ›Araber‹ unter Kindern minderwertige Menschen bedeutete, Hirnis, die das leere Tor nicht treffen.«

Und wie ist es heute?
»Schlimmer, denn heute ist dieses Schimpfwort Teil des Mainstream-Diskurses. Premierminister Netanjahu warnte, die Araber würden in Scharen in die Wahllokale strömen.[2] Als ob die Demokratie in Gefahr ist, weil sie wählen! Als ob das ein Problem für die jüdischen Herrscher darstellt. Denn Israel ist in erster Linie ein jüdischer Staat, der im Nationalstaatsgesetz, einem Grundgesetz, festschrieb, dass jüdische Bürger bevor-

---

2 Am Wahltag des 17.3.2015 warnte Netanjahu per Video vor »sehr großen Zahlen arabischer Wähler«.

zugt werden.[3] Das ist gefährlich auch für die ›befreundeten Minderheiten‹ wie die Drusen, die Militärdienst leisten. Denn auch sie werden damit ignoriert.

Ein Araber ist hier alles andere als gleichberechtigt. Kauft einer eine Wohnung, sinkt der Wert der Immobilie, und das stört die jüdischen Nachbarn.«

Hattest du auch so was erlebt?
»Definitiv. In manchen Stadtteilen von Jaffa werden überhaupt keine Wohnungen an Araber verkauft. Aber ich kann schließlich nicht überall kämpfen.«

Amir Badran wuchs in einer gemischten Familie auf. Seine Mutter ist jüdisch, sein Vater arabisch. Die Familie war säkular, die Kinder konnten beide Sprachen, waren mit beiden Kulturen vertraut und feierten alle Feiertage. Bis heute nimmt er als Kommunalpolitiker der linksprogressiven Demokratischen Front für Frieden und Gleichheit *(Chadasch)* am jährlichen *Iftar*-Fest teil. »Wir feiern überall, wo man Gleichberechtigung und Bruderschaft herbeiführen kann, und laden jüdische und christliche Freunde ein.«

Laut jüdischer Gesetzgebung gilt Amir Badran als jüdisch, aber für das Sicherheitspersonal am internationalen Flughafen Ben Gurion, auf dem Weg von oder zu seinem fünfjährigen Jurastudium in Frankreich, galt er als Araber: »Das erkannten sie anhand meiner Papiere sofort, wohl wegen des Namens meines Vaters oder Großvaters.«

3 Das Gesetz vom Jahr 2018 war umstritten, weil es die Gleichberechtigung aller Bürger nicht erwähnt.

Hast du unangenehme Situationen dort erlebt?
»Mehrmals, vor allem beim jährlichen Israelbesuch. Auch meine Freundin wurde drangsaliert. Dort werden keinesfalls alle Israelis gleichbehandelt: Es gab eine Warteschlange für Juden und eine für Araber. Juden durften weiter, Araber mussten zum Verhör. Du fängst an, einen Mechanismus zu entwickeln, um es zu überstehen. Entweder ärgerst du dich und schreist herum, was alles noch verschlimmert, weil sie dann noch strenger werden und du noch wütender. Ich habe stattdessen eine Elefantenhaut entwickelt, um zynisch und intelligent dem Sicherheitsbeamten seine Minderwertigkeit zu demonstrieren. Einer fragte mich zum Beispiel, was ich in der Tasche habe; ich sagte, meine Unterhose ist weiß, und deine?«

Und hat er geantwortet?
»Sie antworten nicht immer, aber dieser fühlte sich in der Defensive. Er fragte, ob ich Hebräisch verstehe. Ich sagte, ich könne vier Sprachen, und fragte ihn, wie viele er spreche. Er fragte, was ich im Ausland tue: Magisterstudium in Jura, und was machst du? Das stresst sie.«

Der Gewaltausbruch 2021 war dann allerdings noch ein stärkerer Stresstest für Badran, der inmitten der Straßenschlachten in Jaffa eine jüdisch-arabische Front zusammenzuhalten versuchte. Seine Bekanntheit, Unabhängigkeit und wohl auch seine Sprachkenntnisse – er spricht Arabisch und Hebräisch als Muttersprache – halfen ihm. Auf Arabisch heißen die Unruhen *Habe al-Karame*, erklärt er: »*Habe* ist eine Flamme, die plötzlich ausbricht, und *al-Karame* ist die Ehre.« Badran war in jenen Tagen erschrocken, dass »Menschen aufeinander losgehen und einander sogar zu töten versuchen, nur aufgrund ihrer ethnischen oder religiösen Zugehörigkeit. Ich versuchte, Juden und Araber zu einem gemeinsamen Protest zu bringen – das war in den ersten Tagen fast unmöglich, weil jeder fürchtete, dass ›seine‹ Demonstranten überfallen werden.« Schließlich gelang es ihm, über hundert Protestler zu organisieren, »Juden und Araber, die die Not der Araber in den gemischten Städten verstehen, sie unterstützen, aber auch eine vernünftige Gegenstimme zu den Extremisten sind«.

Hat die Polizei euch beschützt?
»Im Gegenteil, die Polizisten versuchten uns aufzuhalten, denn sie verstehen die Botschaft der arabischen Bevölkerung nicht. Allein schon ihre Präsenz sorgt für Reibungen, weil sie als Unterdrücker wahrgenommen werden, nicht als Helfer. Ich musste den Polizeikommandanten in Jaffa regelrecht anbrüllen.«

Badrans Arbeitsfeld als Anwalt und Stadtratsmitglied für die linkssozialistische jüdisch-arabische *Chadasch* ist die Gentrifizierung in Jaffa. Das ist ein brennendes Thema in seiner Geburtsstadt, die 1950 in Tel Aviv eingemeindet wurde. Weil die Betroffenen vor allem arabische Bewohner sind, ist das in erster Linie ein nationales Thema, das gleich nach der Staatsgründung entstand. Seit 1950 – Badrans Geburtsjahr – legt das »Gesetz der Eigentumsrechte der Abwesenden« fest, dass Israel die Grundstücke und Immobilien jener abwesenden Palästinenser erhält, die sich in einem bestimmten Zeitrahmen außerhalb des von Israel kontrollierten Gebiets aufhielten. Viele Araber, die im Krieg von 1948 nach Jaffa flüchteten, durften in den leer stehenden Häusern sehr günstig wohnen. Badran ergänzt: »Das Bewohnerschutzgesetz richtet sich überwiegend an Araber, die als geschützte Mieter gelten. Die Immobilie gehört dem Staat, aber die Bewohner haben ein Wohnrecht, das sie weitergeben dürfen, aber nur zweimal und unter kaum erfüllbaren Bedingungen. Das gesamte Wohnrecht umfasst rund zwei Generationen. Wenn die Mieter in den 1950er Jahren einzogen, endete diese Periode in den 2000er Jahren. Das bedeutet, dass viele Familien in Jaffa jetzt gegen das Gesetz verstoßen. Sie müssten ihre Wohnung dem Staat zurückgeben und würden auf der Straße landen.« Warum? »Weil das Bewohnerschutzgesetz die Bewohner nicht wirklich schützt.«

Zwischen 700 und 1400 Familien in Jaffa haben Angst vor einer Räumung, ebenso Familien in den arabischen Armenvierteln der gemischten Städte Lod und Ramle.[4] »Die genauen Zahlen werden von den Behörden geheim gehalten«, klagt Badran. Seit 2010 versuchte er, bezahlbaren Wohnraum für arabische Bewohner in Jaffa zu schaffen – als Aktivist und Kommunalpolitiker. Das Pilotprojekt sollte im »Olivenhain« entstehen, einem Grundstück gegenüber dem *Peres Center for Peace*. »Wir wollten, dass bedürftige Mieter zu günstigen Bedingungen Eigentümer ihrer Wohnungen werden können. Durch ein Gesetz sollte eine Gesamtlösung erreicht werden.

---

4 Über ein Drittel der 60 000 Einwohner in Jaffa sind Araber. Die Angaben sind ungenau, weil die offiziellen Zahlen sich auf Tel Aviv-Jaffa beziehen.

Zusätzlich sollten die vorhandenen Mietwohnungen in diesem Armenviertel renoviert und vergrößert werden – für die Mieter kostenlos.« Als diese Initiative jahrelang stockte, verließ Badran die Koalition im Stadtrat.

»Wir sind kommunal sehr aktiv und haben die Tel Aviver Stadtverwaltung gebeten, eine Stiftung zu gründen, um den Mietern zu helfen, die es sich nicht leisten können, ihre Wohnungen zu kaufen. Diese Mieter leben hier seit vorstaatlicher Zeit, und das ist die einzige Lösung. Unsere Forderung ist: Israel erhielt diese Immobilien umsonst und profitierte davon über 74 Jahre. Um ›geschützter Mieter‹ zu werden, mussten sie rund sechzig Prozent des Immobilienpreises zahlen, darüber hinaus kassierte der Staat die Mieten und die sehr hohen ›Vermietungsgelder‹, wenn Mieter ihr Wohnrecht übergaben. Der Staat hatte andererseits kaum in Reparaturen oder Instandsetzung investiert, so dass jetzt die Immobilien in einem katastrophalen Zustand sind. Allein Israel profitiert auch von den steigenden Immobilienpreisen. Daher ist es an der Zeit, dass der Staat auch für Gerechtigkeit sorgt und zurückgibt, was ihm nicht gehört.«

Um das Problem der Wohnungsnot auch jüdischen Einwohnern zu erklären, organisiert Badran Führungen und wöchentliche Protestveranstaltungen.

Wie gestaltet sich die Gentrifizierung in Jaffa?
»Es gibt zwei Faktoren: den Immobilienmarkt, der die Mittellosen vertreibt, und die ›Hebronisierung‹. Damit gemeint sind Gruppen religiöser Siedler, die nach der israelischen Räumung des Gazastreifens 2005 beschlossen, sich im Herzen Is-

raels anzusiedeln.[5] Das bedeutet die Verdrängung der Araber aus den gemischten Städten, um dort die jüdische Mehrheit zu sichern. Sie protestieren gegen arabische Lehrer, die jüdische Kinder unterrichten, und dagegen, dass jüdische Schüler zusammen mit arabischen lernen. All das sagen sie aber nicht öffentlich, nur intern.«

Welche Rolle spielt die staatliche Wohnungsbaugesellschaft »Amidar«?
»Die staatliche Grundstücksbehörde besitzt über 93 Prozent der Grundstücke in Israel. Ein Teil davon hatte vor der Staatsgründung nachweislich Palästinensern gehört, und der Staat hat ihnen diesen Anteil weggenommen, ohne einen Cent dafür zu zahlen. Der Staat Israel hat die Mittel, um sie zu entschädigen, aber es ist ein ideologisch-zionistisches Anliegen. Nicht umsonst verhindert man per Gesetz die Rückkehr der früheren Bewohner oder ihrer Nachfahren sowie Familienzusammenführungen. Juden hingegen können jederzeit hierher einwandern.«

Nach der Staatsgründung 1948 wollten die Behörden Hunderttausenden Neueinwanderern, die keine Immobilie zum vollen Preis erwerben konnten, ein Dach über dem Kopf bieten. Daher förderten sie das System der »geschützten Mieter«, das auch für viele arabische Familien galt, die damals in Jaffa geblieben waren. Ein solcher Mieter kaufte die Rechte an der Immobilie und zahlte dem Eigentümer der Immobilie eine »Schlüsselgebühr« in Höhe von sechzig Prozent des

5 Und in die arabischen Viertel gemischter Städte zu ziehen.

Eigentumswertes. Im Gegenzug erhielt er Schutz für seine Nutzungsrechte an der Immobilie (den Schlüssel) bis zu seinem Lebensende und zahlte eine begrenzte Miete. Der Mietvertrag wurde jährlich verlängert, und er konnte dieses Recht sogar an einen Verwandten ersten Grades vererben. Der Status eines »geschützten Mieters« gilt für zwei Generationen. Der Ehegatte des Verstorbenen oder ein anderer Verwandter, der sechs Monate vor seinem Tod dort lebte, und dann eines der Kinder, können ihn erben. Inzwischen lebt bereits die dritte Generation, die sich nicht leisten kann, die knapp 400 000 Euro aufzubringen, um den Anteil des Staates an ihrer Wohnung zu kaufen. Das Problem ist besonders akut in Jaffa, wo die Immobilienpreise explodieren und ein Viertel der rund 4600 »geschützten Mieter« wohnen, darunter viele arabische. Die dritte Generation ist nicht geschützt und kann sofort evakuiert werden. Anders als Juden würden sie in einer jüdischen Umgebung wohl niemals arabische Bildungseinrichtungen, Jugendzentren, Kirchen oder Moscheen errichten können.

Was habt ihr denn zur Lösung des Problems beigetragen?
»Wir haben unsere Lösungsvorschläge einem Expertenausschuss, den Premierminister Bennett nominiert hatte, vorgelegt, an dem ich nicht teilnehmen durfte. Die Empfehlungen werden geheim gehalten. Wir hoffen, dass die neue Regierung darüber entscheidet.

Tel Avivs Bürgermeister immerhin stellte sich auf unsere Seite und forderte die Grundstücksbehörde auf, Preisnachlässe von bis zu 95 Prozent des Immobilienpreises zu gewähren: Das ist an sich toll. Aber er möchte ein Geschenk machen, das andere bezahlen. Er versprach, einen Fonds zu gründen, der unter bestimmten Bedingungen zahlen würde. Wir wissen nicht, wann dieser Fonds entsteht, wie viel Geld er bekommt und was die Bedingungen sein werden.«

Ist es schon zu Evakuierungen gekommen?
»Ja, wir versuchen, das mit allen Mitteln zu stoppen. Gerade gestern appellierte ich im Namen einer arabischen Familie, die seit der Staatsgründung in einem schönen denkmalgeschützten Haus mit Giebeldach wohnt. Zweimal schon hat ein Gericht entschieden, dass ein Teil dieser Wohnung der Familie nicht gehört und sie ihn räumen muss.« Warum? »Weil sie nicht beweisen kann, dass sie auch dort geschützte Mieter sind.«

Ich radle zum Haus der Hamatis in der Torenstraße 8. Giries (Jerry) Hamati, ein kräftiger Mann mit Glatze und Sonnenbrille, steht auf der Straße und winkt, denn es ist nicht leicht, das Haus in den verwinkelten Gassen zu finden. Eine schmale Holztür und drei Treppen führen in den Innenhof, wo Wäsche und ein großer Knoblauchbund zum Trocknen hängen. Wir sitzen in der Küche zusammen mit Jerrys Bruder Charlie und seiner Tante Angel. An der Wand gegenüber hängt ein jüdischer Haussegen auf Hebräisch und ein christlicher mit Maria und dem Jesuskind auf Arabisch.

Können Sie die Räumung der Familie nach über siebzig Jahren noch verhindern?
»Wir sind eine kleine und bescheidene Familie, staats- und gesetzestreu«, eröffnet Jerry, 47, der als Fahrer bei der US-Bot-

schaft arbeitet. Seine »traurige und frustrierende Geschichte« beginnt kurz vor der Staatsgründung Israels. »Meine Oma Kamle (Kamilia) wohnte mit ihrem Mann in der Nähe, und als die Hausbesitzer 1947 nach Kriegsausbruch wegzogen, baten sie unsere Familie einzuziehen, damit sie auf ihr Haus aufpassen – das erzählte mir mein Vater.« Sein älterer Bruder Charlie (Khalil), 56, der ebenfalls hier mit seiner Frau und zwei Kindern wohnt, wirft ein: »Vor dreißig Jahren brachte ein Verwandter einen Mann aus Ägypten, der sagte, seine Familie hätte hier früher gewohnt. Sie waren ja mit meiner Familie verwandt. Der Besucher kannte viele Details hier, den Brunnen und die Wandverzierungen, aber er kam nie wieder.« Dafür kamen 1952 Regierungsvertreter. »Sie fragten meinen Opa, wie viele Menschen hier lebten. Sieben. Sie sagten, dass sie nicht das ganze Haus bräuchten, und brachten eine jüdische Familie in dem kleinen Teil der Wohnung unter, der durch Türen abgetrennt werden konnte.«[6]

Ihr Großvater stimmte also zu?
Jerry widerspricht: »Khalil, mein Opa väterlicherseits, sprach kein Hebräisch und wollte keinen Ärger, zumal die Zeiten unsicher waren. Opa sprach aber Deutsch.« Als Kind von Christen hatte er das vom Württemberger Johann Ludwig Schneller gegründete Waisenhaus in Jerusalem besucht. Charlie trägt seinen Namen, das ist Familientradition. Für die neuen Nachbarn baute man eine zusätzliche Eingangstür ein. Jerry betont:

6 Im Gerichtsurteil vom 30.12.2019 heißt es, die Chamatis konnten keine Beweise dafür erbringen.

»Das ist alles ein Haus mit einem Giebeldach und einer Mauer drum herum.«

In den 1960er Jahren zog die jüdische Familie aus, also gingen deren Räume zurück an die Hamatis. »Jetzt aber sagen sie, wir seien Eindringlinge«, klagt er. »Die Probleme um das Haus der Familie begannen 2014. Auf einmal behauptete *Amidar*, dass unsere Familie keine Kommunalsteuer für den kleinen Teil des Hauses zahlt. Nach sechzig Jahren beschimpfte man uns plötzlich als Eindringlinge«, regt sich Jerry auf. »Ich wurde doch hier geboren, meine Kinder auch! Nun versuchen sie, uns rauszuschmeißen.« Charlie ergänzt: »Als meine Familie sich die (untervermieteten) zwei Zimmer zurückholte, hat sie *Amidar* nicht informiert. Inzwischen explodieren die Immobilienpreise in Jaffa. *Amidar* war früher ein Unternehmen mit Herz für die Bedürftigen.«

Jetzt hat das Unternehmen vor allem ein dickes Portemonnaie?
Charlie: »Genau. Nur noch das Geld zählt. Sie wollen das Haus teilen und die kleine Wohnung zur Ausschreibung geben. Aber damit wollen sie auch unser Herz zerreißen.« Jerry: »Ich will das Haus vollständig erhalten, weil hier unsere Wurzeln sind, unsere Familiengeschichte, weil wir alle hier geboren wurden und unsere Vorfahren hier starben. Hier lebte meine Oma, und hier starb mein Opa, Jahrgang 1900, mit 103 Jahren.«

Er liegt unweit von hier begraben, auf dem orthodoxen Friedhof gegenüber dem *Shimon-Peres-Friedenszentrum*. Stolz zeigen sie die leicht verblassten Verzierungen an der Decke des Wohnzimmers, die Opas Bruder Jerry gemalt hatte. In den umstrittenen zwei Zimmern wohnt Charlie mit Frau und Tochter: Unter dem Jesusbild sind ihre Plüschtiere gruppiert. Jerry meint, er habe zwei Drittel des Hauses und wolle einen zweiten Stock bauen. »Das stimmt nicht, weil wir keine Eigentümer sind«, erinnert ihn Charlie. »Ich finde, wir sollten es kaufen.« Immerhin habe seine Tante für diesen Teil des Hauses jederzeit pünktlich die Miete bezahlt. Charlie erklärt, er würde keinen Fremden den Zutritt gewähren. Jerry beklagt die bewusste Judaisierung des Viertels. »Gestern rief mich ein Vertreter von *Amidar* an. Ich sagte ihm, wären wir Juden, hätten sie uns das Haus längst verkauft. Im Jahr 2000 waren sie dazu bereit, aber damals hatten wir kein Geld. Heute könnten wir einen Bauherrn mit einbeziehen. Aber jetzt wollen sie nicht mehr, weil die Preise so gestiegen sind.«

Zum Schluss nimmt mich Jerry mit in den hinteren Teil des Hauses, um zu zeigen, dass es sich eindeutig um ein unteilbares Haus handelt. Auf den Weg lerne ich von ihm ein für mich neues arabisches Wort: *Daa Massrua*, »geraubtes Gut«. Bei der Revision gelang es Charlie und seiner Tante immerhin, ihre Räumung zu verhindern und ihre Terrasse zu behalten. Die jüdischen und christlichen Haussegen brachten zumindest einen Teilerfolg.

An einem Sonntagnachmittag folge ich Amir Badrans Empfehlung und gehe zum Happening im Toulouse-Garten in Jaffa, etwas südlich von Charlies Haus und mit Blick aufs Meer. Auf der großen Wiese vor dem jüdisch-arabischen Zentrum sitzen überwiegend jüdische Bewohner auf weißen Plastikstühlen oder Decken. Links von der Bühne hängen dicht beieinander mehrere Plakate, die mit roten Buchstaben auf Hebräisch und Arabisch zum Protest aufrufen: »Wir kämpfen um unser Zuhause«, »Jaffa steht nicht zum Verkauf« oder »Entwurzelung und Verdrängung sind eine tickende Bombe«. Davor sitzen muslimische Frauen mit Kopftuch und bieten Tee oder Kaffee an. Ramzi Abu Taleb, Vorsitzender dieses Viertels und ein erfolgreicher Unternehmer, hält erst noch eine kurze Ansprache. Dann kommt er zu mir und erzählt vom schwierigen Zusammenleben im Kiez: »Alle Synagogen hier und auch die Talmudschule befinden sich in ehemals arabischen Häusern. Ich habe unweit von hier eine halbe Wohnung, die ich geerbt habe; die andere Hälfte wurde uns weggenommen, weil mein Onkel (1948) nach Damaskus flüchtete: Heute befindet sich darin eine Synagoge.«

Auf der Bühne treten jetzt die bekannte jüdische Sängerin Achinoam Nini (Noa) und ihre arabische Freundin Mira Awad auf. Beide Frauen vertraten (begleitet vom Gitarristen Gil Dor) 2009 Israel bei der Eurovision mit dieser Botschaft des Friedens auf Hebräisch und Arabisch. Das reichte in Moskau nur für den 16. Platz und in Jaffa für ein wenig Applaus.

Als Nächstes radle ich vom Haus der Hamatis in nördlicher Richtung entlang der Hafenstraße, vorbei am Hundepark und dem Andromeda-Wohnprojekt für die Besserverdienenden. Beim steilen Gang in die Altstadt muss ich das Fahrrad schieben – vorbei an den Privatmuseen von Uri Geller und der Künstlerin und Kunstsammlerin Ilana Goor. Links blickt man auf die Franziskanerkirche St. Georg und die al-Bahr-Moschee, rechter Hand liegt der HaPisga-Garden, wo Hochzeitspaare sich fotografieren lassen. Woher so viel Platz für einen solchen Park in der dichtbebauten Altstadt? Weil hier im Juni 1936 die Briten 237 Häuser sprengten, um den arabischen Aufstand in Palästina niederzuschlagen. Die arabische Gewalt auch gegen einheimische Juden war die Folge der damaligen Einwanderungswelle von Juden, insbesondere aus Nazideutschland.

Das Haus des Arabisch-Hebräischen Theaters, ein bemerkenswertes Steingebäude, wurde vor dreihundert Jahren errichtet und diente zuerst als Karawanserei, bevor der osmanische Gouverneur von Jaffa 1811 hier seinen Regierungssitz einrichtete, außerdem eine Post, eine Moschee und ein Gefängnis.[7] 1897 erwarb es die christlich-arabische Familie Demiani. Sie waren Honorarkonsuln für Deutschland und Italien und betrieben in einem Nebenhaus bis zum Krieg von 1948 eine Seifenfabrik. Nach der Staatsgründung wurde das Gebäude der Stadt Tel Aviv-Jaffa zugeschlagen. Hinter der massiven schwarzen Eingangstür und unter einem Dach machen seit 1998 ein Hebräisch und ein Arabisch sprechendes Ensemble Theater, sowohl gemeinsam als auch getrennt. Die massive Steinfassade zieren beide Namen *Jaffa Theater* und *Alsaraya Theater* in drei Sprachen. Nicht einmal diese dicken Mauern können verhindern, dass der Alltag in Jaffa vor dieser Bühne haltmacht.

Igal Ezraty ist Mitbegründer und Leiter des arabisch-hebräischen Ensembles, das durch dessen Namen bewusst die Komplexität religiöser Identität umgeht. Der schlanke 66-Jährige mit dem ergrauten Lippenbart blickt mit wachen blauen

7 Gespräch mit Reiseführer Igal Baram.

Augen hinter einem schicken blauen Brillengestell. Er sitzt in seinem winzigen Büro vor dem Hintergrund einer eingerahmten Friedenstaube neben einem Zitat aus dem Buch der Psalmen, das zum Frieden aufruft, einigen Familienfotos, Plakaten aus den letzten Inszenierungen sowie einem Bild von ihm beim Händeschütteln mit Palästinenserpräsident Mahmoud Abbas.

Das Jahr 1929 spielt eine große Rolle in Ezratys Biographie. »Die prägende Erzählung meiner Kindheit war die meiner Mutter über ihre Kindheit im Dorf Uria auf dem Weg nach Jerusalem«, sagt er. »1929 kam eines Abends ein Nachbar aus dem nahe gelegenen arabischen Dorf zu ihnen und sagte: ›Heute Nacht wird ihr Dorf angegriffen.‹ Er versteckte sie bei sich, und sie sahen aus der Ferne ihr Dorf in Flammen aufgehen. Das waren die sogenannten ›Ereignisse von 1929‹. Die Kernaussage meiner Mutter lautete: ›Es gibt gute und schlechte Araber. Ein guter Araber hat uns vor den schlechten gerettet.‹«

Das Stück *Die Stunde null* von Avner Ben-Amos führt die Zuschauer zum Beginn des Konfliktes in Palästina 1929. »Da wir uns auch heute wieder mitten in einem Konflikt befinden, ist es interessant, auf dessen Beginn zurückzuschauen, um daraus etwas über die heutigen Ereignisse zu lernen«, sagt Ezraty. »Mich interessierte das, weil wir Juden die Ereignisse von 1929 als ›die Unruhen‹ kennen, bei denen Araber Juden töteten. Die Aufführung beruht auf Hillel Cohens Buch über diese Unruhen, und daraus erfährt man zwei überraschende und weitgehend unbekannte Fakten: dass parallel auch Juden Araber töteten und dass fast genauso viele Araber wie

Juden zu den Opfern zählten. Ich sehe, wie allein das Sie schon überrascht. Interessant aber ist auch, dass es viele gemeinsame Rettungstaten und gegenseitige Hilfe auf beiden Seiten gab. Viele Juden versteckten Araber und umgekehrt. Mich interessiert die moralisch-persönliche und aktuelle Frage, wann ich persönlich jemanden verstecken würde. Diese Frage tauchte neulich auf, als Palästinenser aus der Haftanstalt ausbrachen und sicher waren, dass arabische Israelis sie verstecken oder ihnen die Flucht nach Jenin ermöglichen würden.[8] Das war aber nicht der Fall. Vor einem Monat schoss ein Araber in einer Bar im Zentrum von Tel Aviv um sich.[9] Er flüchtete zur Moschee gleich hier unter dem Theater, aber dort warf man ihn hinaus; dort wurde er festgenommen.«

Im Stück *Die Stunde null* werden erstmals die Ereignisse so dargestellt, wie sie sich in den Augen beider Seiten – Juden und Araber – zugetragen hatten. Auf der Bühne werden nur Zeugenaussagen aus jener Zeit als Dialog verwendet. »Die Proben begannen im Mai 2021, während in Jaffa die Unruhen stattfanden«, erzählt Ezraty. »Wir mussten einerseits einige Proben absagen, aber andererseits integrierten wir einige spontane Monologe der Schauspieler in die Inszenierung. Rauda spricht über ihre Angst, zu ihrem Haus in Haifa zurückzukehren. Sie übernachtete deshalb bei ihren Eltern in der

8 Im September 2021 brachen sechs Palästinenser aus, vier davon zu einer lebenslangen Haftstrafe verurteilt. Vier wurden in Israel und zwei im Westjordanland festgenommen.
9 Im April 2022 erschoss ein Palästinenser in der Dizengoffstraße drei Menschen und verletzte sechs weitere.

arabischen Stadt Tamra.« Im Stück sagt sie: »Auf einmal habe ich gefühlt, was es heißt, Flüchtling zu sein, wie mein Vater.« Daniel sagt: »Wir waren uns sicher, dass es wegen der Raketen (aus Gaza) wirklich nichts zu befürchten gab. Am nächsten Morgen standen wir auf, packten ein paar Sachen und fuhren zum Haus des Vaters meiner Frau in Herzlia. Dort gibt es einen Schutzraum, wir wurden sozusagen zu Flüchtlingen.« Der arabische Darsteller Rabia sagt im Stück, dass die Angriffe von Juden gegen Araber in seiner Stadt Haifa ihn zum Nachdenken über die Theaterarbeit mit Juden gebracht hätten: »Sind sie wirklich daran interessiert, meine Kultur, meine Sprache kennenzulernen, oder wollen sie mich nur ausnutzen? Ich habe keine richtige Antwort auf all diese Fragen. Ich weiß nur, wenn ich aufhöre, mit Juden Theater zu machen, werde ich bestimmt niemals eine Antwort bekommen.«

Igal Ezraty war ein streitbarer, politischer Mensch, noch bevor er Theatermacher wurde. Nach dem Militärdienst gehörte er zu den Gründern eines Kibbuz bei Rafah im Gazastreifen, stimmte aber für eine linke Partei, die die Rückgabe des Gazastreifens an Ägypten unterstützte.[10] Als Reservesoldat kämpfte er im Ersten Libanonkrieg 1982, aber nach der Belagerung von Beirut gehörte er zu den Gründern der ersten israelischen Organisation zur Kriegsdienstverweigerung *Jesh Gvul* (»Es gibt eine Grenze«). »Mein Kompaniechef entließ mich, weil er mich nicht vor Gericht stellen wollte.« 1988 saß er zweimal in Gefängnis, jeweils einen Monat, weil er sich geweigert hatte, Militärdienst in den besetzten Gebieten zu

---

10 https://www.ynet.co.il/entertainment/article/bkr58riof

leisten. Ezratys erste Inszenierung mit dem neuen Ensemble war 1990 ein aktuelles dokumentarisches Stück. »Berühmte Schauspieler und öffentliche Personen lasen fünf Stunden lang Protokolle aus zwei Prozessen. Im ersten standen Soldaten vor Gericht, die einen alten Palästinenser in Gaza zu Tode geprügelt hatten; im zweiten war ein Oberst angeklagt, weil Soldaten seinen Befehl ausgeführt hatten, Palästinensern in zwei Dörfern im Westjordanland die Arme und Beine zu brechen. Dazu ermuntert fühlte sich der Offizier vom damaligen Verteidigungsminister Jitzhak Rabin, der sich entsprechend geäußert hatte. Die Aufführung fand noch während des Prozesses statt.« In beiden Fällen wurden die Soldaten zu Haftstrafen verurteilt, der Oberst wurde zum Gefreiten degradiert und verlor seine Rente.

»Als wir mit diesem Theater anfingen, kreisten alle Produktionen um den Konflikt«, räumt Ezraty ein. »Das war auf die Dauer ermüdend, weshalb ich in den letzten Jahren überwiegend auf kulturelle Begegnung setzte, zum Beispiel Produktionen über den palästinensischen Dichter Mahmud Darwisch, die ägyptische Sängerin und Musikerin Umm Kulthum und den syrisch-ägyptischen Komponisten, Sänger und Schauspieler Farid el Atrache. Im kommenden Jahr geht's um die libanesische Sängerin Fairuz. Im israelischen Repertoire findet man kein Theaterstück, das ursprünglich auf Arabisch geschrieben wurde. Um dem Hebräisch sprechenden Publikum die arabische Kultur vorzustellen, inszenierten wir ägyptische und syrische Stücke.«

Ärger bekam er mit der früheren Kulturministerin Miri Regev, die das Theater als »Bühne des Terrors« beschimpfte und die staatliche Förderung einstellen wollte. Ihr eigener Justiziar widersprach ihr, und ohnehin war sie dazu nicht befugt. Als sie endlich das »Gesetz zur Treue in der Kunst« ins Parlament brachte, stürzte die Regierung, und das Gesetz wurde kassiert. Dennoch erlebt Ezraty eine jüdisch-arabische Annäherung, die von Fernsehen und Kino Rückenwind bekommt. »Immer mehr Menschen hier lernen Arabisch, wir führen Theaterstücke auf Arabisch auf. Der Durchbruch war 2007 die humoristische Fernsehserie *Avoda Aravit* über das Leben einer arabischen Familie. Das war die erste TV-Serie zur besten Sendezeit, in der auch Arabisch gesprochen wurde. Es folgte 2016 der Spielfilm *Lo Po Lo Sham* über drei junge Araberinnen, die gemeinsam in Tel Aviv wohnen. Obwohl die israelische Gesellschaft immer rassistischer wird, hatten wir dreihundert Aufführungen über Umm Kulthum, in denen eine Schauspielerin ihre Songs auf Arabisch sang – vor überwiegend jüdischem Publikum.« Warum kamen sie? »Zwei Drittel der Zuschauer waren orientalische Israelis, die dann auch ihre Kinder und Enkel mitbrachten, die anderen waren aschkenasische Juden und Araber. Das Publikum ist für mich interessanter als die Aufführung selbst. Manche Zuschauer kamen hinterher zu mir und sagten unter Tränen: ›Ihr habt uns unsere Kindheit zurückgegeben.‹ Umm Kulthum hatte damals eine Show einmal im Monat an einem Donnerstagabend, die die ganze arabische Welt live verfolgte. Das wollten die orientalischen Juden, die in den fünfziger Jahren einwanderten, fortsetzen. Ihre Kinder verboten ihnen das, denn sie wollten Israelis sein und nur Hebräisch hören. Bei uns im Saal entstand eine Art spontane Solidarität zwischen den orientalischen Juden und den Arabern, weil alle die Lieder kannten. Das war unsere Leistung für die israelische Kultur.« Eine ganz andere Annäherung waren die Aufführungen über Farid el Atrache. »Er war ursprünglich ein Druse, also luden uns alle drusischen Dörfer im Norden ein, wo wir zehn Auftritte hatten.«

Wo sieht er das jüdisch-arabische Zusammenleben in seinem Haus? »Bei jeder Aufführung spielen Juden und Araber, damit die Begegnung zuerst auf der Bühne stattfindet, dann im Publikum. In *Umm Kulthum* und *Farid el Atrache* spricht man Hebräisch und singt auf Arabisch, im Untertitel kommen das Original, die Übersetzung und die Umschrift. Ich habe jüdische Zuschauer anschließend sagen hören, sie hätten nicht gewusst, dass Arabisch so musikalisch und so schön sei. Wir betrachten es als die Sprache des Feindes.«

Im Mai 2021 kam es auch in Jaffa zu gewaltsamen Auseinandersetzungen. Am 10. und 11. randalierten arabische Einwohner, zündeten Mülleimer an, demolierten Bushaltestellen und schossen mit Feuerwerkskörpern auf die Polizei. Am 13. Mai versuchten arabische Jugendliche, einen neunzehnjährigen Soldaten zu lynchen, und verletzten ihn schwer. Ein Post im Netz, von Anhängern der jüdischen Organisation *La Familia*, rief auf zum »Protest gegen die Araber, marschiert vom HaTikva-Viertel in Richtung Jaffa« und dazu, Araber zu töten. Während des Marsches wurden Journalisten attackiert. Am 14. Mai wurden im Viertel Ajami fünf Häuser von arabischen Randalierern angezündet, eines gehörte einem Araber. Ein zwölfjähriger arabischer Junge kam mit Verbrennungen im Gesicht ins Krankenhaus, nachdem arabische Randalierer einen Molotowcocktail ins Wohnzimmer seines Hauses geworfen hatten. Später wurde ein Journalist in Jaffa von Arabern angegriffen und auf der Jerusalemer Allee ein jüdischer Einwohner von zwei Arabern.

»Das waren schlimme Tage«, sagt Ezraty. »Menschen, die in gemischten Wohnhäusern wohnten, hatten Angst, ihre Nachbarn zu grüßen. Unter dem Wohnhaus meiner Co-Leiterin Gabi Eldor, 81, hier in Jaffa wurden die Mülleimer angezündet. An einigen Tagen war es so schlimm, dass wir die Proben absagen mussten. Das Theater selbst geriet nicht zwischen die Fronten: Wir sind in der Altstadt von Jaffa, und die ist jüdisch«, sagt Ezraty, »leider. Es ist zum einen sehr teuer hier, und dann dürfen hier nur Künstler wohnen. Die Probleme sind im Ajami-Viertel.« Er selbst will weiterhin in Tel Aviv wohnen, »sonst würde ich die Gentrifizierung hier unterstützen, das wäre unmoralisch«. Möchte er auch sein Privatleben fernhalten? »Ein Umzug ist kompliziert wegen meiner Töchter und meiner Mutter, die neben uns wohnt. Ich lebe mit einem Mann zusammen, und wir sind beide die Eltern unserer beiden 21-jährigen Zwillingstöchter. Die arabischen Homosexuellen sind aus Jaffa geflüchtet, weil man hier sehr intolerant ist. Einer unserer Schauspieler, der hier echte Schikanen erlitten hatte, zog in die tolerantere Stadt Haifa.«

Auch Ezraty kritisiert die Polizei: »Sie drängte einige Demonstrationszüge gewaltsam zurück, richtete Kontrollpunkten auf der Hauptstraße ein und kontrollierte jeden Wagen. Ich durfte passieren, weil ich jüdisch aussehe.« Das Theater blieb auch während der Unruhen aktiv, denn er hielt es für seine Feuerprobe. »Nach jeder Aufführung saßen die Zuschauer, Juden und Araber, im Foyer im Kreis und sprachen zum Beispiel über die Bedeutung des Begriffs ›Haus‹ für sie. Apropos Haus, unser Schauspieler Rassan, um die vierzig, müsste wohl das Haus seiner Familie verlassen, weil seine Mutter, die eine geschützte Mieterin war, gerade gestorben ist. Er hat diesen Status nicht mehr und kann es sich nicht leisten, die Wohnung zu kaufen.«

Der 1965 errichtete Shalom Tower etwas nördlich von Jaffa war zurzeit seiner Entstehung das höchste Bürohaus in ganz Asien und markierte den Beginn der Amerikanisierung Israels. Aus dem 32. Stock konnte ich als Kind aus dem Büro meiner Mutter bis nach Jaffa schauen, wo Tel Aviv entstanden ist. Heute treffe ich in der Theaterschule der Kibbuzbewegung Sinai Peter, Regisseur der *Stunde null*, der hier unterrichtet. Für den freundlichen und agilen Mann mit dem Dreitagebart, der als Reservesoldat wegen seiner Weigerung, in Jenin (im Westjordanland) Militärdienst zu leisten, inhaftiert wurde, ist das jüdisch-arabische Zusammenleben eine Familientradition. »Mein Großvater war einer der Gründer der *Liga für jüdisch-arabische Kooperation* 1939«, erzählt er stolz und meint eine kleine sozialistisch-pazifistische Organisation.

Auf der Bühne wirken die Unruhen vom August 1929 durch dokumentierte Äußerungen von Zeitzeugen hochaktuell. So zum Beispiel die Aussagen des Philosophen und Historikers Hans Kohn. Er war Mitglied der pazifistischen Gruppe *Brit Schalom* (»Friedensbund«), die sich ab 1925 die Förderung eines gerechten Zusammenlebens von Juden und Arabern in einem gemeinsamen Staat zur Aufgabe machte – gemeinsam mit jüdischen Intellektuellen wie Martin Buber und Gershom

Scholem. Auf der Bühne sagte Hans Kohn 1929: »Wir müssen die tiefen Quellen des (arabischen) Aufstands sehen. Wir sind seit zwölf Jahren in Palästina (seit der britischen Eroberung 1917), ohne auch nur einmal die Zustimmung der Araber einzuholen, ohne irgendeine Diskussion mit den Menschen, die in diesem Land leben. Wir setzten uns Ziele, die zwangsläufig zu einem Konflikt führen mussten.« Ein Schauspieler zitiert daraufhin die rechtsnationale jüdische Zeitung, die 1929 schrieb: »Das Blut ist noch nicht geronnen, die Wunden der Siedlung sind noch nicht verheilt, und die falschen Propheten von *Brit Schalom* sind bereits aus ihrem Versteck hervorgekommen und mit entschlossenem Gesicht wieder auf der Bühne der Öffentlichkeit aufgetaucht. All das ist Friedenspropaganda um den Preis der Beseitigung des Zionismus.«

Sinai Peter ist als linker Aktivist und politischer Theatermacher seit 35 Jahren krisenerprobt. Er führte 2008 Regie bei *Die Rückkehr nach Haifa*, das in Tel Aviv erfolgreich war. »An der Peripherie ist die Selbstzensur viel stärker, aber dort wird der Erfolg eines Stücks bestimmt. Im israelischen Repertoire würdest du zurzeit kein Theaterstück über die Besatzung finden. Im letzten Jahr gab es eines. Auch der israelisch-palästinensische Konflikt wird kaum thematisiert. Das ist unglaublich! Die Zuschauer rückten politisch nach rechts, und die Intendanten befürchten mangelndes Interesse sowie politischen und öffentlichen Druck – nicht zu Unrecht – und üben Selbstzensur.« Und wie reagieren die Zuschauer der *Stunde null*? »Manche erkennen, dass sich die Geschichte wiederholt, was Hilflosigkeit auslöst. Andere stören sich daran, dass wir die aktuellen Ereignisse vom Mai 2021 thematisieren.« Wie läuft das Stück? »Es läuft nicht, es hinkt etwa zweimal im Monat. Das an sich ist schon eine positive Überraschung, weil wir dachten, dass kein Publikum die Geduld dafür hat. Aber das Interesse ist da, und vor kurzem wurde das Stück sogar vor Leitern der Vorbereitungskurse fürs Militär gezeigt.«

Zu den aktuellen Beiträgen in der *Stunde null* gehört eine Aussage von Rakefet Lapid. Deswegen besuche ich die Videotherapeutin[11] und Gruppenleiterin. In einem Moment unseres Gesprächs ist die zierliche Frau mit den langen Haaren so aufgewühlt, dass ihre Augen feucht werden. Seit 1995 lebt sie zusammen mit ihrem Partner im Stadtteil Ajami im Erdgeschoss eines großen, wunderschönen arabischen Hauses mit Vorgarten. Hier spürte sie die Zweite Intifada im Jahr 2000 kaum, obwohl ihre Familie die einzige jüdische in der Umgebung war. »Bedroht fühlte ich mich hier nie«, sagt sie.

Zwischen die Fronten geriet Lapid bereits Wochen vor den Unruhen von 2021 – wegen der explosiven Mischung: Gentrifizierung, Nationalismus und Gewalt. Am 18. April inspizierte der Rabbiner der Talmudhochschule für orthodoxe Soldaten in Jaffa ein Gebäude, das er für seine Schule erwerben wollte. Er wurde von zwei arabischen Mietern zusammengeschlagen. Dutzende Religionsschüler demonstrierten daraufhin unweit von Lapids Haus.[12] Die orthodoxen Religionsschüler – Lapid nennt sie »Siedler, die Jaffa judaisieren wollen« – trugen

---

11 Behandlungsmethode ist das Drehen von Videofilmen.

12 https://www.haaretz.co.il/news/law/2021-04-18/ty-article/ 0000017f-db2f-db22-a17f-ffbf1ae20000

weiße Hemden, schwenkten israelische Flaggen und sangen »Das ewige Volk hat keine Angst«. Auf der anderen Straßenseite protestierten arabische Männer, alle in Schwarz. Sie skandierten: »Jaffa den Jaffa-Bewohner, Siedler raus.« »Als dann die Polizei kam und die ›Schwarzen‹ zusammenschlug«, sagt Lapid, »brach die Hölle los.«

»An jenem Tag feierte unser Frauenchor – die Hälfte jüdisch, die Hälfte arabisch – bei mir zu Hause. Wir sangen unsere Lieder, als die ersten Meldungen eintrafen: ›Geht nicht raus! Alles Brennt! Polizei!‹ Wir standen auf den Treppen vor dem Haus, als die Jungs vorbeikamen. Sie blieben kurz stehen und sagten: ›Wie schön, ihr hattet was von Fairuz gesungen![13] Und überhaupt singt ihr so schön.‹ Dann wurde die Straße gesperrt, weil die arabischen Jungs einen Müllcontainer angezündet hatten. Daraufhin gingen unsere Frauen nach Hause. Die Jungs wurden von Polizisten verprügelt und hatten blaue Flecken am ganzen Körper. Ich saß mit ihnen auf den Treppen, ich wollte einfach nicht ins Haus. Ich bin gegen jegliche Gewalt, weil sie nur Gegengewalt erzeugt. Als ein Junge mich da sah, rief er: ›Rakefet, geh nach Hause, das geht dich alles nichts an, nur uns.‹ Dieser Satz hat mich umgehauen. Denn er kennt mich ganz genau, und er weiß, auf welcher Seite ich stehe.«

Und was hast du geantwortet?
»Es gibt nicht ›euer‹ und ›unser‹. Ich lebe hier mit dir seit dreißig Jahren. Wenn dich etwas angeht, dann auch mich. Was dir

---

13 Die Libanesin, Jahrgang 1934, gilt als eine der bedeutendsten arabischen Sängerinnen.

passiert, beeinflusst mich und umgekehrt. Diese Geschichte hört man im Theaterstück. Als Buddhistin glaube ich, dass wir alle miteinander verbunden sind.

Ich hatte immer Angst vor den Polizisten, und im Mai 2021 haben sie dann auch tatsächlich auf mich geschossen«, sagt Lapid. Vier Wochen nach dem ersten Vorfall geschah es. »Es war an einem Montag, ich kam gegen zehn Uhr nachts von der Universität zurück. Wegen Warnungen der Nachbarn vor den Polizeisperren nahm ich einen Umweg. Ich parkte, und als ich ausstieg, schossen zwei Polizisten mit Helmen und Schutzwesten aus zwanzig Metern auf mich. Ich brüllte wie verrückt: ›Was macht ihr?! Warum schießt ihr?! Seid ihr verrückt?!‹ Neben mir stand ein kleiner Junge. Wenn sie auf ihn geschossen hätten, wäre es noch furchtbarer gewesen. Dann rannte ich ins Haus, vollkommen aufgewühlt. Am nächsten Tag kam die Nachricht, dass es in Lod einen Toten (einen jungen Araber) gegeben habe. Die Jungs hier taten sich zusammen und kauften Feuerwerkskörper. Ich warnte sie, die Polizei sei doch viel stärker. Aber diese netten Jungs, die 16- bis 25-Jährigen mit den schwarzen T-Shirts, sagten: ›Wir wollen wenigstens nicht klein beigeben.‹«

Auch am dritten Tag der Unruhen blieb Rakefet Lapid auf der Treppe vor ihrem Haus sitzen, aus Solidarität mit ihren arabischen Nachbarn. »Irgendwann kam ein blutender, mir unbekannter junger Mann. Seine Freunde versuchten, die Blutung mit T-Shirts zu stoppen. Ich fragte, ob sie Pflaster oder Desinfizierungsmittel haben wollten, und er sagte, ›ja, bitte‹. Aber allein kam er nicht zurecht, ich half, reinigte seine Wunde und verband sie. Ein ziemlich spezieller Moment: Eine ältere weiße Frau reinigt einem Jungen in schwarzem T-Shirt, der viel Blut verloren hat, die von einem Gummigeschoss verursachte Wunde. Eine Gruppe kräftiger Jungs in Schwarz stand um mich herum. Und alles löste sich auf.«

Was meinst du?
»Für einen Moment ahnten die selber, dass wir eins sind. Das war unglaublich und sehr aufregend, sehr authentisch. Unmöglich, es nicht zu spüren, es war ganz still. Aber das war nur ein Moment.«

Hielt dieser Moment an?
»Ja, für eine Weile, bei mir und bei ihm, wir unterhielten uns freundlich. Später wollte er unbedingt mit mir zur Theateraufführung kommen, aber dann ist er doch nicht gekommen, und ich habe ihn seitdem nicht mehr gesehen.«

Warum kam er nicht?
»Weil der aufregende Moment vorbei war. Jetzt sitzen wir alle wieder auf einem Pulverfass, und morgen wird ein Idiot es anzünden.«

Würden deine Bekannten hier dich beschützen?
»Nein.«

Dein Blut abwischen?
»Meine liebe arabische Nachbarin schon. Aber im Fall eines Pogroms von Arabern gegen Juden würde man die wohl auch umbringen, obwohl sie gläubig ist.«

Wir sitzen in der Arbeitsecke, die vom geräumigen Wohnzimmer durch drei orientalisch anmutende Bögen getrennt ist. Die alten bemalten Bodenfliesen und die hohen Wände mit den hellblauen Holz-Jalousien machen den Reiz dieses Raums aus. Eines Tages um 1999 erfuhr Lapid mehr über ihr Haus.

»Eine Frau kam schwitzend zu Fuß. Sie wirkte sehr aufgewühlt und sagte auf Englisch, sie hätte hier einst gewohnt, sie wolle mir nichts nehmen, nur das Haus sehen, das ihr Vater gebaut hatte. Ich beruhigte sie und bot ihr – mein Baby auf dem Arm – ein Glas Wasser an. Sie wollte erst nicht, sagte, sie sei viel mit dem Taxi herumgefahren, alles habe sich verändert. Dann trank sie doch und sagte, sie sei vier Jahre alt gewesen, als die Familie 1947 wegzog. Ich erzählte ihr, wir hätten renoviert, früher hätte es ganz schlimm ausgesehen. Sie wollte unbedingt einen Kronleuchter sehen, den ihr Vater aus Florenz mitgebracht hatte und der doch bestimmt noch im zweiten Stock hinge.«

Und? Hing er noch dort?
Sie lacht: »Im zweiten Stock wohnten lauter Drogensüchtige; es war alles in kleine Zimmer aufgeteilt. Wo sollte da ein Leuchter hängen? Ich habe ihr gesagt, ich könnte den Schlüssel besorgen, rate ihr aber davon ab: Die Decken seien abgehängt worden, es gebe da keinen Leuchter und es sehe erbärmlich aus. Am Ende gab sie auf.«

Hattest du Schuldgefühle ihr gegenüber?
»Nein. Im Gegenteil. Ich erzählte ihr, dass auch ich das Mehrfamilienhaus meines Großvaters in der Tschechischen Repu-

blik besucht hätte. Sie empfingen mich dort sehr freundlich, weil sie hofften, ich würde eine Elektroheizung einbauen und die Roma vertreiben, die einen Teil des Hauses übernommen hätten. Ich sagte, das Haus gehört mir nicht, es gehörte der Familie meines Opas, die in der Shoah umgebracht wurde. Er überlebte als Einziger. Ich konnte die Frau hier gut verstehen und mich sogar mit ihr identifizieren, denn auch dort wurden die Straßennamen geändert, und ich brauchte lange, um das Haus zu finden.«

Habt ihr keine Adressen getauscht?
»Sie wollte nicht.«

Als die Lapids nach Jaffa kamen, waren sie vierzehn Jahre lang die einzige jüdische Familie in ihrer Straße. »Meine arabische Nachbarin und ich zogen unsere Kinder zusammen groß, ich habe gute Beziehungen mit allen Nachbarn, mit manchen bin ich eng befreundet. Aber in den Jahren der Netanjahu-Regierung verschlechterten sich die Beziehungen. Die Zunahme der Rechtsextremisten und die Kriege in Gaza hatten zur Folge, dass mir die arabischen Kinder sehr unangenehme Dinge sagen. Wenn ich dann frage, was das soll, ihr kennt mich doch, bekomme ich zu hören: ›Ich bin für al-Aqsa.‹ (die Moschee).«

Aber es gibt eine Oase, die für Rakefet Lapid von der allgemeinen Radikalisierung in Israel unberührt geblieben ist: der *Rana*-Chor. 2008 erhielt sie einen Anruf von der Musikerin Mika Danny. »Sie sagte, sie gründe einen Chor mit arabischen und jüdischen Frauen. Ich sagte, ich hätte kein Interesse daran, gemeinsam Hummus zu essen, tschüss und legte auf. Damals arbeitete ich in einem Verein für gefährdete junge Frauen, und da sagte mir eine arabische Kollegin, die gern singt, es gebe einen neugegründeten Chor, wo sie auch mitsingt. Also rief ich Mika an und sagte, ich wolle jetzt doch unbedingt mitmachen! (Lacht.) Wir trafen uns nicht, um über Araber und Juden zu sprechen oder um Freundinnen zu werden, sondern nur, weil wir gern singen.«

»Unsere musikalische Leiterin Mika überlegte lange, ob das erste Lied, das wir lernen sollten, ein arabisches oder ein hebräisches sein sollte. Dann hat sie klug entschieden: ein afrikanisches! Wir singen nichts Politisches. Als 2006 der Zweite Libanonkrieg lief, setzten wir uns zum ersten Mal zu einer Gesprächsrunde zusammen, in deren Verlauf jede ihren eigenen Schmerz ausdrückte. Eine eher rechts tickende Jüdin ging weg, weil sie den Vergleich zwischen getöteten Juden und Arabern nicht ertragen konnte. Andere blieben, obwohl sie auch eher rechts eingestellt waren. Um gemeinsam zu singen, muss man zuhören, und so lernten wir zuzuhören. Wir haben gemeinsam viel überstanden: Kriege, Terroranschläge, Unruhen, aber wir machen weiter, wir sind danach süchtig.«

Einigen dieser süchtigen Frauen des *Rana*-Chors begegne ich im Foyer eines Kulturzentrums in Jaffa. Ihr Name ist auch ihr Programm: *Rana* ist Hebräisch für »sie singt« und Arabisch für »Gesang«. Wo findet die Probe statt, frage ich und ernte schiefe Blicke: »Das ist doch ein Frauenchor.« Ich weiß, die Leiterin Mika Danny hat mich eingeladen. Sie ist auch schon im großen schmucklosen Saal, wo gleich darauf vierzehn Frauen im Kreis sitzen, zwei kommen verspätet – Durchschnittsalter fünfzig. Bevor es losgeht, soll ich mich kurz vorstellen: »Jetzt weiß ich«, sage ich in die Runde, »was es heißt, Angehöriger einer Minderheit zu sein.« Auf Hebräisch geht das knapp und elegant: *Ben Miutim* bedeutet »Angehöriger einer Minderheit«. Auf diese Weise sagt man in offizieller Terminologie »Araber«, ohne das Wort selbst in den Mund zu nehmen.

Wir beginnen mit Organisatorischem und Lockerungsübungen mit Trainerin Laila. Während wir uns recken und strecken und zu Lailas Takt unsere Lungen füllen und wieder ausleeren – ein »Psss« vibriert durch den Raum, dann ein melodisches Summen –, lausche ich ihren Anweisungen und versuche, anhand ihrer Aussprache herauszufinden, ob sie jüdisch oder arabisch ist. Sind solche Gedanken erlaubt? Darf ich sie aufschreiben? In der Pause ist Mika von meiner Frage etwas entsetzt, ob die Frauen nach nationaler Herkunft im Kreis sitzen? Nein, nach ihren Stimmen. In der Pause teilen sie im Foyer selbstgemachtes Gebäck, aus dem Nebensaal ertönt das *Lied der Brüderschaft*, das während Israels Unabhängigkeitskrieg 1948 geschrieben wurde, an die gefallenen Soldaten erinnert und an jedem Gedenktag für die gefallenen Soldaten gespielt wird.

Nach der Pause üben wir ein neues arabisches Liebeslied, in dem mehrere Männer um eine Frau werben. Ob sie mit uns redet? Ob sie unsere Lieder mag und uns liebt? Die Angebetete lässt sie kurz abblitzen: kein Interesse. Chorleiterin Mika verlässt manchmal das elektrische Keyboard, stellt sich in die Mitte und dirigiert mit viel Geduld. Sie lässt zwei ältere arabische Frauen immer wieder die Aussprache nachbessern. Dann fragt sie: Haben alle Frauen verstanden? Am Ende verkündet sie die frohe Botschaft: In der Kasse liegt das Geld für einen Wochenendausflug, vielleicht mit Kindern und Enkelkindern. Die Frauen sollen Vorschläge machen, aber nur Ziele innerhalb Israels. Irgendwann verabschiede ich mich still, und während ich im Foyer Windjacke und Mütze anziehe, lausche ich der Blaskapelle aus dem Nebensaal. Sie spielen den Schlager *Hoch lebe dieses Volk* aus dem Musical *I like Mike*, das auf einem erfolgreichen Theaterstück basiert, einer Satire gegen den »amerikanischen Traum« vieler (jüdischer) Israelis und den grassierenden Kapitalismus, der den gesunden Patriotismus vertreibt. Als ich das Kulturzentrum verlasse, höre ich die letzten Takte. Lauschend warte ich vor der Eingangstür, als auf einmal junge Leute mit Musikinstrumenten und Noten unterm Arm herauskommen. Wer spielt da gerade im großen Saal?, frage ich. »Das sind Veteranen des israelischen Militärorchesters«, sagt einer. Dass nebenan ein jüdisch-arabischer Chor probt, sei ihm neu.

Die inoffizielle Hymne des *Rana*-Chors ist in vieler Hinsicht eine logische Fortsetzung des alten Schlagers. Während der Ersten Intifada der Palästinenser 1989 ergänzte die renommierte israelische Sängerin Chava Alberstein das liturgische jüdische Lied *Chad Gadja*, »Ein Lämmchen«, das man beim Pessachfest singt und mit dem man Gottes Allmacht preist, um die aktuelle Frage: Wie lange wird der Kreislauf des Grauens andauern? Ihren Text, der beide Nationen berücksichtigt, lässt sie mit einer unbequemen Selbstreflexion enden: »Einst war ich ein Schaf und ein friedlicher Ziegenbock / Heute bin ich ein Tiger und ein räuberischer Wolf.« Der damals bei Radio Israel verbotene Song ist heute das Markenzeichen von *Rana*. Wenn es doch einmal vorkommt, dass Institutionen sie einladen wollten, aber bitte ohne dieses Lied, sagt Mika, verzichteten sie auf den Auftritt.[14]

Auch Badria Hattab singt gern bei *Rana*. Die 49-Jährige stellt sich vor: »Arabische Frau, Muslima, ursprünglich Palästinenserin, alleinerziehend, Lehrerin in einer zweisprachigen Schule für Araber und Juden, vierfache Mutter.« Trotzdem findet sie Zeit, im *Rana*-Chor mitzusingen, und das seit vierzehn Jahren. Die wöchentlichen Proben und Auftritte sind für sie auch ein Familientreffen: »Ich singe gern, so kann ich mich ausdrücken«, sagt sie. »Auch meine Großmutter hat mich an Feiertagen aufgefordert zu singen.[15] Im Chor singen auch meine 72-jährige Mutter und meine Schwester. Es tut mir sehr weh, dass die arabische Gesellschaft uns nicht einlädt, so dass wir nur vor Juden auftreten. Schön wäre es, wenn auch Araber zu unseren Konzerten kommen würden, aber das geschieht leider kaum.«

Warum denn?
»Weil im Islam die Stimme der Frau als unkeusch gilt und Singen deshalb verboten ist, es sei denn, nur Frauen hören zu.«

Der *Rana*-Chor ist eine Oase für die sechzehn jüdischen und arabischen Frauen, die gemeinsam schon viele schlim-

---

14 https://www.haaretz.co.il/gallery/music/2021-06-12/ty-article-magazine/.premium/0000017f-f21a-da6f-a77f-fa1e5bce0000
15 Am Geburtstag des Propheten Mohammed sowie bei der Geburt eines Jungen.

me Zeiten hinter sich haben. »Wir meiden die Politik, weil das nicht unser Anliegen ist und außerdem kontrovers. Wir sind sowieso schon überall von Politik umgeben. Mit unseren Songs wollen wir den Ton im Diskurs zwischen Arabern und Juden durch Liebe, Mitgefühl und Empathie verändern.«

Zum Beispiel?
»Das Lied *Chad Gadja*.[16] Am Ende steht zusätzlich zu den vier traditionellen Fragen eine weitere: Wie lange wird der Kreislauf des Grauens noch andauern?[17] Das rüttelt die Zuhörer wirklich auf. Auf Arabisch singen wir dann *Ich atme Freiheit.* Ich hätte gern richtig politische Lieder im Programm, aber unaufdringliche. Das ließ sich aber nicht verwirklichen, weil es manchen im Chor schwerfiel. Ich bringe meinen Schülern einige Lieder des Chors bei.«

In Hattabs früherer arabischer Schule, »eine einsprachige Schule« – das sagt sie fast abwertend –, war es nicht so einfach.

Hat man dich dort gebremst?
»Klar. Wir haben die drei Religionen erwähnt, aber hier bei uns in der Schule, wo ich jetzt unterrichte, lebt man das. In jeder Schulklasse sind zwei Lehrer tätig, ich und ein jüdischer. Er spricht in seiner Sprache und ich in meiner.« Nur wurde diese teure Praxis nach Corona eingestellt. Zusätzlich zur dritten

16 https://www.youtube.com/watch?v=dsW1JTCByOs
17 Den kritischen Text des Protestliedes schrieb 1989 die bekannte israelische Sängerin und Komponistin Chava Alberstein während der Ersten palästinensischen Intifada.

Klasse organisiert Hattab in ihrer Schule *Kulna Jachad*, Arabisch für »wir alle zusammen«, auch Zeremonien. Während der Unruhen 2021 erhielt sie einen Anruf von ihrer damals neunzehnjährigen Tochter: Sieben bewaffnete maskierte Polizisten seien in ihr Schlafzimmer eingedrungen, nachdem sie die Wohnungstür aufgebrochen hätten. »Meine Tochter wurde aus dem Schlaf gerissen und war noch im Schlafanzug. Wir sind Araber, wenn sie niemanden empfangen kann, darf auch niemand rein. Das geht einfach nicht!«

Hattab eilte nach Hause, aber die Ordnungshüter ließen sie nicht hinein »und hatten zudem meiner Tochter ihr Handy weggenommen. Erst nach zwei Stunden durfte ich meine Wohnung betreten. Später hat sich die Polizei entschuldigt – bei ihrem Vater, obwohl wir geschieden sind. Meine Tochter war monatelang traumatisiert und konnte nicht mehr allein schlafen. Danach kamen alle Direktoren des jüdisch-arabischen Schulverbandes *Yad be Yad* zu mir nach Hause als Zeichen der Solidarität. Auch Chorleiterin Danny fragte immer wieder, wie es uns ging. Das habe ich sehr zu schätzen gewusst, denn es gab mir ein Gefühl von Sicherheit; diese Umarmung hat sehr geholfen. Ich versuche, diese Zeit zu vergessen, denn jede Erinnerung bringt die Ängste wieder hoch.«

Badria Hattab ist stolz, dass ihre Familie seit sieben Generationen im Land lebt (ihre Familie ist die achte). »Viele unserer Verwandten wurden zerstreut nach Gaza oder Nablus, früher korrespondierte ich noch mit Freundinnen dort, aber der Kontakt brach irgendwann ab. Der *Nakba*-Tag ist immer noch ein schwerer Tag für uns, an dem wir der abwesenden Familienmitglieder gedenken.« Noch schwieriger ist dieser Tag für Hattab als Lehrerin in einer staatlich geförderten Schule. Denn seit Verabschiedung des *Nakba*-Gesetzes von 2011 muss eine staatlich geförderte Institution, die Israels Unabhängigkeitstag als Trauertag begeht, mit finanziellen Sanktionen rechnen. Aber Palästinenser generell, auch »ursprüngliche Palästinenser« in Israel, gedenken ihrer Katastrophe von 1948 (arabisch *Nakba*) nun mal am selben Tag, an dem Israel seine Unabhängigkeit feiert. Was tun?

»In der Klasse erwähne ich an diesem Tag auch das palästinensische Narrativ. Das genehmigt das Bildungsministerium, denn ansonsten darf man darüber in der Schule nicht sprechen. Wir haben aber die Erlaubnis, samt Anweisungen, was wir sagen dürfen und wie. Wir arbeiten mit Kindern, also bringen wir die Dinge in einer passenden Form, denn das ist ein schweres Thema: Die Frage des Schlüssels und des Weggehens (sie meint Flucht und Vertreibung) vermitteln wir über Erzählungen von Kindern, die wir vorlesen.«

Und wie ist es im Chor?
»Wenn das Thema aufkommt, versuchen wir, die gegensätzlichen Versionen des Geschehens zu diskutieren. Anfangs fiel es manchen sehr schwer, und einige sind leider nicht bereit, beim Alternativen Gedenktag mitzumachen.« Diese alternative Zeremonie für ein gleichberechtigtes und gerechtes Israel findet seit zwanzig Jahren am Vorabend des Unabhängigkeitstages statt, parallel zum offiziellen Staatsakt. Bei den »Alternativen« werden Menschenrechtler geehrt, die sich gegen den sinnlosen Krieg in den besetzten palästinensischen Gebieten stellen und versuchen, das dort begangene Unrecht zu

korrigieren sowie Frieden mit den arabischen Nachbarn zu fördern. Organisiert wird der Festakt von der Organisation *Jesh Gvul*, gegründet 1982 von Reservesoldaten, die sich weigerten, im Libanon zu dienen. »In diesem Jahr trat ich nicht auf, weil ich das Fest des Fastenbrechens mit den Kindern feierte. Aber der Auftritt hat mir gefehlt. Früher musste man uns heimlich dorthin bringen, weil draußen eine wütende Menschenmenge brüllte. Sehr beängstigend, zumal meine Mutter ein Kopftuch trägt, einen *Hidschab*. Sie ist eine sehr gläubige Muslima, die auch schon nach Mekka gepilgert ist. Auch mir fällt es schwer, am Gedenktag für die gefallenen Soldaten (bei der landesweiten Gedenkminute) in Ruhe zu verharren. Aber wenn die Gegenseite mich wahrnimmt, warum soll ich sie nicht auch wahrnehmen? Leider gibt es nicht viele, die so denken, wie ich.«

Wirst du von arabischer Seite kritisiert?
»Viele schweigen darüber, weil sie meine Meinung kennen und wissen, dass mich niemand davon abbringen kann. Aber an ihren Augen lässt sich ihr Missfallen ablesen. Es wäre mir lieber, sie würden mir das direkt sagen und wir könnten darüber diskutieren.«

Lod

An einem Tag im Sommer stehe ich, frisch eingetroffen, im Bahnhof von Lod, ein Jahr nach den Unruhen im Mai 2021. Man ist stolz hier auf die Geschichte dieses Bahnhofs, der bereits zurzeit des Osmanischen Reiches auf halber Strecke zwischen Jaffa und Jerusalem stand. Im Übergang zur Hauphalle hängen historische Schwarz-Weiß-Fotos. Eines aus dem Jahr 1932 zeigt die Einfamilienhäuser mit den roten Giebeldächern, die in der britischen Mandatszeit für die Bahnmitarbeiter gebaut wurden. Ein anderes zeigt bewaffnete britische Soldaten hier in diesem Bahnhof während des arabischen Aufstandes 1938. Die Uniformierten waren aus Ägypten als Verstärkung gekommen. Die Briten sind längst weg, aber ihre Häuser stehen immer noch, wie ich später erfahre. Touristen sucht man hier übrigens – in dieser 85 000-Einwohner-Stadt, knapp dreißig Prozent Araber – trotz der interessanten Geschichte und der Nähe zum internationalen Flughafen vergeblich. Dennoch versucht Lod dank seiner zweitausend Jahre alten Geschichte Besucher zu locken, und sogar ein erstes Hotel ist in Planung.

Avichai Tabak, der hier eine lokale Internetzeitung betreibt, erwartet mich am Eingang. Vor fünf Jahren kam der dreifache

Vater mit seiner Familie nach Lod, weil man hier noch günstige Wohnungen finden konnte und er darüber hinaus eine passende, gemäßigt religiöse Gemeinschaft fand: »Meine Frau trägt Hosen und ich eine kleine Kippa«, erklärt er seine Kopfbedeckung. Der freundliche und gut vernetzte Journalist pflegt in der von Migranten geprägten Stadt auch zu einheimischen Arabern gute Kontakte. Er achte darauf, so sagt er, dass seine Tochter auf dem Spielplatz auch mit arabischen Kindern spielt: »Manche Eltern halten ihre Kinder fern von den arabischen und warnen vor Kontakt mit ihnen. Manche hatten im Gegensatz zu mir wohl schlechte Erfahrungen und verhalten sich entsprechend zurückhaltend. Ich aber glaube, dass 99 Prozent der Araber okay sind; auch mein Friseur und mein Gemüsehändler sind übrigens arabisch.«

Eine so differenzierte Haltung klingt überraschend in einer Stadt, in der im Mai 2021 fünf Tage lang die Gewalt, die im ganzen Land zwischen Juden und Arabern tobte, besonders heftig war und zwei Menschenleben kostete. Ausgesprochen groß ist das Misstrauen zwischen religiösen Juden und Arabern. Man teilt aber die gleichen Probleme im Alltag, und es war ausgerechnet der rechtsnationale Bürgermeister Jair Revivo, der 2018 im Stadtrat die erste jüdisch-arabische Koalition in Lod schmiedete. Aber im April 2021 war es mit dieser Harmonie vorbei. Aus Protest gegen Revivos anti-arabische Politik – er versuchte, den Umzug arabischer Familien in ein jüdisches Viertel zu verhindern und drohte einseitig, mit der arabischen Kriminalität aufräumen zu wollen – traten alle Mitglieder der arabischen Fraktion im Stadtrat zurück. Nur einen Monat später kam es im »schwarzen Mai« zu einer beispiellosen Welle der Gewalt, in deren Verlauf zwei Menschen getötet wurden, der Jude Yigal Yehoshua und der Araber Moussa Hassouna. Außerdem wurden viele Menschen verletzt und etliche Geschäfte, Autos, Wohnungen und sogar Synagogen beschädigt.

Auf der Fahrt durch Lod bemüht sich der Lokalpatriot Tabak, die Schokoladenseiten seiner Stadt zu präsentieren. Er zeigt mir das 2012 eingeweihte Regionalgerichtsgebäude, das gut ausgebildete Israelis nach Lod lockt und die lokale Wirtschaft ankurbelt. »Nicht alle sind glücklich mit dem Bau«, schmunzelt er, »weil die Medien jetzt noch öfter über Lod in Verbindung mit Kriminalität berichten, auch wenn die Straftaten, über die man hier verhandelt, woanders begangen wurden.«

Wir fahren in die Altstadt, wo die große Mehrheit der Bevölkerung arabisch ist. Ob sie sich die Straßenschilder genau anschauen? Wie erleben sie sie? Wir fahren vom Platz der Wartungstruppe in Richtung Platz der Polizei, unweit des Grenzschutz-Hauptquartiers. Tabak steuert den Wagen die Hasmonäer-Straße entlang, benannt nach der jüdischen Dynastie, die vor über zweitausend Jahren einen selbständigen jüdischen Staat in der Region Palästina begründete. Links geht es in die Straße der Shoah-Überlebenden, aber Tabak hält am Blumenplatz. In der ersten Nacht der Unruhen, am 10. Mai 2021, warfen von hier aus arabische Jugendliche Steine und Feuerwerkskörper, nationalreligiöse Juden warfen Steine zurück, und es brannte neben dem kleinen Olivenbaum mitten im Kreisverkehr.

Fida Shehada ist Stadtratsmitglied der »arabischen Stimme«, die sechs Abgeordnete von insgesamt neunzehn stellt.

Sie berichtet, dass in jener Nacht sechs *Vertreter des jüdischen Kollektivs*, so bezeichnet sie die nationalreligiöse Gruppe in Lod, zuerst in die Luft und später in Richtung Araber schossen, »und nicht aus Notwehr«, wie sie betont. Sie töteten den 32-jährigen dreifachen Vater Moussa Hassouna und verletzten zwei weitere Araber. »Der Täter ging unbehelligt nach Hause«, sagt Shehada, »und drei Tage später wurde die Ermittlungsakte geschlossen. Ich ging zur Polizei, erhielt aber nur ausweichende Antworten.« Sie erhebt schwere Vorwürfe gegen »die Siedler«, vor allem wegen ihrer Rolle bei den Straßenschlachten 2021. Als Siedler bezeichnet man jüdische Israelis, die sich im von Israel 1967 besetzten Westjordanland niederließen, früher auch im Gazastreifen. Aber Lod liegt mitten in Israel. Warum also »Siedler«?

1995 kamen die ersten jungen nationalreligiösen Familien nach Lod, vor allem aus Siedlungen im Westjordanland. In einer Zeit, in der immer mehr bürgerliche Juden die Stadt verließen und Lod fast bankrott war, feierten die Lokalpolitiker die Hinzugekommenen, die ebenfalls dem Mittelstand angehörten. Inzwischen zählen diese Nationalreligiösen rund tausend Familien und stellen ein Zehntel der Bevölkerung. Sie sehen sich als Idealisten, die durch soziale Initiativen und Bildungsprojekte Lod für alle verbessern wollen. 2004 gründeten sie im arabisch geprägten Viertel Ramat Eshkol ein Internat zur Vorbereitung auf den Militärdienst, vor allem an der Front. Durch diese Präsenz sollten die wenigen verarmten äthiopischen und russischen Juden, die zurückgeblieben waren und unter Kriminalität und Gewalt litten, besser geschütz werden.[1] Wie die religiösen Patrioten ihre neue Umgebung betrachteten, kann man daran erkennen, dass sie ihre neue Institution *Maoz* nannten, Hebräisch für »Festung« oder »Vorposten«. Die künftigen »Frontkämpfer« mieden weitgehend ihre arabischen Nachbarn, die große Mehrheit im Viertel. 2007 bezog die Akademie eine verwaiste jüdische Schule, später reaktivierten die »Siedler« das brachliegende Bildungs- und Kulturzentrum.

In der Nacht vom 10. Mai 2021 tobte die Gewalt am Blumenplatz, der in Lod die Grenze zwischen dem jüdischen Viertel Mishmar Nof und der arabisch geprägten Altstadt markiert. »Auf Pressefotos erkennt man, dass die jüdischen Demonstranten fünfzig Meter von hier standen«, sagt Tabak und zeigt mit der Hand in die Richtung. »Und dort warfen Araber Steine auf die Juden.« Eine Fernsehrecherche bestätigt seine Aussagen.

Zum gleichen Zeitpunkt beschließen einige nationalreligiöse Aktivisten, den Juden moralischen Beistand zu leisten, berichtet Aharon Atias, Geschäftsführer der Stadtverwaltung.[2] »Das war ein zionistischer Event und keine Provokation.« Die Lage wird dennoch immer bedrohlicher. Besonnene Bürger auf beiden Seiten, die vor einer Eskalation warnen, werden ignoriert. Die Juden ziehen zum Blumenplatz, schwenken Is-

1 Jotam Jacobson, 22.11.2021, https://www.ynet.co.il/activism/article/rkglyz0py
2 Reshet 13, https://13tv.co.il/item/news/hamakor/season-20/clips/j-j4g-2201743/

raelfahnen und singen »das Volk Israel lebt«. Aufgebrachte Araber halten mit ihren Autos an und stoßen Todesdrohungen aus.

Mohamed Hassouna, ein Cousin des Getöteten, sagt in die Kamera: »Ein Autofahrer bat sie höflich, nach Hause zu gehen, weil sie provozierten.« Statt einer Antwort hagelt es Steine – von beiden Seiten. Juden und Araber rufen immer wieder bei der Polizei an – erfolglos. »Hier sind Leute mit Waffen, jeden Moment kann geschossen werden«, warnt ein jüdischer Anrufer. »Ich leite das Gespräch weiter und wünsche dir einen guten Abend«, entgegnet die Telefonistin. Joel Frankenburg geht völlig verängstigt nach Hause, um seine Badelatschen gegen feste Schuhe zu tauschen. »Warum? Ein guter Jude muss weglaufen können«, sagt er. Sicherheitshalber nimmt er auch ein Klappmesser mit.

Der Blumenplatz füllt sich in jener Nacht immer mehr. Frankenburg hält sich vorsichtshalber an einen bewaffneten Juden und sieht fünfzig vermummte, mit Brandflaschen bewaffnete arabische Jugendliche, die herumrennen und *Allahu akbar* schreien. Einige Juden schießen in die Luft. »Sie kommen immer näher und werfen Steine, ihr müsst kommen«, drängt ein jüdischer Anrufer die Polizei. »Okay, aber haltet euch fern«, sagt die Telefonistin. »Machen wir doch! Aber sie verfolgen uns! Jetzt kommt endlich, bevor jemand hier getötet wird!«

Hassouna sagt, die Schüsse in die Luft hätten alles nur noch schlimmer gemacht. Die Araber wollten die Juden nur verjagen und nicht verletzen, betont er. Jetzt aber seien Araber die Blumenstraße hoch in Richtung der jüdischen Häuser gelaufen. Sie warfen Brandsätze und Steine. Dann fiel der erste Schuss, gefolgt vom Geschrei »Pistole! *Allahu akbar*!« und von jüdischer Seite: »Einer ist verletzt.« Laut Hassouna trafen wenig später die ersten Polizisten ein. Es ist 1.06 Uhr nachts. »Wäre die Polizei früher gekommen, wäre kein Schuss gefallen«, sagt er, und Frankenburg stimmt ihm zu.

Avichai Tabak bestätigt beide Aussagen: »Es kam kein Polizist, obwohl viele sie rechtzeitig alarmiert und aufgefordert hatten, Präsenz zu zeigen. Auch wir riefen die Polizei in jener Nacht. Immer wieder wurde versprochen, man werde den Beschwerden nachgehen, aber es passierte nichts. Als die (arabischen) Protestler in Richtung der jüdischen Demonstranten rannten, schoss zumindest einer in ihre Richtung und traf Moussa Hassouna tödlich.«

»In jener Nacht war hier die Hölle los«, sagt Tabak. »Schwer zu erklären.« War er überrascht von der Gewalt und der Tatenlosigkeit der Polizei? »Sehr, und vor allem schockiert.« Das veranlasste den Journalisten, der in seiner Internetzeitung in der Regel über neu angelegte, ehemals verwilderte Gärten, politisches Gezänk im Rathaus oder den einen oder anderen Einbruchsdiebstahl berichtet, einen persönlichen Appell an seine Leser zu richten. Er wollte erklären, warum er über die Gewaltausbrüche nicht berichtet. Das überlasse er den nationalen Medien, schrieb Tabak. »Ich bin dieser Stadt sehr verbunden und liebe sie, als sei ich hier aufgewachsen. Zusammenleben war für mich immer ein Prinzip. Ich habe bei meinen arabischen Nachbarn gegessen und bei ihnen eingekauft. Mit manchen von ihnen war ich sogar befreundet. Die

Massen auf den Straßen, die unser gutes Zusammenleben in Flammen aufgehen ließen, haben mich schockiert, gerade weil ich so sehr daran glaubte. Sicher ist nur, dass wir auch heute Nacht und auch in einem Monat, einem Jahr oder Jahrzehnt Nachbarn bleiben werden. Deshalb müssen wir einen Weg finden, zusammenzuleben.«

In jener Nacht beobachtete Tabak das Geschehen vom Dach seines Wohnhauses, eines der höchsten in Lod.[3] »Die Explosionen waren von allen Seiten zu hören, immer wieder flammten Brände auf, und an mehreren Stellen in der Stadt standen schwarze stinkende Rauchsäulen«, berichtet er. Am nächsten Morgen begleitete er den Reporter Amir Ben-David, der über Hassounas Beerdigung berichten wollte, »auf einer langen Fahrt durch verkohlte Autoreste, qualmende Müllcontainer und von Steinen und Glassplittern übersäte Straßen«. Beide beschlossen, sich Hassounas Trauerzug anzuschließen.

Als Erstes suchten die Reporter das traditionelle Trauerzelt der Familie Hassouna auf, eine sehr bekannte Familie in Lod, die sogar einen eigenen Friedhof besitzt. Viele waren gekommen, um ihr Beileid auszusprechen. »Ich unterhielt mich mit den arabischen Stadtverordneten, die ihn kannten, und spürte schon die nächste Eskalation«, sagt Tabak. Auf seiner Internetplattform schrieb er: »Ich habe aus ihren Worten sehr deutlich verstanden, dass niemand hier Frieden will. Wir erwarten bereits heute Abend während der Beerdigung die nächsten Ausschreitungen.«

3 Shabaton, 17.5.2021, https://shabaton1.co.il/?p=19696

Jeder dritte Einwohner in Lod ist arabisch. Die multireligiöse Geschichte der Stadt zeigt mir Avichai Tabak im touristischen Herzen der Altstadt. Hier grenzt die Große Moschee an die griechisch-orthodoxe Kirche St. Georg, und nur ein paar Meter weiter stehen zwei Synagogen. Touristen sehen wir hier nicht. »Hier war eines der Zentren der Ereignisse«, sagt Tabak.

An diesem »Dreieck der Religionen« sah Tabak an jenem Tag Scharen aufgebrachter junger Männer, die sich dort versammelt hatten. Sie trugen schwarze Hemden und bedeckten ihre Gesichter mit OP-Masken – nicht aus Angst vor dem Coronavirus. Als der offene Sarg mit dem in die palästinensische Flagge gehüllten Leichnam eintraf, wurde sofort Rachegebrüll hörbar: »Chaibar, Chaibar, oh ihr Juden! Mohammads Heer kommt bald wieder!« Der Satz erinnert an den Feldzug Mohammads gegen Chaibar, damals eine von Juden besiedelte Oase im heutigen Saudi-Arabien. »Nach einem kurzen stillen Gebet ertönte ein Signal, und der Trauerzug setzte sich in Bewegung«, berichtet Tabak. Einige hundert Meter weiter hörte er bereits die ersten Blendgranaten explodieren.

Fida Shehada beobachtete als Stadtratsmitglied der »arabischen Stimme« das Geschehen. Als sich die Arabische Liste im Oktober 2018 der ersten jüdisch-arabischen Koalition anschloss, kam das für viele überraschend, obwohl solche Koalitionen auch schon in anderen gemischten Städten wie Haifa, Ramle und Akko entstanden waren. Sie konzentrierten sich auf kommunale Probleme abseits des israelisch-palästinensischen Konfliktes. Im April 2021 verließ die arabische Fraktion die Koalition aus Protest gegen die Politik des Bürgermeisters, die sie als anti-arabisch bezeichneten. Fida Shehada trat im September 2022 als Abgeordnete zurück.

»Gegen zehn Uhr nachts riss ein arabischer Jugendlicher die israelische Fahne von einem Strommast herunter und hisste die Palästinafahne, unsere Fahne. Ohne jegliche Warnung reagierte die Polizei mit Blendgranaten, die erste fiel in einen Kinderwagen. Daraufhin ergriffen viele Teilnehmer die Flucht, und arabische Jugendliche begannen Steine zu werfen. Die Polizei betrachtet uns als Feinde, und deswegen reagierten die Jugendlichen so.«

An jenem Dienstag im Mai sah Shehada, wie Siedler in Lod eintrafen und versuchten, den Hassouna-Trauerzug durch laute Musik aus ihren Autos zu stören. Als der Zug sich in Bewegung setzte, versuchte die Polizei, ihn mithilfe berittener Einheiten und Blendgranaten auseinanderzutreiben. Tausende Trauernde rannten in Richtung Friedhof.

Sechs Tage später beschrieb Lokalreporter Tabak die Szene so: »Rufe und Flüche erfüllten die Luft, und die Beerdigung, die relativ ruhig begonnen hatte, wurde zu einem von Gewalt geprägten Ereignis, das bis heute nachwirkt. Motorräder am Straßenrand gingen in Flammen auf. Ich ging mit den jungen Arabern weiter, als wir plötzlich wieder anhalten mussten. In der Nähe der Dossa-Synagoge warteten Dutzende Polizisten, die von den Teilnehmern mit Steinen beworfen wurden. Daraufhin wurden Gas- und Blendgranaten auf uns abgefeuert. Ich wandte mich an die Polizisten und zeigte ihnen meinen Presseausweis – und eine Kopfbedeckung als Beweis, dass wir ›zu ihnen‹ gehörten.«

An jenem Tag sah Tabak, wie junge Männer Steine auf das neue archäologische Museum warfen und mit Eisenstangen die Fenster einschlugen. Ein Jahr danach fahren wir zu diesem ersten Museum in Lod. Es steht im Viertel Ramat Eshkol, wo drei von vier Bewohnern arabisch sind. »Armut fördert Nationalismus und Gewalt«, sagt er. »Hätte man hier mehr investiert, in Kanalisation und Grünflächen, könnte man der antijüdischen Hetze unter den arabischen Bewohnern den Boden entziehen.«

Nach dem Rückzug aus dem Gazastreifen 1995 siedelte Israel auch in Lod palästinensische Informanten des Geheimdienstes an, weiß Tabak. »Sie kommen mit den anderen Arabern nicht zurecht, genießen aber den Schutz des Geheimdienstes, der sie in heiklen Situationen unterstützt. Auch Beduinen wurden hier angesiedelt. Immer wieder kommt es zu Gewalt zwischen ihren Stämmen oder unter hiesigen arabischen Großfamilien.«

Vor 1700 Jahren war die Gegend von Ramat Eshkol ein römisches Villenviertel. Einer der Eigentümer dieser antiken Häuser ließ den Fußboden seines Wohnzimmers mit einem siebzehn Meter langen und neun Meter breiten Mosaik dekorieren, das erstaunlich gut erhalten ist. Zu sehen sind Tiere, Fische und zwei typisch römische Segelschiffe, aber keine Menschen. »Vielleicht war der Hausherr ein wohlhabender Kaufmann oder Schiffseigner, der mit dem Mosaik protzen wollte«, meint der zuständige Archäologe Amir Gorzalczany. »Er verzichtete auf menschliche Darstellungen, um die jüdischen, christlichen und heidnischen Gäste zu intellektuellen oder philosophischen Diskussionen zu animieren.« Das Fehlen religiöser Symbole kann er auch erklären: Der Hausherr sei ein Kosmopolit gewesen.

Ein so wertvolles Antikenstück in einer armen Gegend ist sehr ungewöhnlich. Normalerweise würde ein solch kostbares Mosaik der Antiquitätenbehörde oder dem Israel-Museum in Jerusalem übergeben. Aber die Behörde kam dem Lokalpatriotismus der Nachbarn entgegen und versprach: Das Mosaik wird bleiben. Als kleine Geste wurde das dafür vorgesehene Museum verkleinert, um Platz für einen kleinen offenen Garten am Eingang zu schaffen, mit einem schattigen Rasenplatz zur Erholung. Kurz vor der Einweihung dieses ersten Museums in Lod legten 2021 die arabischen Randalierer ein Feuer an der hinteren Tür und warfen mehrere Fenster ein. Zum Glück konnte ein arabischer Anwohner das Feuer rechtzeitig löschen. Zu der deshalb um ein Jahr verschobenen Eröffnung kamen jüdische und arabische Schulklassen, die mitsangen und über die römische Siedlung informiert wurden, die einst hier gestanden hatte. Vielleicht lassen sich auch die Lokalpolitiker von deren Namen inspirieren: Diospolis, »die Stadt Gottes«.

Noch ein frisch gepresster Saft am Kiosk an diesem glühend heißen Tag, und wir setzen unsere Zeitreise durch die arabisch geprägte Altstadt fort. Wir fahren die Straße der Zypernlager entlang, wo gleich nach der Shoah die britischen Mandatsbehörden illegale jüdische Flüchtlinge unterwegs nach Palästina internierte, und machen einen Abstecher ins jüdisch-arabische kommunale Bildungs- und Kulturzentrum *Chicago*.

Wenige Tage vor meinem Besuch starb mit nur 44 Jahren die charismatische arabische Leiterin des Bildungswerkes, Faten Zinati, an Krebs. Sie hatte sich jahrelang in Lod für die Förderung des jüdisch-arabischen Dialogs engagiert. Die selbstbewusste Frau mit der kräftigen Stimme und dem ansteckenden Lächeln trug stets ein schwarzes Kopftuch. 2017 hatte sie in einer Rede erklärt: »Bis heute existiert im Gemeindezentrum nicht eine einzige gemeinsame jüdisch-arabische Aktivität.«[4] Dann hatte sie kurz ihre Finger verschränkt und fuhr fort: »Solche Treffen könnten zufällig geschehen, aber das ist nicht mein Ziel, wie ich als eine meiner wichtigsten Lektionen aus dieser ›Industrie des Zusammenlebens‹ gelernt habe. Ich habe viele solcher Programme immer wieder selbst entworfen und durchgeführt – für Kinder, Frauen, Ältere, Familien. Aber solche Begegnungen haben keinen Zweck, solange die Araber ihre eigene Identität nicht stark genug entwickelt haben und sich minderwertig fühlen. Bis 2009 war dieses Zentrum geschlossen, und die religiösen Zionisten, die nach Lod kamen, übernahmen es, um die Stadt jüdischer zu machen, vor allem diesen Stadtteil. Die einst hier lebende Mittelschicht hatte Lod verlassen. Geblieben waren ärmere äthiopische Juden, die nicht wegziehen konnten. Sie stellen jetzt zwanzig Prozent der Bewohner hier, zehn Prozent sind religiöse Zionisten, die gebildet, ideologisch und wohlhabender sind, eine Art Siedler. Sie wollten keinerlei Kontakt mit der arabischen Bevölkerung und betrieben hier Aktivitäten ausschließlich für Juden.«

4 Faten Zinati beyom hashalom, https://www.youtube.com/watch?v=lhxjc_fyqxk

Zinati engagierte sich als Koordinatorin zwischen den Arabern in Lod und der Stadtverwaltung und fand, das Zentrum müsse für alle Nachbarn da sein. Erst 2012 gelang es ihr als erster Araberin, das multikulturelle Zentrum auch für arabische Bewohner zu öffnen. Sie wurde die erste arabische Leiterin hier. Zinati weiter: »Seit 2015 arbeite ich als Vorgesetzte mit drei Koordinatoren für äthiopische Juden, religiöse Zionisten und die arabische Bevölkerung. Diese drei entwickeln gemeinsame Programme, aber die Gruppen selbst sind dazu noch nicht bereit. Anfangs hatten die Juden ein eigenes Stockwerk und die Araber ein anderes, aber 2016 haben wir das abgeschafft. Meine Nachbarn hier sind nationalreligiöse Juden, also muss ich mich mit ihnen arrangieren. Oft fehlt mir diese Begegnung, nicht die zwischen Linken und Arabern oder Gleichdenkenden, sondern die zwischen den scheinbaren Gegnern. Von Begegnungen mit den Nationalreligiösen habe ich am meisten gelernt: fokussiert und stark zu sein, denn sie sind sehr stark. Aber wenn sie keinen Dialog wollen, werde ich mich ihnen auch nicht aufzwingen.«

Den Namen *Chicago* verbindet man mit den kriminellen Banden der amerikanischen Stadt in den 1920er und 1930er Jahren, allen voran mit Al Capone, dem Boss der Chicagoer Unterwelt. Das Gemeindezentrum *Chicago* in Lod hingegen verdankt seinen Namen den Förderern aus der amerikanischen Stadt, die der *Jewish Agency* dessen Gründung ermöglichten. Neben dem zweistöckigen Haus steht eine kleine Polizeistation, die auf die prekäre Sicherheitslage hindeutet. Im beige gestrichenen *Chicago* finden verschiedene Aktivitäten jüdischer und arabischer Kinder, Jugendlicher und Erwachsener statt, für die meisten die einzige Freizeitaktivität in diesem Armenviertel. Seit Zinati schwer erkrankte, leitet Hanadi Basel die Aktivitäten, eine junge zierliche Frau mit einem schwarzen Kopftuch, die am Eingang mit dem Rabbiner posiert, der an diesem Winterabend die Kinderaufführung zum jüdischen Chanukkafest betreut.

Die 45 Jahre alte Akademikerin Hanadi leitet im *Chicago* die arabische Abteilung. Sie stellt sich vor als dreifache Mutter, gebürtig aus Lod, deren Familie väterlicherseits aus Kufr Sabet stammt, einem Dorf bei Tiberias. Weil ihr Großvater in Lod Bahnmitarbeiter war, zog ihre Großmutter nach der Eroberung ihres Dorfes 1948 zu ihm »und brachte die Kaufbescheinigung für ihr Land mit. Für diese erhielten sie landwirtschaftlich nutzbare Grundstücke in Lod. Bis heute ist mein Vater Landwirt. Ich wuchs in einem rein arabischen Viertel auf, und ich erinnere mich an das jüdische Ramat Eshkol meiner Kinderzeit. In den 1990er Jahren kamen Kollaborateure hierher, die diesen Stadtteil veränderten.« Sie meint die palästinensischen Informanten des Geheimdienstes. Manche behaupten, die hätten auch die Brandanschläge im Mai 2021 verübt, aber offensichtlich spielten sie nur eine Nebenrolle. Junge Araber versuchten damals, mittels einer brennenden Israelfahne die Palme am Eingang der kleinen Polizeistation anzuzünden. Auch auf das Gemeindezentrum wurden Brandsätze geworfen. »Ich war überrascht und hatte Angst«, räumt Hanadi ein. »Das war ja nicht der übliche Krieg zwischen Israel und Palästina oder einem anderen arabischen Staat, sondern ein Krieg innerhalb der gemeinsam bewohnten Stadt.

Auf einmal brannte es überall, wir konnten kaum atmen.« Es fällt ihr immer noch schwer, darüber zu sprechen. »Meine Eltern baten mich, nicht aus dem Haus zu gehen, aber ich fühlte mich in dieser Stunde der Not verpflichtet, allen zu helfen, die mich brauchten. Die Brandgerüche bin ich einen ganzen Monat lang nicht mehr losgeworden«, sagt sie, und noch von der Erinnerung kommen ihr die Tränen. »Das machte mich fertig. Wegen Corona hatte ich meinen Geruchssinn verloren, aber im Mai kam er auf eine Weise zurück, die unerträglich war.«

»Zusammen mit Faten stellten wir T-Shirts her, mit der Aufschrift ›wie schön ist meine Stadt‹ auf Arabisch, ich trug eines, kaufte Eimer mit Farbe und begann, abgebrannte Mülleimer zu bemalen – in Orange und Grün.« Sie zeigt mir ein Foto, auf dem zwei Mitarbeiterinnen der Stadtverwaltung mit Pinseln in der Hand stolz vor einem orangefarbenen Müllcontainer posieren, eine davon eine religiöse Jüdin mit Kopftuch.

Meine skeptische Frage nach dem Zusammenleben regt sie auf: »Jede Gemeinde konzentriert sich auf ihre eigenen Aktivitäten. Seit dem letzten Jahr treffen sich die (jüdischen und arabischen) Koordinatoren monatlich und teilen sogar den Raum – jeder hat seinen eigenen Laptop. Heute zum Beispiel feiert man im großen Saal das Chanukkafest, und im ersten Stock findet unser Tanzkurs statt, Nachhilfeunterricht und Jugendbewegung. Wir haben hier sogar einen Weihnachtsmann, der Bonbons an alle Kinder verteilt, obwohl hier nur wenige christliche Araber wohnen.«

Gemeinsame Aktivitäten im multikulturellen Zentrum? »Es wäre die Erfüllung eines Traums, in Lod einen Chanukkaleuchter neben einem Weihnachtsbaum und einem Symbol für unsere muslimische Gemeinde zu erleben.« Was muss passieren, damit dieser Traum in Erfüllung geht? Hanadi seufzt: »Viel muss geschehen, und vor allem braucht es Menschen, die daran glauben.« Aktuell aber ist das *Chicago* nicht wegen der Gewalt in Gefahr. »Das Gebäude hat keine Sicherheitsgenehmigung und darf auch keine Läden beherbergen. Geschlossen wird es nicht, aber renoviert. So Gott will, geht es damit Anfang 2023 los.« Dieser Wunsch immerhin ist inzwischen in Erfüllung gegangen. Die Verschönerung kann aber den inneren Riss nicht kaschieren, den die Gewalt 2021 hinterließ. »Das Vertrauen ist dahin«, sagt Hanadi, »die Ängste sind geblieben. Solche Tage hätten wir uns nicht vorstellen können, und diese Stadt blutet immer noch. Aber ich hoffe, dass die Zeit die Wunden heilt.«

Kann die Gewalt nach Lod zurückkehren?
»Wow, allein die Frage macht mir Angst. Die Ängste sind da, und sie führen zu Misstrauen auf beiden Seiten.«

Hanadis Partner als Co-Leiter im *Chicago* ist Noam Dreyfuss, den ich am nächsten Tag in Lod treffe. Der 39-jährige nationalreligiöse Aktivist leitet den Verein *Lodder*, der sich nach seinen Angaben für Soziales und Bildung einsetzt. Weitere nationale Ziele wie Thora und Besiedlung lässt er unerwähnt. Im Logo prangt das Motto des Vereins »Zionismus im Zentrum« vor dem Hintergrund einer Landkarte von Israel – vom Mittelmeer bis zum Jordan. Stolz posiert er im Vorgarten seines Büros vor einer Wandmalerei, die den Gründer des Zionismus, Theodor Herzl, unter der Überschrift zeigt: »Wenn ihr wollt, ist es kein Märchen.« Herzl posierte 1901 auf dem Balkon eines Hotels in Basel während des fünften Zionistenkongresses. Dieses Bild stellt für Noam auch persönlich ein Stück Heimat dar: Sein Vater kam aus Basel, seine Mutter aus Zürich.

Gerade weil die gegenwärtige Stadtregierung ihm politisch nahesteht und es auch persönliche Verbindungen gibt, legt er Wert auf Distanz. Noam wuchs in der Siedlung Beit El auf, diente als Soldat in einer Spezialeinheit mit Einsatzschwerpunkt Terrorismusbekämpfung und verdeckte Aufklärung in den Palästinensergebieten. Später war er Buchhalter, und rein zufällig landete er in Lod, nur zehn Kilometer vom internationalen Flughafen entfernt: »Ich suchte einen günstigen und besonderen Ort in der Nähe von meinem Arbeitsplatz in Tel Aviv und dem meiner Frau in Kfar Saba. So kamen wir hierher, kannten aber niemanden – zwei Jahre lang kreiste unser Alltag überwiegend um Arbeit und Familie«, die er in Lod gründete. »Wenn dein Buch erscheint, bin ich – mit Gottes Hilfe – bereits zum achten Mal Vater«, sagt er. »Wir wollten eigentlich weg, weil ich Lod heruntergekommen fand und das Bildungssystem nur mittelmäßig. 2013 schaute ich mir eine Dokumentarserie über Lod an, die vor allem vom Ramat-Eshkol-Viertel handelte.« Auf seinem Smartphone zeigt er mir eine Szene, die ausgerechnet im *Chicago* spielte.

Der damals 79-jährige Politiker Meir Nitzan, der als Bürgermeister eingesetzt worden war,[5] hört sich die Klagen einer

---

5 2007 war die Stadtregierung wegen Missmanagement abgesetzt und ein Bürgermeister vom Innenministerium eingesetzt worden, Nitzan war in den Jahren 2011 bis 2013 bereits der dritte nominierte OB.

äthiopischen Jüdin und der arabischen Aktivistin Faten über die Radikalisierung auf dem Kinderspielplatz und im Viertel an. Dann sagt er: »Ich will nicht, dass Araber oder Juden Angst haben müssen, ihre Häuser zu verlassen. Schlimm für euch, wenn ich ständig die Polizei rufen müsste. Ich bin in Rumänien geboren und habe gesehen, wie sie im Schlachthaus Juden aufhängten –, und trotzdem hatte ich selbst dort nie Angst. Deswegen sage ich den äthiopischen Juden: Das ist euer Land wie meines, wie ihres. Sie leben hier, sie sind unsere Nachbarn, unsere Bewohner und unsere Staatsbürger, und sie müssen gleich behandelt werden.« Noam wiederholt diese letzten Worte über die Araber in Lod und ergänzt: »In Beit El waren die Araber hinter dem Zaun so etwas wie Feinde, die eindringen und Brandsätze werfen. Die Araber, denen ich als Soldat begegnete, waren immer Feinde. Hier in Lod sind sie Nachbarn. Als Zionist möchte ich, dass alle Bewohner gut leben, denn wenn es dem Araber hier nicht gutgeht, geht es mir auch nicht gut.«

Später schaue ich mir auf Noams Empfehlung hin ein Kapitel einer TV-Serie über Lod an. Derselbe Nitzan sagt vor der Kamera: »Man muss kämpfen, um Juden hierherzubringen, sonst wird Lod arabisch.« Zwei junge Nationalreligiöse aus der Akademie (Vorbereitung auf den Militärdienst) bieten einer jüdischen Mutter in Ramat Eshkol Hilfe an, zum Beispiel bei der Renovierung ihrer Wohnung. Ihrem Sohn bieten sie an, in ihrer Akademie Basketball oder Fußball zu spielen, denn »Araber kommen da nicht hin«. Bei einem Mann fragen sie sie, in welcher Wohnung im Haus Juden wohnen.[6]

6 https://www.youtube.com/watch?v=OsFMoqZHlG4

Der Winter 2013 markierte eine Wende in Noams Leben. »Damals wusste ich nichts von Ramat Eshkol, und das, obwohl ich nur zehn Minuten zu Fuß von dort wohne. Als ich die TV-Serie sah, meinte ich zu meiner Frau: ›Das ist genau das, was wir suchen: ein Ort, wo wir etwas tun können. Lass uns dorthin ziehen.‹ Nach einem abendlichen Rundgang durch den Ort war sie dagegen, aber ich begann trotzdem, einmal in der Woche als Freiwilliger im Gemeindezentrum äthiopischen Kindern Geschichten vorzulesen. Im Oktober 2013 übernahm ich die Stelle des dortigen Leiters, der im Rathaus Büroleiter des Bürgermeisters wurde. Die zwei Jahre, die unsere Familie in Ramat Eshkol lebte, waren motivierend: Wir hatten kein Licht im Treppenhaus, weil die Stromgesellschaft den Strom abgeschaltet hatte – wegen unbezahlter Rechnungen in Höhe von 10 000 Schekel (etwa 2500 Euro). So viel für vier Glühbirnen? Ich rief dort an und kam bis zum Generaldirektor. Den bat ich, die Strafzahlungen und Zinsen für fünfzehn Jahre zu streichen. Die restlichen neunhundert Schekel zahlten die acht Familien im Haus – vier jüdische und vier arabische. Seitdem ist es wieder hell im Treppenhaus.« … und es wurde Licht! »Nach einem Jahr baute der arabische Nachbar, ein Elektriker, eine Zeitschaltuhr ein, weil er wusste, dass wir kein Licht am Schabbat anzünden dürfen.« Inzwischen wohnt Noams Familie im Villenviertel Neve Nof.

Auch im *Chicago* kamen sich die so unterschiedlichen Co-Leiter näher. Als Noam auftauchte, durften die arabischen Gruppen nur das Erdgeschoss benutzen. »Nach ein, zwei Jahren wuchs das Vertrauen, und seitdem dürfen auch Araber nach Absprache alle Räume in dem zweistöckigen Gebäude benutzen. Aber das Zusammenleben unter einem Dach hat dennoch Grenzen: Es gibt keine gemeinsamen Aktivitäten, prinzipiell«, sagt Noam.

Warum?
»Wegen der Assimilation.«

Glaubst du wirklich, dass junge Israelis in Haifa oder Jaffa, die gemeinsam das Fest der Feste *feiern, ihre Religion wechseln würden?*
»Man assimiliert sich nicht wegen eines Ballettkurses oder eines Festes. Aber wir als Volk müssen Grenzen setzen: Wenn jemand aus meiner Familie vor zwanzig Jahren eine Araberin oder von mir aus auch nur eine Belgierin geheiratet hätte, wäre das für die jüdische Familie schlimm gewesen. Inzwischen wird akzeptiert, dass sogar Kinder von Prominenten, Netanjahus Sohn zum Beispiel, nichtjüdische Freundinnen haben.«

Vielleicht ist das inzwischen einfach die Realität?
»Meine Großeltern und auch deine wären lieber gestorben, als so etwas zu erleben.«

Da bin ich mir nicht sicher.
»Ich bin dagegen, denn das wäre der beste Weg, unserer Einzigartigkeit als Volk zu verlieren. Ich bin eher für gemeinsame Aktivitäten unter Erwachsenen, die ihre Identität bereits kennen. Mein fünfzehnjähriger Sohn darf, bis er achtzehn ist, nur mit religiösen Jungs studieren.« Noam meint natürlich jüdi-

sche. Seine Überzeugung: Jüdische Assimilation verhinderte weder die Pogrome 1929 in Palästina noch die Shoah. Später bringt er noch ein Argument gegen gemeinsame Aktivitäten: »Was interessiert einen Nichtjuden unser Sukkot- und Chanukkafest? Meine Kinder wissen, wann das (muslimische) Opferfest stattfindet, aber sie haben genug zu tun, über die eigene Religion zu lernen, bevor sie sich um die der anderen kümmern sollen.«

Ein wenig Aufklärung findet aber auch Noam wichtig, damit friedliche Nachbarschaft gelingen kann. »Man behauptete, wie wollen die Araber vertreiben, weil wir traditionell am Chanukkafest mit Fackeln und Fahnen marschieren und singen: Wir sind gekommen, um die Dunkelheit zu vertreiben. / In unseren Händen ist Licht und Feuer.[7] Das Fest erinnert an den Kampf der Juden um ihre Identität. Irgendwann marschierten Araber in Lod mit grünen Fahnen der Islamischen Bewegung, da musste man unsere Leute beruhigen, dass hier nicht die Hamas marschiert.«

Mit Schaudern beschreibt Noam rückblickend seine Erlebnisse im Mai 2021: »Wir waren im Krieg in unserem Zuhause. Zweieinhalb Stunden lang wurden wir im *Chicago* belagert. Wir hatten hier einen Gesangsabend, und keiner konnte mehr raus. Die Gewalttäter verwüsteten offizielle und jüdische Symbole wie Synagoge, Rathaus, Polizeistation und das archäologische Museum, aber sie griffen auch das *Chicago* an, das doch auch ihnen gehört.« Zum Glück entstand kein Scha-

---

7 Das Kinderlied aus den 1940er Jahren bezieht sich auf den Aufstand der Makkabäer vor über zweitausend Jahren.

den. »Im Prinzip glaube ich, dass Menschen vernünftig sind, aber die nationalen und religiösen Gefühle wegen der al-Aqsa-Moschee in Jerusalem waren stärker als die Normalität. Wie kann man sonst erklären, dass ein ganz normaler ehemaliger Mitbewohner meines Hauses auf einmal parkende Autos in Brand setzt? Gut tausend Bewohner unserer Stadt randalierten in den ersten beiden Tagen auf den Straßen.«

Am zweiten Tag der Gewalt beschloss Noam, wie geplant zu Hause den Geburtstag seiner Zwillingstöchter zu feiern. Wegen der Unruhen konnten ihre sechzig Freundinnen jedoch erst einmal nicht wieder nach Hause, die Straßen waren blockiert. »Es roch nach Krieg, und man hörte Geschrei aus der Nachbarschaft. Erst Stunden später konnten sie gehen.« Den schwersten Moment erlebte er in der militärischen Vorschule. »Ich verließ als Letzter das *Chicago* und kam gegen Mitternacht nach Hause. Meine Frau bat, ich solle mich hinsetzen, und berichtete dann, sie hätten die Akademie niedergebrannt.[8] Mein Lebenswerk! Ich stieg ins Auto und fuhr hin. Als ich die Tür öffnete, konnte ich erst einmal meinen Augen nicht trauen. Wer tut so was? Zum Glück waren die Schüler an dem Tag in Jerusalem, wo man den Jerusalemtag feierte und die Hamas mit Vergeltung drohte. Ihre Eltern hatten gedrängt, wir sollten die Kinder nach Lod zurückbringen, wo es

---

8 In dieser Akademie studieren die Achtzehnjährigen Geschichte, Sport und Thora, sind aktiv in der Kommune und wohnen zusammen. Die meisten 54 Akademien sind säkular und bereiten ihre Absolventen auf den Militärdienst vor, vor allem als Kampfsoldaten.

angeblich sicherer sei. Ich will mir gar nicht vorstellen, was passiert wäre, wenn sie an dem Tag in der Akademie gewesen wären.«

Über viele Jahre hatte Noam im *Chicago* eng mit Faten zusammengearbeitet. Sie kooperierten auch im Verein für arabische Schulabbrecher. »Als meinem Verein Gemüse gespendet wurde, gab ich ihr ein Drittel, damit sie es unter ihre Gemeindemitglieder verteilte. Ich will ja schließlich auch keine hungernden arabischen Kinder erleben.« Bei einem gemeinsamen Auftritt am Wohnsitz des Staatspräsidenten stellte sie sich als Leiterin des arabisch-jüdischen Zentrums vor. Der eloquente Noam stand neben ihr und korrigierte sie leise, »das jüdisch-arabische«, woraufhin Faten laut »arabisch-jüdisch« betonte und vom Publikum Gelächter erntete. »Es ist für mich und meine Gemeinde nicht leicht, mit der Araberin Faten zusammenzusitzen, um dieses Stadtviertel besser zu machen«, versuchte es Noam erneut. »Wenn es ihm schon schwerfällt, dann fällt es mir umso schwerer, mit einem religiösen Zionisten zusammenzusitzen, von meiner Gemeinde gar nicht zu reden«, sagte Faten mit einem ansteckenden Grinsen und erntete Applaus. Noam wirkte ausnahmsweise verlegen, als sie noch hinzufügte: »Wir müssen lernen, gemeinsam zu leben, nebeneinander, nicht übereinander.«

»Während der Ereignisse im Mai 2021 war ich von ihr enttäuscht«, räumt Noam ein, will sie aber nicht kritisieren. »Ich hätte erwartet, dass sie in jener Nacht auf der Straße ist und solche Übergriffe verhindert«, sagt er und meint die arabischen Brandanschläge.

Und wo war der (nationalreligiöse) Bürgermeister von Lod?
»Der war auch nicht da, du hast vollkommen recht. In Krisenzeiten braucht man Führung, und hier haben sie vier Tage lang total versagt. Faten hätte wohl immerhin die Gewalt eingedämmt. Aber der ganze Staat hat versagt. Ich war auf den Straßen und habe die jüdischen Rechtsextremisten aus unserem Viertel verjagt. Sie liefen dann ins Stadtzentrum und tobten da herum.« Jedenfalls ist seit Fatens Tod das *Chicago* nicht mehr »das pulsierende Herz des Viertels«, beklagt Noam. Dann zeigt er stolz ein Video vom Haus der äthiopischen Gemeinde, das er zusammen mit ihr einrichtete. Glaubt er noch an ein Zusammenleben? »Was ist Zusammenleben?«, kontert er. »An den anderen denken«, sage ich. »Das tu ich immer. Ich glaubte, man könnte zumindest einen Rahmen fürs Zusammenleben vereinbaren, so wie in einem Wohnhaus.« Hat er mal daran gedacht, in seine Siedlung zurückzukehren? »Man muss die Probleme vor Ort lösen und darf nicht vor ihnen davonlaufen. Es ist nun mal so, dass ein Fünftel der Israelis Araber sind, die hier auch zu Hause sind. Daher müssen wir uns mit ihnen arrangieren. Und deshalb habe ich auch kein Recht zu sagen, dass ich nicht an ein Zusammenleben glaube.«

Dann zeigt er mir noch eine verkohlte Seite mit einem jüdischen liturgischen Gebet für König David, die er in einer Plastikfolie aufbewahrt.

Die Fahrt mit Tabak durch diesen Stadtteil, der nach der Staatsgründung 1948 mit jüdischen Neueinwanderern besiedelt wurde, birgt eine gewisse Ironie. Heute nämlich leben hier überwiegend Araber, nur die Adressen klingen noch zionistisch. So fahren wir zum Beispiel die Pionier-Straße entlang, Hebräisch *Hechalutz*, vorbei an der Dossa-Synagoge, die im Mai 2021 überfallen wurde. Das massive Gebäude trägt den Namen des tunesischen Juden Dchanach Dossa, der nach dem Tod von drei seiner Kinder Anfang der siebziger Jahre zum Gedenken an sie einen Teil seines Hauses in eine Synagoge umwandelte. Seine Familie wohnte im Nebenhaus. Mit der Zeit zogen die Juden weg, und das Bethaus musste schließen und wurde 2005 niedergebrannt. Erst neu zugezogene religiöse Familien sorgten 2016 für eine Wiedereröffnung. Der feierliche Umzug wurde damals von Arabern mit Steinen beworfen. In der dritten Gewaltnacht im Mai 2021 wurden Brandsätze in die Synagoge geworfen und die Räume sowie der Eingangsbereich beschädigt.

Unser nächster Halt ist in der Ben-Jehuda-Straße, benannt nach dem Erneuerer der hebräischen Sprache. Ein weißes Transparent an der Fassade des vierstöckigen Wohnblocks verweist auf das Drama, das sich in diesem heruntergekommenen Gebäude abspielt. »Wir werden nicht wegziehen«, steht dort auf Arabisch, Hebräisch und Englisch, darunter der Name der Stadt in den drei Sprachen. An den Gittern seines Balkons befestigte ein Nachbar ein gelbes Schild, auf dem in zwei Sprachen steht: »Ich unterschreibe nicht.«

Tabak: »Im Rahmen der Modernisierung des Stadtzentrums, das in Israel *Pinui Binui* oder ›Räumen und Bauen‹ heißt, wird ein heruntergekommener Wohnblock wie dieser, der aus den sechziger Jahren stammt, abgerissen und durch ein neues Mehrfamilienhaus ersetzt. Die alten Bewohner erhalten nach ihrer Rückkehr eine größere Wohnung in einem Neubau. Der Bauherr darf dafür zusätzliche Wohnungen errichten, die den Neubau finanzieren, so dass er auch daran verdient.«

Warum sich gegen eine neue und bessere Wohnung wehren? »Seit den Unruhen haben arabische Organisationen eine Kampagne gestartet, damit Bewohner dem Bauherrn ihre Unterschrift verweigern.« Eine Folge der Gewalt? »Natürlich. Araber im Haus befürchten, dass ihre neuen Nachbarn im Neubau Juden sein werden und die Mehrheitsverhältnisse im Viertel kippen könnten.« Denn nur Juden können sich die hohen Wohnungspreise leisten.

Tabak nimmt mich mit in eine Wohnung im ersten Stock links. Den Schlüssel hatten wir bei der nationalreligiösen »Hochburg« *Maoz*, nur dreihundert Meter von diesem Haus entfernt, abgeholt. Die jüdischen Mitarbeiter, die aus Hebron stammen, sahen sich als Weltverbesserer und zogen daher bewusst nach Ramat Eshkol, wo die meisten Bewohner Araber sind. Sie sehen es als ihre Pflicht, den armen äthiopischen Juden mit kostenlosen Mahlzeiten und Kleidung zu helfen sowie für Sicherheit auf den Straßen zu sorgen. Ihre Aktivisten haben auch die Dossa-Synagoge nach dem Brandanschlag 2021 restauriert.

Als Avichai Tabak die schwere Wohnungstür öffnet, entfährt es mir spontan: »Mein Gott! Unglaublich!« Ich komme mir vor wie in einer Filmkulisse. Im Wohnzimmer liegen verstaubte Stühle und ein umgeworfener Kühlschrank, über dem ein elektrisches Keyboard schräg an einem Wäscheständer lehnt. Ein Bügelbrett wurde auf ein Sofa geworfen. Langsam

erkunde ich die rußschwarze Wand, an der zahlreiche weiße Davidsterne und die Aufschrift »das Volk Israel lebt« ein-
geritzt wurden. Der Boden der Küche ist verstaubt, alle fast
leeren Küchenschränke stehen offen. Auf der dreckigen Ar-
beitsplatte liegt Geschirr, teilweise zerbrochen. Etwas Licht
dringt durch die kaputten Fenster. Das Bett im Schlafzimmer
ist völlig verkohlt, nur die Metallfedern sind noch zu erkennen.

Unvermittelt ertönt von draußen plötzlich der Ruf der Muezzins. In Lod ist dies auch ein politischer Akt, erklärt Tabak.
Es geht darum, wer es lauter kann. »Der Ruf stört Juden und
Araber gleichermaßen. Das weiß ich durch viele Gespräche.
Menschen von beiden Seiten beschweren sich, dass dadurch
ihre Kinder geweckt werden. Ein regelrechter Krieg tobt um
diesen Ruf.« Die Bewohner, die hier Hals über Kopf die Flucht
ergriffen, waren offensichtlich gläubige Juden. Das erkennen
wir anhand eines Schilds mit einem Segensspruch. Aber wer
waren sie?

Auf dem Keyboard im Wohnzimmer liegt eine *Haggada*,
das traditionelle Gebet- und Gesangbuch für das Pessachfest,
das anderthalb Monate vor den bürgerkriegsähnlichen Mai-
unruhen gefeiert wurde. Nebenan sehe ich Visitenkarten eines chassidischen Keyboard-Spielers und Sängers. Ich nehme
eine und rufe an.

Nehorai bestätigt gleich, dass er in dieser Wohnung gelebt
habe. Ob er darüber sprechen könne? »Gern, aber jetzt bin ich
bei der Arbeit, um halb zwei habe ich eine Pause.« Ich rufe
ihn pünktlich an. Der dreißigjährige Nehorai Danin und seine
Frau Sivan waren eine von fünf jüdischen Familien in dieser

Straße, zwei wohnten in diesem Haus. Am Abend des 10. Mai 2021 war Danin zusammen mit Sivan zu Hause. »Ich schaue aus dem Fenster und sehe eine Gruppe von vierzig Menschen, die Palästinafahnen hissen, Mülltonen in Brand setzen und Brandflaschen auf unser Haus werfen. Das waren keine Jugendlichen, die waren dreißig, vierzig und sogar fünfzig Jahre alt.«

Was löste diesen Gewaltausbruch aus?
»Die Freitagspredigt des Sheikhs hat wohl als Brandbeschleuniger gewirkt, das ganze *Balagan* begann am Montag. Die Araber zündeten zwei Autos jüdischer Nachbarn an – sie wussten Bescheid, welche Autos Juden gehören und welche nicht. In den Parallelstraßen – Exodus, Struma und Elashvili (die ersten beiden nach berühmten jüdischen Flüchtlingsschiffen, die dritte nach einem einheimischen gefallenen Soldaten benannt) – brannten zahlreiche jüdische Autos.«

Danins Beschreibung erinnert mich an das Novemberpogrom 1938 – offensichtlich auch ihn selbst: »Wir wähnten uns in einer neuen Reichskristallnacht und schauten auf die WhatsApp-Meldungen unserer Gemeinde. Alle hatten große Angst. Wir waren unter enormem Druck, denn sie sangen bereits *Itbah al Jahud!* –, das uns ein Arabisch sprechendes Gemeindemitglied übersetzt: ›Schlachtet die Juden.‹«

Und das mitten in Israel.
»Wir riefen mindestens fünfzehnmal bei der Polizei an. Sie sagten, sie würden gleich kommen – das war aber alles.«

Hattet ihr Vorbereitungen zur Flucht getroffen?
»Wir standen dermaßen unter Schock, dass wir nicht einmal wagten, hinauszugehen. Am nächsten Tag flüchteten wir.«

Wohin?
»Zu meiner Schwiegermutter nach Javne.«

Wann wurde die Mietwohnung abgefackelt?
»Donnerstagnacht. Am Morgen danach schickte man uns ein Foto.«

Wer?
»Seit Beginn der Unruhen informierten uns immer wieder Freunde aus der benachbarten militärischen Institution, wo ich gebetet hatte. Ein Nachbar von Gegenüber schickte ein Foto unseres abgebrannten Schlafzimmers. Das hatte ich erwartet, weil sie auch bei anderen Nachbarn einbrachen. Am Freitagvormittag kam ich mit meinen Schwiegereltern und einigen Neffen, auch die ersten Reporter waren dabei.«

Was hast du gesehen, als du die Wohnungstür aufmachtest?
»Sie war schon offen. Sie hatten ein Loch in die Wand zur Küche gebrochen, dann aber auch den ganzen Türrahmen demoliert. Berichten zufolge waren es zehn Männer, die vieles zerstörten und dann Feuer legten.«

Wie hast du es erlebt?
»Obwohl ich damit gerechnet hatte, war ich so schockiert, als hätte man meinen Tempel entweiht. Es stank fürchterlich

nach Ruß, verbrannten Kleidungsstücken und Holz. Boden und Wände waren pechschwarz.«

Wie haben eure arabischen Nachbarn reagiert?
»An jenem Freitag ging ich wütend zu meinem arabischen Nachbarn und sagte, ich sei total enttäuscht von den Arabern im Kiez. Er behauptete, Juden hätten ihn angegriffen, aber ich glaube, die haben nur sich selbst geschützt. Der getötete Araber Moussa Hassouna war mein Nachbar. Er stammte aus einer ziemlich arrivierten Familie hier. Er und seine vier Freunde warfen Steine und jagten einen Bekannten von mir, den sie umbringen wollten. Daraufhin schoss er und tötete ihn. Als wir am Dienstag unsere Wohnung verließen, fand seine Beerdigung statt. Wir fuhren durch Hunderte von Arabern, mit Messern bewaffnet. Überall knallte es, wie im Krieg.«

Habt ihr was mitgenommen?
Nehorai: »Gebetbücher, einen Gebetsschal, Sivan kann sich besser erinnern.«

Sivan: »Sie haben im Schlafzimmer Feuer gelegt, im Wohnzimmer haben sie vor allem Gegenstände zertrümmert. Immerhin konnten wir den Weinbecher für den Schabbat retten, die Kerzenleuchter, eine Tischdecke und den siebenarmigen Leuchter, der gut verpackt war und und heil blieb.«

Was war das Wertvollste, was vernichtet wurde?
»Die Grußkarten zum Geburtstag und zu besonderen Anlässen, die wir uns in der ersten Zeit gegenseitig geschickt hatten, verbrannten in der Kommode neben dem Bett.«

Warum ist die Wohnung noch in dem Zustand wie nach dem
Pogrom?
»So wollen es die Eigentümer; wir waren ja nur Mieter.«

Warum steht denn die abgebrannte Wohnung nach anderthalb
Jahren immer noch verkohlt herum, als ein Ärgernis für die arabi-
schen Bewohner? So eine Art Mahnmal für arabische Gewalt?
»Als die Gewalttäter mit viel Aufwand ein Loch in die Wand
rissen, um einzubrechen, störte das die arabischen Nachbarn
nicht. Jetzt ärgern sie sich über die Besucher. Aber um Menschen wie dir zu erklären, was dort genau passierte, musste
man die Wohnung so lassen: Man riecht dort noch den Krieg!
Jetzt haben wir leider mit der Renovierung begonnen.«

Das junge Paar war erst vor fünfzehn Monaten in Lod eingezogen, gleich nach der Hochzeit. Sivan konnte ihren Mann
überreden. Er kam ursprünglich aus einer Siedlung östlich
von Ramallah und war misstrauisch.

Nehorai: »Ich kam im Glauben, man könne mit diesen
Leuten in Würde und Frieden zusammenleben. Es tut mir
wirklich leid, und das mag extrem klingen, aber das ist unmöglich, einfach unmöglich. Auch vor dem Gewaltausbruch
beschränkte sich unsere Kommunikation mit den arabischen
Nachbarn auf ›Guten Tag‹ und ›Auf Wiedersehen‹. Juden und
Araber leben dort generell getrennt voneinander.«

Zurück nach Lod will das Ehepaar nicht mehr.

Dass Nehorai seine Visitenkarten auf dem Keyboard liegen ließ, was unser Gespräch erst ermöglichte, überrascht ihn
sehr. »Früher spielte ich an Bar Mitzwa- oder Verlobungsfei-
ern. Heute unterrichte ich Autisten«, sagt er.

Autisten hätten so was nie angerichtet.
»Das stimmt«, lacht er, offensichtlich überrascht.

Wie hast du diese schrecklichen Erlebnisse verarbeitet?
»Gleich danach nahmen wir erstmal Urlaub. Wir mussten uns ja auch von den aufdringlichen Medien, den Rabbinern und Politikern erholen, die mich belagerten. Anschließend haben wir uns sechs Monate in Therapie begeben – kostenlos. Mehr zahlt die Sozialversicherung aber nicht.«

Was ist deine Lehre aus diesen Erfahrungen in Lod?
»Dass Juden sich verteidigen müssen. Wir dürfen aber keinem Unschuldigen etwas antun, nur denen, die uns angegriffen haben.«

Drei Monate nach der Flucht aus Lod wurde Sivan schwanger. »Zum Glück wurde unsere Tochter erst nach diesen Ereignissen geboren«, sagt Nehorai.

Wurde ihre Geburt dadurch beeinflusst? Vielleicht ihr Name?
Sivan: »Manche würden das so sehen. Wir nannten sie *Reut*, ›Brüderschaft‹.«

Ist Brüderschaft zwischen Juden und Arabern noch möglich?
Sivan: »Mit denen geht das nicht. Friedlich zusammenleben? Wenn sie dazu bereit sind. Wir hatten den Vorgarten hergerichtet und nach Jahren das Licht im Treppenhaus wiederhergestellt, das abgeschaltet war, weil vorher die Stromrechnungen nicht bezahlt worden waren. Wir wollten zusammenleben. Aber sie haben es unmöglich gemacht.«

Anders sieht das die arabische Politikerin Fida Shehada. Sie wohnt in der Altstadt von Lod, in der Rabbiner-Kook-Straße, benannt nach einem der geistigen Väter des modernen religiösen Zionismus. »Auf unser Haus wurde geschossen und dreimal warf man Steine«, berichtet sie. Hat sie auch Solidarität von Juden erlebt? »Ja, von Privatpersonen. Aber in das politische System haben wir kein Vertrauen mehr, weil die Polizei beim wichtigsten Vorfall während der Mai-Randale nicht ernsthaft ermittelte – wegen politischem Druck.« Sie meint die Tötung von Moussa Hassouna.

An der König-David-Allee – in Wahrheit nur eine bescheidene Straße mit einigen kleinen Geschäften – übergibt mich Tabak an Tayseer Shaaban, der mir eine ganz andere Stadt zeigt. Der kahlgeschorene dunkle und stämmige arabische Israeli ist Rechtsanwalt und sozialer Aktivist. Nicht von ungefähr lenkt er den Wagen in Richtung des Stadtteils Harakewet, »die Eisenbahn«. Es ist auch eine Zeitreise: »Dieser Stadtteil wurde während der Zeit des britischen Mandats für die britischen Eisenbahner errichtet. Später zogen auch palästinensische Eisenbahner her. Es war einer der schönsten und gepflegtesten Stadtteile, aber seit der *Nakba* ist er völlig heruntergekommen.«

In Lod sind fast alle Zugezogene – Juden wie Araber, wie auch die Shaabans. »Unsere Familie stammt aus Bassat el-Faleg«, sagt er und macht eine dramatische Pause, ehe er merkt, dass mir dieser Name nichts sagt. »Raanana«, fügt er hinzu. An der Stelle des arabischen Dorfes al-Bassa wurden das jüdische Dorf Batzra und ein Teil der Stadt Raanana gebaut. »Im

Grundbuch steht noch die Eintragung unserer Ländereien«, sagt er. »Aber die ganze Familie wurde vertrieben, nur mein Großvater blieb und gründete eine Familie.«

Warum kamen sie ausgerechnet nach Lod?
»Weil hier schon Araber gelebt hatten. 1956 wurden in Lod Palästinenser aus Gaza angesiedelt, die im von Ägypten regierten Küstenstreifen als Kollaborateure mit Israel enttarnt worden waren.« Shaabans Wagen überquert die Gleise. »Gleich wirst du eine neue Welt entdecken«, sagt er. »Die Schienen trennen Israel von der arabischen Welt, wir kehren jetzt Jahre zurück – ins Mittelalter.«

Nach der Gründung Israels lebten alle Araber in Lod hier in diesem Viertel, das den Krieg von 1948 weitgehend unbeschadet überstanden hatte. Heute sind alle 3500 Einwohner arabisch, sagt Shaaban. Wir fahren vorbei an dem ersten arabischen Gymnasium in Lod. »Ursprünglich lag es neben dem Rathaus, aber einflussreiche Kräfte – natürlich nicht arabische – setzten den Bürgermeister unter Druck. Deshalb wurde hier ein neues Schulgebäude errichtet für arabische Schüler aus der ganzen Stadt. Inzwischen lernen dort rund 1300 Schüler, was die Qualität des Unterrichts beeinträchtigt.« Ungefährlich ist dieser Weg nicht, denn er führt über acht Bahngleise, auf denen täglich hundert Züge vorbeifahren. Manchmal müssen Fußgänger und Autos bis zu zwanzig Minuten vor der Schranke warten.[9] Manche Kinder und Jugendliche sind ungeduldig und überqueren die Schienen trotz der Lebensge-

9 https://www.ynet.co.il/articles/0,7340,L-4626404,00.html

fahr und der hupenden Zugführer. Trotz zahlreicher Unfälle steckt der zugesagte Fußgängertunnel seit Jahren in der Planung fest.

Wir überqueren die unsichtbare Grenze ins Neve-Shalom-Viertel, die »Oase des Friedens«. Hier wurden im Jahr 2005 Beduinen angesiedelt, die jahrzehntelang im angrenzenden Harakewet in Blechhütten gelebt hatten. In der »Oase« gibt es aber bis heute keinen Jugendklub, keine Klinik und nicht einmal einen Lebensmittelladen, sagt Shaaban, als wir eine Polizeistation passieren. »Die Polizei ist wahrscheinlich die einzige Verbindung zwischen dem Staat Israel und diesen arabischen Bürgern«, sagt der Rechtsanwalt. Immerhin passen die Straßennamen. Wir fahren die Saladin-Straße entlang, benannt nach dem islamischen Herrscher von Jerusalem, vorbei am »Friedensplatz«. Der 2017 eingeweihte Kreisverkehr ehrt einen arabischen Sheikh, der sich für die Aussöhnung zwischen Juden und Arabern einsetzte.

Unsere Führung endet am Stadtrand in Pardes Snir, wo sich 1950 arabische Familien ansiedelten. Weil die Gegend als landwirtschaftliches Nutzgebiet galt, erhielten die Araber hier keine Baugenehmigungen. Sie bauten illegal und klinkten sich in Eigenregie ins Strom- und Wassernetz sowie die Kanalisation ein. In den namenlosen Straßen gibt es weder Straßenbeleuchtung noch Bürgersteige. Die Kinder spielen abends im Dunkeln.

Wir sehen dennoch ein paar prächtige Villen. »Sie wurden in der Mandatszeit gebaut und später renoviert.« Also gibt es doch ein paar reich gewordene Einwohner? »Ein paar wenige, die meisten sind bitterarm.« Shaaban scheint sie alle zu kennen. »Hier wohnen an die zwanzig Ärzte. Sie halten das benachbarte Krankenhaus am Leben. Ein Arzt kann sich so ein Haus hier leisten, weil ihm das Grundstück gehört. Andere sind Unternehmer oder Rechtsanwälte. Auch ich wohne in einer Villa.«

Wir halten an der Kreuzung Jitzhak-Rabin- und Anwar-al-Sadat-Straße. Sowohl der israelische Premierminister als auch der ägyptische Präsident wurden aufgrund ihrer Friedenspolitik von Fanatikern erschossen. Der Emiratenweg wurde passend zum 2020 unterzeichneten Friedensvertrag zwischen Israel und den Vereinigten Arabischen Emiraten so benannt. Solche freundlichen Erinnerungen helfen den Bewohnern jedoch kaum, wenn sie nach vorne schauen. Vor ihnen erstreckt sich eine graue Mauer mit Graffitis wie die palästinensische Fahne, eine Faust, die einen Schlüssel hält, und die Aufschrift »Amnesty« in drei Sprachen.

Wer errichtet eine Mauer mitten in Israel? »Hinter der Mauer führt ein Weg zum benachbarten Krankenhaus«, erklärt Shaaban. »Dort arbeiten viele Einwohner. Ihre Nachbarn aus dem wohlhabenden jüdischen Dorf Nir Tzvi bauten diese Sperranlage, um Arabern den Weg zu versperren.« Der Grund: Weil es in Pardes Snir keinen Fußballplatz gibt, kickten die arabischen Kids auf einem Feld am Rand des Dorfes.[10] Um sich vor Einbrüchen, Gewalt und Drogenhandel zu schützen, erlaubten die Behörden den Dörflern 2008 den Bau einer fünf Kilometer langen Mauer. Im Gegenzug trat das jüdische Dorf seinen arabischen Nachbarn Ackerland ab, zudem wur-

10 https://www.ynet.co.il/articles/0,7340,L-4380828,00.html

den illegal gebaute arabische Häuser legalisiert. 2013 zerstörten Unbekannte einen sechzig Meter langen Abschnitt der Mauer, wohl von arabischer Seite. Nur einen Kilometer nördlich entlang der Mauer endet Pardes Snir und beginnt Ganei Aviv, der jüdische Stadtteil von Lod. Dort endet die Mauer. Hat diese Absperrung überhaupt irgendeinen Sinn? Die Polizei weigert sich, über die Zahl der Einbrüche im angrenzenden jüdischen Dorf vor und nach dem Bau der Mauer Auskunft zu geben.

Rechtsanwalt Shaaban wurde 2021 von den Unruhen in Lod überrascht. An jenen Tagen pendelte er zwischen den Gerichten und seinem Zuhause, »das ich beschützen musste. Ich wohne ja in einem gemischten Viertel, und die Angst war groß, dass man meine Familie attackieren würde. Araber wurden ja schon an verschiedenen Orten überfallen.« Der Polizei macht der Anwalt schwere Vorwürfe. »In der Woche wurden hier dreihundert Menschen festgenommen. Alles Araber.« Dann präzisiert er: »Außer den beiden Juden, die der Tötung von Moussa Hassouna verdächtigt wurden und nach 48 Stunden wieder auf freien Fuß kamen.[11] Das Verfahren wurde eingestellt. Die Behörden weigerten sich, die Schusswaffen zu überprüfen. Es war eine bewusste Entscheidung: ein Skandal!«

Fünf Juden wurden nach dem Tod von Hassouna festgenommen, weil Geschosse aus ihren Waffen am Tatort gefunden wurden.[12] Aus welcher Waffe kam die für Hassouna tödli-

---

11 Laut Medienberichten waren es fünf Verdächtige.
12 Omri Maniv, Channel 12, 30.4.2022, https://www.mako.co.il/news-law/2022_q2/Article-836b43cdc6b7081026.htm

che Kugel? Der Leiter des polizeilichen Waffenlabors lehnte es anfangs ab, das Geschoss in der Leiche zu untersuchen. Erst müsse es zu einer Anklage kommen. Hassouna wurde am 10. Mai nachts getötet. Am Morgen des 12. Mai twitterte der damalige Minister für innere Sicherheit, Amir Ochana: »Der Schütze in Lod und seine Freunde hatten ganz offensichtlich in Notwehr gehandelt, und dass sie verhaftet wurden, ist schlimm. Hätte der Minister darüber entscheiden können, wären sie bereits auf freiem Fuß. Es wäre gut, wenn die zuständigen Dienststellen entsprechend handelten.« Einen Tag später kamen alle Verdächtigen frei. Sechzehn Tage später stellte der Laborleiter fest, das Geschoss stamme aus keiner der Waffen der vier Verdächtigen und man könne nicht beweisen, ob es aus der Waffe des Fünften stamme. Das aber spielte sowieso inzwischen keine Rolle mehr, denn die Staatsanwaltschaft hatte seine Behauptung akzeptiert, er hätte in Notwehr gehandelt. Sie kamen alle frei und durften lediglich eine Woche lang Lod nicht betreten.

Wir fahren zum Tatort, wo Yigal Yehoshua von Steinwürfen schwer verletzt wurde und später starb.[13] Der 56-jährige Elektriker aus dem jüdischen Stadtteil Ganei Aviv war am 11. Mai, wenige Stunden nach Hassounas Beerdigung, von der Synagoge, wo er die Einführung einer neuen Thorarolle mitfeiern wollte, nach Hause gefahren.[14] In einem Video der Polizei, das auf den Aufnahmen der Beobachtungskameras aus

13 Arabische Israelin erhält Spenderniere von getötetem Juden, *Spiegel online*, 22.5.2021.
14 Makor Rishon, 27.5.2022.

jener Nacht basiert, sieht man Yehoshua, wie er in seinem Lieferwagen kommt.[15] Er hält an, und ein paar dunkle Gestalten nähern sich dem Wagen. Sie hatten offensichtlich die Straße versperrt. Sobald die Täter Yehoshua als Juden erkennen, so die Anklageschrift, bewerfen sie ihn aus nächster Nähe mit Steinen und verletzen ihn schwer am Kopf. Mit letzter Kraft fährt er langsam heim, versucht zu parken, stößt jedoch gegen einen Wagen und bleibt stehen. Ein Nachbar reißt die Wagentür auf und ruft andere herbei.

Der zweifache Vater verlor das Bewusstsein und erlag sechs Tage später seinen Verletzungen. Viele Juden und Araber nahmen an der Beerdigung teil, denn er war allseits sehr beliebt. Sein Bruder erinnerte am Sarg daran, dass Yehoshua immer an das Zusammenleben glaubte und überzeugt war, niemand werde ihm etwas antun, sobald man ihn erkennen würde. Er hätte keine Feinde gehabt und für alle gearbeitet. Dass die Täter es auf ihn als Juden abgesehen hätten, wäre für ihn unbegreiflich. Yehoshua wird als besonders hilfsbereiter Mensch beschrieben. Seine Familie beschloss daher, seine Organe zu spenden, die vier Menschen das Leben retteten. Eine Woche nach der Beerdigung erhielt eine 58-jährige kranke Palästinenserin aus Ostjerusalem seine Niere.[16] Neun Jahre hatte sie gewartet und schon alle Hoffnung verloren. »Ich danke Yigals Familie, die inzwischen auch meine ist«, sagte sie aus

15 Polizei-Video, 20.6.2021, https://twitter.com/i/status/
    1406539074429722626
16 N12, 19.5.2021, https://www.mako.co.il/news-israel/2021_
    q2/Article-bc07c4a88948971027.htm?Partner=interlink

dem Krankenbett. »Möge der Himmel sie damit trösten, dass Yigal nun in einer besseren Welt ist.«

Sieben Palästinenser, fünf von ihnen aus Lod und zwei aus dem Westjordanland, stehen wegen Mord vor Gericht. Nach dem Überfall flüchteten sie auf das Gelände des benachbarten Veranstaltungssaals *Royal Palace*, wo sie arbeiteten und der einem von ihnen gehört.[17] Dort versuchten sie, die Aufnahmen der Sicherheitskameras zu zerstören, um Beweise zu vernichten. Der Saal wurde illegal errichtet und soll abgerissen werden. Inzwischen räumten sie ein, an den Steinwürfen beteiligt gewesen zu sein.

Nichts am Tatort erinnert an diesen Lynchmord. In der prallen Sonne leuchten die weißen geschwungenen Buchstaben *Royal Palace* auf dem Dach des Saals hinter den Palmen und Zypressen. Ein weißer Wagen, mit roten und weißen Blumen geschmückt, wartet hier auf das nächste Brautpaar. In wenigen Stunden werden sie hier ihre gemeinsame Zukunft feiern, aber wir schauen noch in die Vergangenheit. »Hier an dieser Stelle wurde Yigal Yehoshua getötet«, sagt Shaaban. »Das behauptet jedenfalls die Polizei«, so der Rechtsanwalt. Er glaubt zu wissen, dass das Opfer auf seiner Heimfahrt auch jüdische Steinewerfer passierte. Zudem sei sein Elektriker-Dienstwagen schwer als jüdisch zu erkennen gewesen. »Er ist ein Opfer wie Moussa Hassouna, nur mit einem Unterschied: Auch wenn die Täter hier Araber waren, was nicht bewiesen ist, wollten sie ihn nicht töten.«

17 Makor Rishon, 1.2.2022.

Auf unserer Rückfahrt in die Innenstadt passieren wir das Armenviertel Kerem Hatapuchim, Hebräisch für den »Apfelhain«. »Äpfel gibt's hier nicht«, kommentiert Shaaban. 1972 wurde er hier geboren und blieb 23 Jahre. Ein paar Verwandte gehören immer noch zu den eintausend arabischen Bewohnern. Sie alle saßen im Gefängnis, sagt er, »ich war fast schon entschlossen wegzugehen«.[18] Anfang der 1960er Jahren waren die Juden weggezogen in die in Lod entstandenen Neubauviertel. Hier wurden Beduinenfamilien angesiedelt, auch die Shaabans. Sie lebten von einer Herde von hundert Kühen, die sie auf den Feldern der Umgebung weiden ließen. Die Beduinen lebten hier in Hütten und Zelten. Als er noch ein Kind war, bauten sie aus Weißblechplatten, Brettern und Keramikfliesen ihr erstes Haus. Als sein Vater im Gefängnis saß, musste er als ältester Sohn die Familie ernähren, arbeitete in den Obstgärten und verkaufte im Winter Zitrusfrüchte und im Sommer Kaktusfeigen. Bis Ende des Gymnasiums arbeitete er mit seinem Vater in einer Metzgerei.

Nach dem Abitur ging Shaaban nach Rumänien, lernte Rumänisch und absolvierte an einer Universität dort ein Jurastudium. Als er nach Israel zurückkehrte, ließ er sich in der Nachbarschaft nieder und begann als Strafverteidiger zu arbeiten. Eines Tages wurde er festgenommen, weil im Hof seiner Familie ein gestohlenes Auto gefunden worden war. Er stellte fest, dass das Leben in diesem Viertel nicht gut für ihn war und zog mit seiner Frau nach Ramat Eshkol. Sechs Jahre

18 Jotam Jacobson, 27.7.2021, https://www.ynet.co.il/activism/article/h1tvpjw000

später bezog er mit seiner Familie ein Privathaus im Viertel Neve Nof.

Wir fahren langsam vorbei an den hohen Betonmauern und Eisenzäunen, auch am Steinhaufen eines wohl illegal errichteten Hauses. Vergeblich sucht man auch hier in Kerem Hatapuchim Straßen, Wasser- und Abwasserleitungen, öffentliche Gebäude, Gärten oder auch nur Müllcontainer. Zu Fuß geht hier niemand, und nicht nur mangels Bürgersteigen. »Auf verdächtige Fremde wird auch mal geschossen«, erinnert Shaaban. Dann weist er auf eine Drogenstation hin, wo man diskret Kokain, Heroin und Amphetamine verkauft. Die Drogenabhängigen stecken das Geld durch ein Loch im Zaun. Weil es keinen Augenkontakt zwischen Käufer und Verkäufer gibt, ist es schwierig, die Drogendealer zu überführen. Wegen der eingebauten Kameras der Dealer, die sie vor Polizisten warnen sollen, empfiehlt er mir, nicht zu fotografieren: »Das wäre gefährlich für mich.« Bei der Weiterfahrt sagt er: »Da kannst du sehen, in welch engen Verhältnissen man hier lebt, wie in einem Flüchtlingslager. Nicht mal Strom gibt es hier.« Erst in den letzten Jahren wurde die Entwicklung dieses Ackerlandes geregelt, und die Bewohner erhielten Baugenehmigungen.

Könnte die Gewalt in Lod erneut ausbrechen? »Der erste Jahrestag verlief friedlich, aber Israel ist ein verrückter Staat, und die Lebensbedingungen für Araber sind weiter schwer«, sagt Shaaban. »Da braucht es nicht viel, und alles geht wieder von Neuem los. Der jetzige Bürgermeister würde die Araber am liebsten vertreiben, und seit 2013 erleben wir eine Hetzwelle – gegen den Muezzin zum Beispiel.«

Unsere letzte Station ist Shaabans Villa in einer ruhigen Straße im Viertel Neve Nof. Stolz zeigt der Anwalt seinen blühenden Garten und das große Beduinenzelt, in dem seine Beduinentracht hängt. Im großen modernen Wohnzimmer wird bitterer arabischer Kaffee und Gebäck serviert. Dass er hier wohnt, musste er sich hart erkämpfen. »Neve Nof wurde 1991 von einem Verein für Armeeveteranen auf enteignetem arabischen Land gebaut. Aber dann wollte die Tochter eines ehemaligen Landbesitzers, eine Schulleiterin, hier ein Grundstück kaufen. Sie wurde abgewiesen, klagte vor Gericht, und noch vor dem ersten Prozesstag wurde der gesetzeswidrige Paragraph gestrichen und ›Armeeveteranen‹ (was Araber de facto ausschließt) durch ›Akademiker‹ ersetzt. Dennoch weigerte sich der Verein zunächst, mir ein Grundstück zu verkaufen. Ich sollte zuerst zu einem Gespräch kommen, und das, obwohl ich und meine Frau Akademiker sind.«

Heute lacht Shaaban, wenn er sich an die für ihn damals beleidigenden Schikanen erinnert. »Mein Nachbar, ein jüdischer Friseur, konnte den Kaufvertrag innerhalb von zwei Wochen unterschreiben, bei mir dauerte es sechs Monate. Ich wurde zweimal befragt: Wie viele Gäste empfange ich pro Woche, Alltagsgewohnheiten, ob ich laute Musik höre, ob ich Hochzeiten und große Feste zu Hause feiern oder auf dem Bürgersteig eine Wasserpfeife rauchen wolle. Die Befragungen waren demütigend und idiotisch, aber mir war klar, warum sie fragen.«

Welche Frage hat dich am meisten geärgert?
»Ob meine Frau religiös sei und was sie anzieht. Beim zweiten Interview brachte ich sie gleich mit, damit sie sie selbst fragen.«

Was meinten sie mit der Frage?
»Man wollte nur Araber, die nicht wie Araber aussehen. Meine Frau ist religiös und trägt ein Kopftuch.«

Wie haben Sie diese Hürde überwunden?
»Der Verkäufer des Grundstücks war ein sturer Bock, ein iranischer Jude. Er verlangte viel mehr als den Verkehrspreis. Aber am Ende bekamen wir das Grundstück. 2006 sind wir eingezogen.«

Nur drei Häuser weiter wohnt Noam Dreyfuss, der als Vereinsleiter die nationalreligiöse jüdische Präsenz im arabischen Ramat Eshkol aufrechterhält. Als die Synagogen während der Coronapandemie geschlossen waren, ließ Shaaban auf Dreyfuss' Bitte hin die Gläubigen durch seinen Hof zum Sportplatz gehen, wo sie beteten, um den Weg abzukürzen. »Aber auf der Straße grüßen sie mich nicht«, sagt Shaaban.[19] Stolz zeigt der vierfache Vater auf Fotos seines Sohnes, einen dreifachen israelischen Meister im Boxen. »Wäre er Jude, wäre der Bürgermeister längst gekommen, ihm zu gratulieren.« In der Nähe befindet sich der einzige Sportplatz im Viertel, benannt nach Amin Shaaban, Tayseers Onkel. Der Taxifahrer wurde 2016 von einem Terroristen, einem arabischen Israeli, in Tel Aviv ermordet. Nachdem er in Tel Aviv zwei Juden erschossen hatte, versuchte er, mit Shaabans Taxi zu entkommen, und tötete den Fahrer.

19 Jotam Jacobson, 27.7.2021, https://www.ynet.co.il/activism/article/h1tvpjwooo

Mit am Tisch in Shaabans Wohnzimmer sitzt der politische Aktivist Ghassan Mounayer, einer der wenigen Menschen in Lod, dessen Familie schon seit Generationen in der Stadt ansässig ist. Er sagt, dass er notgedrungen im benachbarten Ramle wohnt, »weil in den Neubauvierteln niemand einem Araber eine Wohnung verkaufen wollte«. Sein »Exil« befindet sich zwar nur etwa fünf Kilometer entfernt, er empfindet es aber offensichtlich als belastend. Mounayer nämlich betrachtet sich als Eingeborener: Seine Vorfahren wohnen seit neunhundert Jahren in Lod. »Meine Familie errichtete 1870 die St. Georg-Kirche«, berichtet er stolz. »1948 lebten in Lod etwa 50 000 Einwohner, die Hälfte Flüchtlinge aus Dörfern in der Umgebung, die noch vor der Invasion der arabischen Armeen zerstört worden waren. Nach dem Krieg von 1948 durften lediglich 503 Menschen, die sich in der Kirche und der Moschee versteckt hatten, bleiben, außerdem die fünfhundert Bahnmitarbeiter, die den Zugverkehr betreiben sollten.«

Mounayers Großvater lebte im griechisch-orthodoxen Kloster. »Als man die Menschen auf dem Platz vor der Kirche und der Moschee sammelte, um sie zu deportieren, kamen einige Familienangehörige zu Opa Skander«, erzählt Shaaban. »Sie versteckten sich in der Kirche und haben so überlebt. Andere versteckten sich im Krankenhaus der englischen Mission nebenan, noch andere in der Moschee. Als sie herauskamen, fanden sie sich vom Militär umzingelt. Es war das erste Mal, dass sie das Wort ›Ghetto‹ hörten.«

Mounayer zückt sein Smartphone und zeigt mir ein Foto: Ein bärtiger Kleriker im schwarzen Gewand steht sechs jungen Männern gegenüber – zwischen ihnen ein Stacheldrahtzaun. »Der zweite in der Reihe der Gefangenen ist mein Onkel Jacques. Zwei Jahre lang waren sie interniert und mussten alles, was sie zu Hause gelassen hatten, auf Lastwagen laden, damit es an Juden verteilt wurde. In den leer stehenden arabischen Häusern wurden jüdische Zuwanderer angesiedelt. Als mein Opa nach Hause kam, fand er dort den neuen Bewohner, der ihm verkündete, er sei ›abwesend‹.«

Das »Gesetz über das Eigentum von Abwesenden« vom März 1950 übertrug dem Staat Israel das Eigentum vieler Palästinenser, die »zwischen dem 29. November 1947 und der Aufhebung des Ausnahmezustands Bürger des Landes Israel waren und an einen Ort im Land Israel gingen, der zu dieser Zeit von Kräften besetzt war, die versuchten, die Gründung des Staates Israel zu verhindern, oder dagegen kämpften«. Das traf offensichtlich auch auf Jacques' Internierungslager in Lod zu. Der Ausnahmezustand wurde am 19. Mai 1948 ausgerufen. Er gilt ohne Unterbrechung bis heute. Der jüdische Bewohner von Skander Mounayers Haus galt als »geschützter Bewohner«, sein Wohnrecht bis zu seinem Lebensende war somit gesetzlich gesichert. »Er würde nur gegen eine Entschädigung ausziehen, und so musste mein Großvater ihm 9000 Lira zahlen. Nur so konnte er in das Haus zurückkehren, das er 1942 selbst gebaut hatte. Das war sein ganzes Bargeld. Dieses Haus gehört immer noch uns. Heute wohnt dort mein Cousin.«

»Wovor haben die Juden in Israel heute Angst?«, fragt Mounayer. Es ist die rhetorische Frage eines begnadeten Redners. »Sie fürchten das Wort ›Gleichheit‹ und ein Stück Stoff in vier Farben.« Im Dezember 2019 kandidierte er bei den Parlamentswahlen für die kleine säkulare liberale arabische Partei Nationaler Demokratischer Bund, kurz *Balad*. Sie tritt für die zivilen und nationalen Rechte der Araber in Israel ein und fordert, dass Israel eine echte Demokratie werden soll, ein Staat für alle seine Bürger. Das klingt verlockend – wer sollte gegen eine echte Demokratie sein? Aber es ist genau diese Botschaft, die weitaus die meisten jüdischen Israelis verschreckt. Sie wollen Israel lieber als einen jüdischen und demokratischen Staat verstehen. Das wiederum ist für *Balad* ein Widerspruch.

Der *Balad*-Vorsitzender Sami Abu Shehadeh, dessen parlamentarischer Berater Mounayer früher war, stammt aus Lod. Er ist für die Abschaffung des Rückkehrrechtes, das Juden und ihren Angehörigen die »Rückkehr« nach Israel ermöglicht, von wo ihre Vorfahren vor knapp zweitausend Jahren vertrieben wurden. Palästinenser, die vor nur 75 Jahren flüchteten oder vertrieben wurden, dürfen nicht zurückkehren, ihre Nachfahren sowieso nicht. Denn die meisten Israelis schreckt die Aussicht, nach der Shoah eines Tages als Minderheit im eigenen Staat leben zu müssen.

Balad eröffnete den Wahlkampf 2022 mit dem gemeinsamen Singen der inoffiziellen palästinensischen Nationalhymne und mit palästinensischen Fahnen. Parteichef Shehadeh versprach einen Kampf gegen den Zionismus.[20] In einem Interview sprach er sich für die Idee aus, die israelische Hymne zu ändern, wo von der jüdischen Sehnsucht nach Jerusalem die Rede ist, und auch Israels Nationalfahne, die an den jüdischen

20 24.9.2022, https://www.ynet.co.il/news/election2022/
article/rjueepn11s

Gebetsschal erinnert. Daraufhin schloss die zentrale Wahlkommission, ein politisches Gremium, *Balad* von den Parlamentswahlen aus, ein Beschluss, den das Oberste Gericht im Oktober 2022 wieder aufhob. »Eine Partei, die einen Teil der Araber in Israel vertritt, in der Ausübung ihrer Tätigkeit zu behindern, sei ein Verstoß gegen die Gleichstellung der arabischen Staatsbürger«, argumentierte Richterin Dafna Barak Erez.

2021 beteiligte sich die moderate islamische Partei *Raam* als erste arabische Partei seit der Staatsgründung an einer Koalition, nicht aber an der Regierung. Im Austausch gegen staatliche Fördermittel für die arabischen Israelis hielt sich die Partei mit der Unterstützung der Palästinenser in den besetzten Gebieten zurück. Ghassan Mounayer verurteilt dies scharf. Er wolle nicht auf die nationalen Rechte der »palästinensischen Israelis«, wie er sagt, verzichten, um für sie mehr staatliche Förderung zu bekommen. »Ein Jude muss sich auch nicht ständig vor der Regierung verbeugen, um zivile Rechte zu bekommen. Wir werden finanziell benachteiligt, weil wir auf unsere palästinensische Identität pochen. Der Staat betrachtet uns als Feinde, die Polizei und die Beamten ebenfalls. Warum? Weil meine Fahne die palästinensische ist, weil ich Arabisch spreche – sagt er im besten Hebräisch – und weil ich mich mit meinen Familienangehörigen in Ramallah oder Gaza solidarisiere.«

Warum explodierte die Gewalt gerade in Lod? Der Tod von Moussa Hassouna ließ die Situation eskalieren, sagt Mounayer, aber die Hauptschuld trage Bürgermeister Jair Revivo, der die Diskriminierung der arabischen Einwohner vorantreibe. Dreißig Prozent der Einwohner seien Araber, mehr als in jeder gemischten Stadt, aber nur zwei Prozent der Mitarbeiter der Stadtverwaltung und kein einziger in einer führenden Position. Der Bürgermeister fördere zudem besonders die von den Nationalreligiösen betriebene gezielte jüdische Ansiedlung in arabischen Wohngegenden. »Alle Fördermittel für öffentliche Gebäude gehen an diese Siedler, die in Lod besonders stark sind. Zu ihnen zählen Revivos Stellvertreter und sein Geschäftsführer, für die wir Feinde sind. Die brutale Polizeigewalt gegen Palästinenser in Ostjerusalem (im Mai 2021) führte zu viel Wut unter den Arabern in Lod, zumal die Polizei die friedliche Demonstration neben der Moschee gewaltsam auseinandertrieb, als ein Jugendlicher die israelische Fahne durch die palästinensische ersetzte. Schließlich leben die Araber im Stadtzentrum und nicht am Stadtrand wie in Ramle, wo die Siedlerpartei nicht mitregiert.«

Am ersten Tag der Gewalt demonstrierte Mounayer in Ostjerusalem. Auf dem Rückweg erfuhr er von Hassounas Tod. Am nächsten Tag war Mounayer einer von Tausenden, die am Beerdigungszug teilnahmen. Auch dort erlebte er die Gewalt der Polizei, berichtet er. Auf seinem Smartphone spielt er das Geschrei radikaler Siedler ab, die mit Bussen nach Lod einreisten, um auf Araber loszugehen. Man hört sie schreien »das Volk Israel lebt«, und dann Beschimpfungen. »Kein Einziger von denen wurde festgenommen«, beklagt Mounayer. »Am östlichen Eingang der Stadt ließ die Polizei sie zu Hunderten durch, mich aber nicht, obwohl ich meinen Ausweis als Mitarbeiter des Parlaments vorzeigen konnte.«

Auf dem Smartphone zeigt er mir, wie diese Juden versuchen, in eine arabische Wohnung einzudringen. Eine verängstigte Frau schreit in Panik, als sie gegen die Tür schlagen.

Ein behinderter Araber wurde mit Schlagstöcken zusammengeschlagen und schwer verletzt. »Genau wie in der Kristall-
nacht«, sagt er. Diesen Begriff höre ich heute in Lod schon
zum zweiten Mal.

»Hätten wir keine Waffen gehabt, hätte man uns in den
drei Tagen nach der Beerdigung erledigt. Die weitverbreitete
Bewaffnung haben sie uns wahrscheinlich nur erlaubt, damit
sich die Araber gegenseitig umbringen.«

*Trotz ihrer Benachteiligung ist der Anteil der arabischen Bewoh-
ner in Lod leicht ansteigend.*[21] *Kannst du das erklären?*
Mounayer: »Das stimmt, aber nicht, weil Araber nach Lod ziehen, sondern allein durch das natürliche Wachstum. In letzter Zeit verlassen mehr arabische Familien Lod wegen Blut-
fehden unter verfeindeten arabischen Familien als solche, die
hinzuziehen. Gäbe es Bauprojekte speziell für Araber, würden sie nicht notgedrungen als winzige Minderheit woanders wohnen. Im Villenviertel ›Junges Lod‹, das ursprünglich ausschließlich für Juden gebaut wurde, ist die Mehrheit
bereits arabisch. Allerdings können sich das nur wenige Araber finanziell leisten. Drei von vier Arabern in Lod gehören
zu den ärmsten Israelis.[22] Sie würden auch kein Darlehen von

21 https://fs.knesset.gov.il/globaldocs/MMM/a465ocbb-odcd-
eb11-8126-00155d0af32a/2_a465ocbb-odcd-eb11-8126-
00155d0af32a_11_18437.pdf

22 Nur in Jerusalem sind die Araber ärmer als in Lod (S. 9),
https://fs.knesset.gov.il/globaldocs/MMM/723dfb8c-b1b8-
eb11-8111-00155d0aee38/2_723dfb8c-b1b8-eb11-8111-
00155d0aee38_11_17923.pdf

der Bank bekommen. Die meisten Araber, anders als die Juden, möchten aber in der Stadt wohnen, aus der ihre Familie stammt.«

Sie selbst können nicht in Lod leben?
»Das tut mir sehr weh, denn unsere Familie lebt hier seit neunhundert Jahren und baute den Friedhof hier, wo wir beigesetzt werden.«

Ich erzähle Mounayer vom Widerstand mancher Bewohner des Hauses mit der abgebrannten Wohnung gegen das Neubauprojekt.[23]
   Mounayer: »Ohne diesen Bürgermeister und die angespannte Lage hier fände ich es eine gute Idee. Aber das Ziel dieses Projektes ist, nationalreligiöse Juden in die Altstadt zu bringen und so den Anteil der Araber zu reduzieren. Das Gesetz wurde dahingehend angepasst, dass eine einfache Mehrheit der Hausbewohner ausreicht, um einen Neubau mit mehr Stockwerken zu erzwingen. Der gewöhnliche Araber lebt in einem arabisch-muslimisch geprägten Stadtteil unweit der Moschee oder Kirche. Im Neubau würden ihn seine neuen Nachbarn als Araber hassen, und er müsste sie fürchten. Er könnte sich zudem dort die viel höheren Kosten nicht leisten. Im Neubau würden die Araber zu einer Minderheit und könnten keine Wohnungen für ihre Kinder kaufen.«
   Shaaban vertritt arabische Mieter, die gegen ihre Räumung klagen. »Hunderte von Wohnungen und Geschäften

---

23 Zwei von drei Israelis gehört ihre Wohnung.

gelten als ›Eigentum der Abwesenden‹ und werden von der staatlichen Wohnungsbaugesellschaft *Amidar* für ›geschützte Mieter‹ verwaltet.[24] Einige wohnen dort schon seit sechzig, siebzig Jahren. Die meisten der ursprünglichen Mieter starben, und jetzt leben dort ihre Witwen, Kinder und sogar Enkel. Anstelle der Einfamilienhäuser plant die Stadtverwaltung mehrstöckige Wohnhäuser, und ich glaube, dass sie mit *Amidar* kooperiert, um die Häuser der jetzigen Bewohner zu räumen. Das ist bei Mietern möglich, die in ihrer kleinen Wohnung illegal ein zusätzliches Zimmer eingebaut und somit gegen den Vertrag verstoßen haben.«

Unsere Führung hatte im Apfelhain jenseits der Bahnlinie begonnen. »Das ist eine ganz andere Welt als die, die ich für meine Kinder wollte«, sagt Shaaban. »Aber auch wenn ich es unbedingt gewollt hätte, wäre es legal unmöglich, im Stadtteil meiner Kindheit legal zu bauen, und als Rechtsanwalt konnte ich mir nicht leisten, illegal ein Haus zu bauen. Außerdem will man ein normales Leben führen – ohne Schießereien nachts, und dass die Kinder draußen in Sicherheit spielen können, nah am Stadtzentrum und nicht in einer Nachbarschaft, die sich selbst regiert und von Kriminalität geprägt ist.«

24 *Amidar* bedeutet »mein Volk wohnt«, gemeint ist das jüdische Volk.

Ramle

Eine Weile warte ich vor dem türkisfarbenen Tor des geschlossenen *Open House* in Ramle, denn Vivian Rabias Wegbeschreibung war perfekt und die Bahn pünktlich. Dieses einstöckige Steinhaus mit dem kleinen Garten ist von einer Mauer umgeben. Darüber sticht ein prächtiger Baum mit violettfarbigen Blüten in den blauen Himmel der jüdisch-arabischen Stadt. Während ich auf den türkisfarbenen Metallzaun und das dreisprachige Schild *Open House* blicke und dem krähenden Hahn im Hof des Nachbarhauses lausche, denke ich an die beiden Menschen, deren Geschichte aus diesem Haus eine Begegnungsstätte gemacht hat: Bashir und Dalia.[1]

Im Juli 1948 beginnt Israel mit einer Militäroperation zur Eroberung der arabischen Städte Ramle und Lod. Der sechsjährige Bashir flüchtet mit seiner Familie nach Ramallah. Im Oktober 1948 landet Dalias Familie nach einer Seefahrt aus Bulgarien in Israel und lässt sich in Ramle nieder. Dalia lernt als Kind, dass Arabisch die Sprache der Feinde ist und dass die früheren Bewohner ihres Hauses feige geflüchtet seien. In einem Vortrag erzählt Dalia Landau, geborene Ashkenasi, von dem Moment im Juli 1967, der ihr Leben veränderte und Jahre

---

1 https://freshairarchive.org/segments/sandy-tolans-lemon-tree

später zur Gründung des *Open House* in Ramle führte.[2] »Ich war damals neunzehn Jahre und studierte englische Literatur. Drei, vier Wochen nach dem Krieg, an einem heißen Tag im Juli, war ich allein zu Hause, als jemand am Tor klingelte. Ich machte auf und sah vor mir drei junge Männer, die sehr merkwürdig angezogen waren – mit Anzug und Krawatte. Sie wirkten verängstigt. Einer sagte leise: ›Das ist das Haus meiner Kindheit, wir kamen aus Ramallah, dürfen wir rein?‹

Ich überlegte: Einerseits war ich als Frau allein hier, und sie waren drei Männer. Mehr noch: Sie waren der Feind. Andererseits sahen diese Feinde anständig aus, und ich hätte auch vor dem Haus meiner Eltern in Bulgarien stehen können und mir gewünscht, dort eine Verbindung zu finden. Logisch wäre es gewesen, zu sagen, sie sollten wiederkommen, wenn meine Eltern von der Arbeit zurückgekehrt seien. Aber ich wusste, dass ich sie dann nie wiedersehen würde. Diese Chance wollte ich nicht verpassen. Unbewusst hatte ich auf diesen Moment immer gewartet, denn ich hatte ihre Gegenwart in den Mauern des Hauses immer gespürt. Daher sagte ich mit breitem Lächeln: ›Welcome, come in.‹

Sie traten ein, ganz still und sehr aufgeregt, als ob sie einen Tempel betreten würden. Beim Gang durch das Haus erwähnten sie, dass mein Schlafzimmer, mit dem Poster eines siegreichen israelischen Soldaten am Suezkanal geschmückt, einst Bashirs Kinderzimmer gewesen sei. Nach dem Rundgang gingen wir in den Vorgarten, wo der einst verwaiste Zitronenbaum stand, den ich gepflegt hatte. Der junge Mann

2 https://www.youtube.com/watch?v=oGcR56PvnS4

sagte: ›Ich kann mich an diesen Baum erinnern, mein Vater hatte ihn eingepflanzt.‹ Natürlich bot ich ihnen Limonade an. Beim Weggehen bat mich Bashir al-Khairi, sie in Ramallah zu besuchen. Ich folgte dieser Einladung, und so erkannten beide Familien ihre innere Verbindung. Meine Eltern Solia und Moshe haben sie warmherzig angenommen und mit viel Limonade von diesem Baum empfangen. Es sah aus, als ob der Frieden ins Herz gekommen sei.

Nur anderthalb Jahre nach der ersten Begegnung, am 21. Februar 1969, detonierte eine Bombe in einem Supermarkt in Jerusalem.[3] Zwei Israelis starben, neun wurden verletzt. Bashir al-Khairi wurde schuldig gesprochen, an diesem Anschlag beteiligt gewesen zu sein, und zu fünfzehn Jahre Haft verurteilt. Es sah wie das Ende einer unmöglichen Freundschaft aus. Ich fühlte mich von ihm verraten. Im Laufe der Jahre saß ich im Garten, schaute auf den Zitronenbaum und den roten Frangipani-Baum, die die Khairis gepflanzt hatten, und sagte mir: Einerseits ist das mein einziges Zuhause. Als ich klein war, kaufte es mein Vater vom Staat. Andererseits lebten wir in einem Haus, das eine andere Familie gebaut hatte, die sich noch daran erinnert, davon träumt und zurückzukehren hoffte. Was soll ich, Dalia Ashkenasi, damit machen? Bashir sah sich als Freiheitskämpfer, aber er ist Mitglied einer Organisation, die Israel durch Terror zerstören will. Sechzehn Jahre dachte ich an die Tragödie der Gewaltspirale«, sagt Dalia.

3 https://www.nli.org.il/he/newspapers/mar/1969/02/23/01/
article/21/?e=-------he-20--1--img-txIN%7ctxTI-------------1,
Maariv, 23.2.1969, S. 3.

Nach dem Tod ihres Vaters 1985 – die Mutter war bereits tot – erbte Dalia das Haus. »Bashir wurde aus der Haft entlassen, heiratete und wurde Vater. Mein Mann und ich suchten nach ihm, und als wir ihn fanden, fragte ich: ›Was sollen wir mit unserem Haus tun?‹ Eine Entschädigung lehnte er ab. Er sagte nur: ›Ich hatte keine Kindheit und würde mir deshalb wünschen, dass dieses Haus ein Kindergarten für palästinensische Israelis aus Ramle und Umgebung wird.‹ Wir wollten, dass es auch ein Zentrum für Koexistenz werden sollte, denn wir wussten, dass es ohne Frieden im Haus auch keinen Frieden im Land geben wird.« Das gemeinsame Haus sollte zum friedlichen Zusammenleben beitragen. Zugleich war das neue Projekt für sie eine Anerkennung der Vertreibung aus Ramle 1948.

Unterstützt du die Rückkehr der Palästinenser nach Israel?
»Nein, weil das die Auflösung Israels bedeutet. Weil Israel aber andererseits die Zwei-Staaten-Lösung bremst, wird es am Ende entweder zu einem Apartheid-Staat oder zu einem gemeinsamen Staat kommen.« Wofür Bashir seit Jahren kämpft.

Doch zu einem »Waltz with Bashir« kam es nicht. »Unsere Gespräche ergeben, dass sich deine Grundhaltung nicht geändert hat«, schrieb ihm Dalia 1988 in einem offenen Brief.[4] »Das macht es unmöglich, eine gemeinsame Linie zu finden. Wenn du dich von deinen früheren terroristischen Aktionen distanzieren könntest, würde dein Engagement für dein eigenes Volk in meinen Augen wahre moralische Kraft gewinnen.

4 https://www.friendsofopenhouse.co.il/letter-to-bashir/

Du, Bashir, lehnst die Selbstbestimmung meines Volkes und einen jüdischen Staat auch nur in einem Teil Palästinas ab. Solange wir diese totale Ablehnung erfahren, werden du und dein Volk eure Unabhängigkeit nicht erreichen.« 1988 wurde Bashir zusammen mit weiteren palästinensischen Aktivisten in den Libanon abgeschoben. 1996 durfte er zurück nach Ramallah. Als Bashirs Mutter 1998 starb, besuchten ihn Dalia und ihr Mann. Ende 2021 wurde der inzwischen 79-jährige Anwalt Bashir von einem Militärgericht zu einer sechsmonatigen administrativen Haft verurteilt.[5] Trotz seines Alters und Gesundheitszustandes und obwohl er das Militärgericht boykottierte, wurde er als eine »Sicherheitsgefahr« für Israel eingestuft, weil er Mitglied einer verbotenen Organisation sei, so die Anklageschrift.[6] Dalia nahm an einer kleinen Demonstration für seine Freilassung teil, und inzwischen ist er wieder zu Hause in Ramallah. »Meine große Hoffnung ist, ihn wiederzusehen«, sagt Dalia.

Es ist diese einzigartige Geschichte von Dalia und Bashir, die mich hierherbringt. Vivian Rabia, Direktorin des *Open House*, ist inzwischen gekommen und lädt mich zu einem Rundgang ein. Sie kennt jeden Baum im Garten und erzählt, dass der ursprüngliche Zitronenbaum im Vorgarten wuchs. Aber

5 Israeli Military Judge Confirms Six-Months Administrative Detention against Retired Palestinian Lawyer Khairi Bashir, *Addameer*, 27.12.2021.
6 https://www.haaretz.co.il/opinions/nurit/2022-05-02/ty-article/.premium/00000180-989b-d20e-adb5-dc9fd0e40000

nachdem er 1998 eingegangen war, pflanzte Dalia an derselben Stelle am Tag des Baums zusammen mit jüdischen und arabischen Kindern einen neuen Zitronensetzling. Weil er nicht wachsen wollte, pflanzten sie ihn auf der anderen, sonnigeren Seite des Hauses, dort, wo Bashir 1967 hineinkam. Diese Tür ist heute der geschlossene Hintereingang, der auf eine verkehrsreiche Straße führt. »Den Olivenbaum wiederum pflanzten Bashirs Schwester und Dalia als Symbol des Friedens«, sagt Vivian Rabia und macht eine kleine Pause: »der nicht eingetroffen ist.« Das einstöckige große Haus bauten die Khairis 1936 oder 1937, nach dem Krieg zogen 1949 die Ashkenasis ein, als Dalia ein Jahr alt war. »Sie waren geschützte Mieter und kauften das Haus später – von der staatlichen Wohnungsbaugesellschaft *Amidar*.«

Auf dem Weg hinein äußert sich Vivian kritisch zu meiner Vorstellung von einem jüdisch-arabischen Zusammenleben in Israel. »Es ist nicht so, dass wir alle gleich sind und zusammenleben«, sagt sie. »Wir haben ein starkes Volk und ein schwaches, da ist ein Zusammenleben unmöglich.« Den Besuchern des starken Volkes möchte Rabia, die sich als palästinensische Araberin christlichen Glaubens definiert, die *Nakba* näherbringen, die auch in ihrer Familie eine wichtige Rolle spielt. »Mein Vater wurde als Kind mit seinem Onkel vertrieben und ging mit seiner Großmutter nach Ramallah ins Westjordanland und später nach Amman. Er kehrte jedoch als Sechsjähriger heimlich zurück, versteckt in einem Transporter voller Schafe. Denn sein Vater lebte in Ramle. Das war sehr gefährlich, viele Rückkehrer wurden an der Grenze erschossen.«

Im großen Raum präsentiert Rabia eine kleine Ausstellung mit dem Titel *Weibliche Stimmen aus Ramle*, die jüdische und arabische Studentinnen mithilfe von Gesprächen mit elf älteren Frauen zusammengestellt haben. Sie wurde im März 2022 in Anwesenheit von Bürgermeister Michael Vidal eröffnet. Interessant ist, dass nur drei von diesen Frauen in Ramle geboren sind. Eine von ihnen ist Rabias Mutter Samira. 1948 zog ihr Vater nach Ramle und eröffnete ein Restaurant, das heute *Samir* heißt, nach Samiras verstorbenem Bruder, Vivian Rabias Onkel. »1991 gründete Dalia die ›Freunde des *Open House*‹, die hier Sommercamps sowie Begegnungen von Frauen- und Jugendgruppen organisierten. Die meisten Juden, die teilnahmen, kamen aber nicht aus Ramle, sondern aus der Umgebung.« Warum? »Weil die Menschen in Ramle politisch eher rechts stehen. Der Bürgermeister und sein Vorgänger gehören der *Likud*-Partei an, und die vergleichsweise arme Bevölkerung hat weder Interesse noch Zeit für solche Begegnungen.« Das Haus diente auch als privater Kindergarten für arabische Kleinkinder ab zwei Jahren. Er musste jedoch wegen Corona schließen und litt ohnehin unter der wachsenden Konkurrenz arabischer Kindergärten in Ramle. Für eine neue Nutzung des Hauses, das immer noch Dalia Landau gehört, konnte der Freundeskreis 2020 das Jerusalemer Bildungszentrum *Rossing* gewinnen, das auch für die gründliche Renovierung sorgte. Zwei Gruppen von Studenten engagieren sich im *Open House* und erhalten dafür ein Stipendium, erklärt Projektleiterin Nily Nevo, Vivians jüdische Kollegin, die mir die Ausstellung zeigt. Die erste Gruppe besteht aus jüdischen, christlichen und muslimischen Frauen, die einen multireligiösen Dialog führen. Sie konzipierten auch die Ausstellung über die unbekannten elf Frauen. Parallel dazu veranstaltet eine multikulturelle jüdisch-arabische Gruppe von Männern und Frauen Kulturevents, die verschiedene Gemeinden in Ramle zusammenbringen.

Während der Unruhen im Mai 2021 spürte Vivian Rabia Angst und Hilflosigkeit. »Ich wohne in einem jüdisch-arabischen Stadtteil und war zu Hause. Da hörte ich auf einmal, wie mein Nachbar, ein religiöser Jude, am Telefon sagte, ›es wird Blut fließen, man muss es den Arabern zeigen‹. Ich fragte ihn, ob er mich umbringen will, er sagte nein, nein, er habe nicht mich gemeint, sondern die Steinewerfer. Sein Bruder läge verletzt im Krankenhaus, nachdem er mit Steinen beworfen worden sei. Wenn ich wolle, könne ich mich ja bei der Polizei beschweren. Ich antwortete, ich hätte kein Vertrauen zur Polizei, und machte das Fenster zu. Bei uns wurde niemand verletzt, aber eine Fensterscheibe in meinem Wagen wurde eingeschlagen. Sechs Autos parkten im Hof nebeneinander, aber nur meins wurde beschädigt. Ich redete mit meiner Mutter, die schon viele Kriege überstanden, aber bis dahin noch nie befürchtet hatte, man könne sie aus dem Haus werfen, wie bei einer erneuten *Nakba*. Wir wohnen zusammen, und die Angst begleitete uns vier Tage lang, in denen wir nicht aus dem Haus gingen. Ich sah auch, wie einige Autos von Juden angezündet wurden.«

Rabia hebt die positive Haltung von Bürgermeister Michael Vidal hervor. Gegenüber der arabischen Minderheit im Allgemeinen und auch, weil er während der Unruhen im Mai 2021 für eine Entspannung der Lage sorgte. »Er zeigte sich damals immer wieder persönlich in der Öffentlichkeit und besucht seitdem regelmäßig arabische Veranstaltungen, zum Beispiel zur Eröffnung unserer Ausstellung. Was ich als Palästinenserin jedoch vermisse, sind politische Erklärungen, die nicht nur die lokalen Probleme betreffen.«

In jenen Tagen der Gewalt blieb Rabias Mitarbeiterin Nily Nevo aus anderen Gründen fern. »Damals wurden Raketen aus dem Gazastreifen abgefeuert, und wir konnten keine Aktivitäten organisieren, weil wir keinen Schutzraum haben. Wir schickten unseren Studenten ermunternde Mitteilungen und riefen zur Besonnenheit auf. Ich machte mir große Sorgen um Vivian und sie sich um mich, wir waren ständig in Kontakt.« Keine der beiden war von dem Ausbruch der Gewalt überrascht. Vivian: »Es brodelt stark unter der Oberfläche der gemischten Städte, und nun kam das hoch. Es stimmt, im Alltag lässt es sich hier in Ramle zusammenleben, aber mit meinen jüdischen Nachbarn rede ich niemals über Politik oder unsere Rechte als nationale Minderheit.«

Wann hört das harmlose Alltagsgeplauder auf? Wann beginnt der heikle politische Austausch? Wenn Rabias Nachbar sie fragt, was sie stört, »dann erzähle ich ihm von meinem Vater und wie meine ganze Familie im Exil lebt. Und dann fragt er, warum mich die Geschichte so interessiert. Ich solle lieber in die Zukunft schauen.«

Nach Israels Rückzug aus dem Gazastreifen 2005 und der Zerstörung aller jüdischen Siedlungen dort ließen sich nationalreligiöse Juden in mehreren gemischten Städten nieder, auch in Ramle, wo 120 Familien leben. Einen direkten Kontakt zu dieser Gruppe hat Vivian Rabia nicht, aber ihre Präsenz in Ramle spürt sie schon. »Im letzten Wahlkampf veröffentlichte deren Partei, das *Jüdische Haus*, Plakate, auf denen eine hellhäutige jüdische Frau mit einem *Hidschab* zu sehen war, einem islamischen Kopftuch, unter der Überschrift: »Morgen könnte es deine Tochter sein.«[7] Die Entrüstung war so groß, auch von jüdischer Seite, dass das Plakat sehr schnell verschwand.« Im Juni 2020 beschloss der Stadtrat die Umbenennung von zwei Straßen: Die Straße der Ghetto-Kämpfer wurde nach der ägyptischen Sängerin Umm Kulthum umbenannt und die Rabbiner-Breude-Straße nach dem ägyptischen Sänger und Komponisten Mohammed Abdel Wahab. Auf diese Weise würdigte Bürgermeister Vidal die Unterstützung der arabischen Wähler. »Ich liebe beide und höre ihre Musik fast täglich«, sagt Rabia. »Aber obwohl sie keine Palästinenser sind, gab es dennoch Widerstand« – vom *Jüdischen Haus*. Vidals Vorgänger Joel Lavi hatte 2006 eine ähnliche Umbenennung noch abgelehnt und den arabischen Bürgern Ramles vorgeschlagen, in eine arabische Stadt umzuziehen und sie in »Allah umzubenennen«.

Das Zusammenleben von Juden und Arabern in Ramle beschreibt Nily Nevo so: »Viele Bewohner sagen, ›wir wohnen

---

7 Darüber stand: »Hunderte von Übertritten in Ramle und es interessiert niemanden.« Und darunter: »Nur mit einem starken *Jüdischen Haus* wird Ramle jüdisch bleiben.« Hinter der verhüllten Frau sieht man zwei Schabbat-Kerzen, eine Flasche Wein und ein Glas. Die Partei errang bei den Kommunalwahlen 2018 zwei der neunzehn Sitze im Stadtrat.

nebeneinander und kaufen beieinander‹, und finden deshalb, das Zusammenleben sei gut. Wir hingegen sind der Meinung, dass man auch die Identität, den Schmerz und die Ängste der anderen anerkennen und miteinander über die Probleme des Zusammenlebens muss. Das versuchen wir hier. Unsere Teilnehmer sagen, sie hätten hier zum ersten Mal über den anderen etwas Neues erfahren. So tauschen sich zum Beispiel Frauen über die jeweiligen Kopfbedeckungen aus oder sie lernen voneinander über die jeweiligen Feiertage, aber sie reden auch über das, was tagtäglich in Ramle so passiert.«

Das *Open House* in Ramle wird in den sozialen Medien häufig angegriffen, aber einen Anschlag hat es nie gegeben. Auch der Auftritt des jüdisch-arabischen Duos *Dugri*, Hebräisch für »Tacheles«, am 19. Mai 2022 zum Gedenken an die Unruhen vom Mai 2021 war umstritten. Auf Facebook schrieb Assaf (jüdisch): »All die gemäßigten Araber, die im Moment der Wahrheit nicht ihre Stimme erheben und ihren Nachbarn und Familienangehörigen erlauben, weiterhin Terror zu machen und das brüchige Zusammenleben von Arabern und Juden zu beschädigen, werden darunter leiden, wenn rechtsextreme Parteien der Regierung beitreten würden. Diese Parteien werden mit großer Mehrheit gewählt, weil das Volk Israel die Schnauze voll hat.« Yardena (jüdisch) konterte: »Was heißt, sie stimmen durch ihr Schweigen zu? Wozu? Ich habe arabische Freundinnen, wir treffen uns und haben eine gemeinsame WhatsApp-Gruppe arabischer und jüdischer Frauen. Einige verurteilten Mord schriftlich und mündlich.« Sie ging zum Konzert, das sie als »faszinierend und spannend« beschrieb.

Im Hauseingang vor einem gemischten Publikum, das alle Plastikstühle im Vorgarten unter dem großen Baum besetzt, treten die Jugendfreunde und jetzigen Rapper Uria und Samech »Saz« mit starken Sprüchen auf. »Wenn du dich als Palästinenser siehst, wie kannst du mein Nachbar sein?«, fragt Uria und fügt hinzu: »Ich bin kein Rassist: Mein Gärtner ist ein Araber.« Saz kontert: »Ihr Juden habt vergessen, was das heißt, eine Minderheit zu sein. Zugleich verwendet ihr arabische Worte. Wenn ihr eure Unabhängigkeit feiert, ist die *Nakba* für meine Oma die Realität.« Dann wechselt er ins Arabische, und ich renne zum Bahnhof, um den letzten Zug zu erwischen.

Der Markt von Ramle gilt als Ort, wo der Alltag Freundschaften zwischen Juden und Arabern schmiedet und wo man kaum unterscheiden kann, wer jüdisch und wer arabisch ist.[8] Halten die aber auch in Zeiten der Gewalt? Während ich auf den ortskundigen Reiseführer Costa Mansour warte, trinke ich am Kiosk einen Kaffee und höre mir an, wie flüssig der jüdische Verkäufer vom Hebräischen ins Arabische und wieder zurück wechselt, je nachdem, welche Kunden er vor sich hat. Inzwischen kommt Mansour. Der stämmige Mann mit dem breiten Lächeln ist christlicher Araber. Costa stellt mir einige seiner Freunde vor.

Links vom Eingang zum überdachten Markt liegt der Campingladen von Motti, der in Ramle als Urgestein gilt. Der große kräftige Mann lehnt sich in seinen Sessel zurück, von

8 Jeder Vierte der knapp 80 000 Einwohner ist Araber.

Rucksäcken und Basketbällen umgeben, die vor allem Kinder hierherlocken. Die Gewaltwelle im Mai 2021 empfand er als »schmerzhaft«, verfolgt hat er die Ereignisse wegen der Coronapandemie im Fernsehen. »Außerdem kamen sie immer nachts, schlugen alles kurz und klein und hauten wieder ab. Fortsetzung in anderen Stadtteilen.« Den eigentlichen Schaden hatten die Araber in Ramle, nicht die Juden.

Was heißt das?
»Der arabische Händler hier links, ein Freund von mir, schämt sich deswegen und läuft mit gesenktem Kopf herum. Die Araber leiden unter den paar Extremisten, die unseren Alltag durcheinanderbringen. Ansonsten nämlich leben wir hier brüderlich und sogar in Liebe zusammen. Gerade heute war ein muslimischer Freund, ein bekannter Mann hier, und wir haben uns bestens unterhalten. Wenn ich ihn sehe, umarmen und küssen wir uns, weil er mein Freund ist.«

Sehr lebendig schwärmt Motti von den guten alten Zeiten in Ramle: »Früher haben die Frauen im selben Raum ihre Kinder bekommen«, erzählt er und gibt einen solchen Austausch auf Arabisch zum Besten. »Meine Mutter stammt aus Algerien, ich spreche Arabisch, und ich habe sogar eine arabische Mentalität. Wir Kinder kamen in die Geburtsstation mit, haben uns dort angefreundet und später Fußball gespielt oder sind geritten.« Versöhnung sei ein großes Thema in Mottis Familie. Sein Vater Jitzhak Ninai, Sohn eines Überlebenden des KZ Bergen-Belsen, vertrat als Vizebürgermeister Ramle in der deutschen Partnerstadt Moers, wo auch Motti seit Jahren enge Freunde hat.

Mottis Motto lautet, leben und leben lassen. Gegenüber Gewalttätern aber ist Schluss mit seiner Toleranz. »Würde ich zum Beispiel im Fernsehen sehen, wie er Steine wirft und Juden zusammenschlägt oder beschimpft«, sagt er und meint Mansour, der daneben sitzt, »würde ich ihm bei der nächsten Gelegenheit eins überbraten.« Er beugt sich nach vorne und lässt keinen Zweifel, dass er das genauso meint und auch kann. »Wenn er mich oder egal wen von uns hasst, werde ich ihn genauso hassen und nicht meinen Kopf hinhalten und mich treten lassen. Da bin ich wie ein Araber!«

Zum Schluss hat er einen Vorschlag, wie man den gegenseitigen Hass in Ramle abbauen kann: Bildung, Bildung und nochmals Bildung – »und genau da hat der Staat versagt«.

Costa Mansours E-Mail-Adresse sagt einiges aus über seine Identität: Seine Heimatstadt ist Jaffa. Wegen der Gentrifizierung musste er jedoch die Stadt seines Vaters verlassen und in die Geburtsstadt seiner Mutter umziehen, nach Ramle. »Die Häuser in Jaffa und das Leben dort sind sehr teuer geworden, und ich wollte auch weg von der Gewalt dort. 1948 wurden alle Brüder meiner Eltern mit ihren Familien nach Jordanien vertrieben, nur mein Großvater blieb mit seinen zwei Kindern und einer Schwester in Jaffa. Opa war ein bekannter Bauunternehmer, ich habe sogar ein Foto von ihm mit dem britischen Gouverneur. Aber alle seine Gerätschaften und Maschinen wurden konfisziert, er starb aus Gram, so heißt es in unserer Familie.«

Mitten in der Altstadt laufen wir an einigen alten verrammelten Häusern vorbei. »Sie gehören der armenischen Kirche, die sich hinter uns befindet«, sagt er und zeigt auf ein Kreuz über dem zubetonierten Hauseingang. Die gesamte große armenische Gemeinde wurde 1948 vertrieben, ihr Eigentum gilt als »Eigentum der Abwesenden« (und wurde als solches verstaatlicht, I. A.). Einige dieser Immobilien gehören heute der griechisch-orthodoxen Kirche. »Überall auf der Welt gehen Reisende in die Altstadt. Hier aber wollte man die Altstadt lieber vergessen, weil sie an etwas Unangenehmes erinnert.« Er meint die palästinensische Katastrophe 1948. »In den Jahren, als Joel Lavi Bürgermeister war, ließ er entgegen dem Rat von Experten einige Häuser zerstören, um hier unweit des Marktes einen Parkplatz anzulegen.«

Waren diese siebenhundert Jahre alten Häuser nicht denkmalgeschützt?
»In Israel sind das per Gesetz nur Häuser, die vor 1700 gebaut wurden.«

Aber diese armenischen Häuser waren noch älter. Warum hat man sie abgerissen?
Mansour kichert: »Weil die Marktbesucher keinen Parkplatz hatten. Dabei hätte es auf der anderen Seite viele passende Grundstücke gegeben, allerdings etwas weiter weg. Ich verstehe immer noch nicht, wie man solche Gebäude abreißen kann«, meint er kopfschüttelnd.

Um die Ecke von der griechisch-orthodoxen St. Georg-Kirche stellt Mansour mir in einem siebenhundert Jahre alten Gebäude einen weiteren Freund vor: Jalil Dabit. Der energische, schlanke Mann mit dem ergrauten Bart und der großen Brille trägt ein lila T-Shirt mit der Aufschrift »Samir 1948«.

Dahinter steckt seine ganze Familiengeschichte. 1942 kam sein Großvater aus seiner Heimatstadt Jaffa nach Ramle und eröffnete ein Restaurant, das er nach der Staatsgründung in diese Gasse verlegte und nach seinem Sohn, Jalils Vater, *Samir* nannte. »Er ist als Einziger aus seiner Familie nicht geflüchtet«, sagt Jalil und zeigt auf ein gerahmtes Foto in einer Wandnische des Restaurants: Beide posieren darauf mit Anzug und Krawatte. »Wir nennen uns Überlebende der *Nakba*«, sagt Jalil, für israelische Ohren eine Provokation.

Im Mai 2021 erlebte Jalil die Gewalt in Ramle hautnah. »Ich wohne zwischen dem arabischen Ghetto und den jüdischen Stadtteilen, sah Autos brennen und wie sich beide Seiten mit Steinen bewarfen. Nach der ersten Nacht sah es wie auf einem Schlachtfeld aus. Danach war es hier vorbei.«

Wer waren die Randalierer?
»Menschen, die nichts zu verlieren haben, arabische Jugendliche, um die sich niemand kümmert und die keinen Spielplatz haben und als Ersatz Reifen anzünden. Ihnen gegenüber standen Juden, von Hass und Angst getrieben, manche waren von woanders her.«

Nüchtern analysiert Jalil die Entwicklung in Ramles Schulen, die er als »eine stille Revolution« bezeichnet. »Die nationalreligiösen Schulen hier gelten als die besten, weil sie durch ihre Kontakte zur rechten Regierung besser gefördert werden. Auch säkulare jüdische Familien schicken ihre Kinder hin, weil es dort keine Araber gibt, anders als in den regulären jüdischen Schulen, wo auch ich war.« Mir scheint das übertrieben, denn die Gruppe der 85 jüdischen Familien betreibt nach eigenen Angaben nur eine Schule und fünf Kindergärten. Den sozialen Aufstieg der Nationalreligiösen in Ramle erlebt Jalil in seinem Restaurant. »Wenn lokale Unternehmen einen Stadtrundgang buchten, kamen sie zum Essen in mein Lokal. Vor zehn Jahren waren ein oder zwei Mitarbeiter religiös, und für die besorgte man dann koscheres Essen von außerhalb. Wenn heute ein einziger Mitarbeiter religiös ist, melden sich die Organisatoren bei mir nicht, und die ganze Gruppe kommt nicht. Die meisten Besuchergruppen in Ramle sind heutzutage religiös.«

Jalil kritisiert Israels Integrationspolitik, die, anders als zum Beispiel Kanada, es nicht toleriere, »dass man als Israeli wie ich seine Herkunft pflegen kann. Die Araber hier wurden in verschiedene Gruppen aufgeteilt – Beduinen, Drusen und Christen zum Beispiel. Die Palästinenser trauten sich bis in die 1980er Jahren nicht zu sagen, sie seien Palästinenser. Das hätte den Geheimdienst auf den Plan gerufen. Anders mein Vater, so dass ich in einer sehr politischen Familie aufwuchs.« Kommunistisch? »Ja, eine andere politische Aktivität gab es für Araber hier damals nicht.« Und wie definiert er sich? »Ich bin Israeli mit palästinensischen Wurzeln.«

Seit 2014 verbringt Jalil regelmäßig Zeit in Berlin, wo er mit dem jüdischen Israeli Oz Ben David ein zweites Restaurant betreibt, das sie nach dem biblischen Namen des Landes nannten: *Kanaan*. Auswandern würde Jalil nicht, »denn ich fühle mich dort eher fremd. Hier kenne ich zumindest die Sprache und alle Tricks.« Aber aus Berlin holt er friedensstiftende Ideen. Den Konflikt würde Jalil mit viel Geld lösen. »Sechs Millionen Juden wurden von den Deutschen systematisch ermordet – mehr als von jedem anderen Volk in der Geschichte. Dennoch hat man hier den Deutschen verziehen. Wie? Durch Geld und durch die Umbenennung von Nazideutschland. Würden die Palästinenser weltweit für ihr Eigentum in Israel entschädigt«, sagt er, klatscht zweimal mit den Händen und fügt hinzu »vorbei« – er meint den Konflikt und die Zwei-Staaten-Lösung.

Ende 2022 bin ich wieder in Ramle. Die Parlamentswahlen im November haben die rechteste Regierung seit der Staatsgründung 1948 an die Macht gebracht. Politiker, die bis vor kurzem als unbedeutende Spinner galten, haben plötzlich Machtpositionen inne, die das fragile jüdisch-arabische Zusammenleben in Israel gefährden könnten. Die jüngsten Unruhen zeigten, wie nah Gaza und der Tempelberg in Jerusalem de facto bei Akko, Haifa, Lod oder Jaffa liegen. Interessant ist, dass der Wahlsieg der rechtsnationalen und orthodoxen Parteien durch die Unruhen vom Mai 2021 gefördert, um nicht zu sagen erst ermöglicht wurde. Die radikale säkulare arabische *Balad*-Partei, die jegliche Kooperation mit jüdischen Parteien und den Militär- und Zivildienst für arabische Israelis ablehnt sowie die Anerkennung der Araber als eine nationale Minderheit fordert, hatte bei diesen Wahlen allein kandidiert. Sie erhielt knapp 140 000 Stimmen und verfehlte somit um rund 15 000 Stimmen den Einzug ins Parlament.[9] *Balad* wurde

9 https://votes25.bechirot.gov.il/. Die linke, zionistische Meretz verpasste den Einzug um knapp 5000 Stimmen. Das Scheitern der rechten Parteien war im Vergleich dazu unbedeutend.

stärkste arabische Kraft in den gemischten Städten Lod, Ramle und Jaffa – in Lod mit großem Abstand.[10] Nur jeder sechste arabische Israeli wählte eine zionistische Partei, auch weil keine arabischen Kandidaten eine realistische Aussicht auf ein Mandat hatten. Das rechtsnationale Parteienbündnis *Der religiöse Zionismus* wurde vor allem in Akko, Lod und Ramle von Juden gewählt. Landesweit darf man dennoch vorsichtig optimistisch sein. Denn zum ersten Mal verdrängte die islamische Partei, die als erste arabische Partei an der letzten Koalition beteiligt gewesen war, die Kommunisten als stärkste Kraft unter den arabischen Israelis.

Ein Blick in die Geschichte zeigt, dass Gewalt zwischen Juden und Arabern zwischen Jordan und Mittelmeer die radikalen Kräfte stärkt, wie der israelische Kolumnist und Forscher Shmuel Rosner meint.[11] Er erinnert daran, dass den meisten Israelis die Beziehungen mit den »Innen-Palästinensern« mehr Sorgen bereiteten als die Raketen aus Gaza, und warnt vor »einer Art Bürgerkrieg«. Die Unruhen von 1929, so Rosner, waren ein Katalysator für die Gründung der rechtsnationalen Untergrundgruppe *Etzel*. 2001 wählten die Israelis nur vier Monate nach dem Ausbruch der Zweiten Intifada »einen wilden Mann, den manche als Mörder bezeichneten« zum Premierminister: Ariel Sharon. Ausgerechnet der leitete 2005 die Räumung der jüdischen Siedlungen im Gazastreifen und im Norden des Westjordanlandes.

10 https://votes25.bechirot.gov.il/cityresultsf
11 https://www.maariv.co.il/journalists/Article-956118

In Ramle treffe ich auch den Soziogeographen Ilan Shdema, der vor Jahren eine Studie über die jüdisch-arabischen Beziehungen in Lod und Ramle verfasst hat. Wir sitzen auf dem Markt vor einem Kiosk, schlürfen kalten Mandelsaft, und Shdema, der gut Arabisch spricht, betont, wie gespalten die arabischen Israelis sind. »Der Markt ist einer der Orte, die für mich am besten das Zusammenleben verkörpern, denn hier gibt es so viel Interaktion zwischen Juden und Arabern wie kaum irgendwo in Israel. Beide Gruppen fühlen sich wohl und keine dominiert.« Überhaupt findet in ganz Ramle ein reger jüdisch-arabischer Austausch statt, findet Shdema. Fast jeder zweite Araber wohnt in einem überwiegend jüdischen Viertel (in Lod sind es 37 Prozent). »Das sind die besser situierten Araber, die höhere Lebensqualität suchen. Nur jeder sechste Araber wohnt in einem rein arabischen Viertel (39 Prozent in Lod) – das sind die eher sozial Schwachen.«

Gilt immer noch seine These, wonach der gemeinsame Alltag oft stärker sei als der nationale Konflikt, und dass auch bei zunehmenden politischen Spannungen die Gewalt außen vor bleibt? »Ich stehe dazu, und ein Beweis dafür ist das, was wir um uns herum sehen. Das Zusammenleben ist nicht spannungsfrei, aber man kooperiert miteinander, und die Gewalt hält sich in Grenzen.« Wie erklärt er die massive Gewalt, die Ramle im Mai 2021 erlebte? »Der nationale Konflikt löste die Gewalt aus, aber das Zusammenleben blieb – man lebt weiterhin nebeneinander, kauft beieinander ein, parkt nebeneinander und spielt Fußball zusammen. Dank der Zurückhaltung der Polizei gab es relativ wenige Todesopfer, ganz anders als im Oktober 2000 (als Polizisten zwölf arabisch-israelische

Demonstranten erschossen). Es ist tragisch, dass nur einige wenige maßgeblich das Zusammenleben in den gemischten Städten stören konnten. Oft waren es zugereiste Fremde. Im Vergleich zu anderen ethnischen Konflikten sei das Gewaltniveau in den gemischten Städten niedrig. Seit der Staatsgründung 1948 starben in Konflikten zwischen Juden und Arabern etwa hundert Menschen, die Hälfte davon 1956 in Kafr Qasim (wo israelische Grenzpolizisten 48 arabische Israelis ermordeten). Das ist schrecklich, aber eine sehr geringe Zahl im Vergleich zur inner-arabischen Gewalt.[12] Bei ethnischen Konflikten im Libanon und Syrien war die Zahl der Opfer wesentlich höher.«

Meine nächste Station in Ramle ist die Jawarish-Grundschule im gleichnamigen arabischen Stadtteil. Es ist fünfzehn Jahre her, seit ich Nawal Abu Amer besuchte. Die freundliche Frau mit der natürlichen Autorität war die erste beduinische Schulleiterin und auch in anderer Hinsicht eine Pionierin. Bereits mit 24 Jahren probte sie den Aufstand gegen die strikten Regeln ihres Stammes – mit Erfolg. Sie verliebte sich im Gymnasium in einen Jungen. Während er in Italien Medizin studierte, studierte sie in Israel Erziehungswissenschaft und später Bildungsmanagement. »Als er als Arzt zurückkehrte, hielten wir an unserer Verbindung fest. Aber damals heiratete man nur innerhalb meiner Großfamilie, die aus Saudi-Arabien stammt. Die meines Mannes stammte aus Libyen, und deshalb lehnte ihn meine Familie ab. Ich aber wollte meinem Herzen folgen –

---

12 126 Ermordete 2021 und ein leichter Rückgang 2022.

trotz Morddrohungen. Würde ich heiraten, würde der Stamm meinen Vater ausschließen, hieß es. Weil ich nicht nachgab, bedrohten beide Familien einander, und die Polizei musste einschreiten. Der damalige Polizeichef von Ramle versuchte persönlich, mich zu überreden, keine Probleme zu machen, um mir selbst nicht zu schaden. Er sagte, die Polizei könne mich nicht rund um die Uhr beschützen. Ich antwortete, ich sei stur und bliebe bei meiner Entscheidung. Am Ende schlossen beide Familien eine Art Friedenspakt. Aber noch besser war, dass ich für andere junge Frauen den Weg in eine selbstbestimmte Zukunft ebnen konnte.«

1995 ließ der damalige Bürgermeister Joel Lavi eine vier Meter hohe Mauer zwischen Jawarish und dem angrenzenden jüdischen Stadtteil Ganei Dan errichten. Der erbitterte Kampf zweier beduinischer Großfamilien um die Kontrolle des Drogenmarkts hatte viele unschuldige Opfer gefordert. »Auch in Ganei Dan litt man unter den Schießereien in Jawarish«, sagt Abu Amer. Weil viele Eigentumswohnungen im neuen Stadtteil Ganei Dan leer blieben und der Wohnungsmarkt zusammenbrach, errichtete man die Mauer. »Sie verhinderte aber weder den Beschuss noch die abgefeuerten Raketen«, klagt sie.

Die Abu Amers kauften für ihre Familie ein Haus in Ganei Dan, weil sie sich dort eine sichere Umgebung versprachen. Die Kinder besuchten den jüdischen Kindergarten und spielten auf dem Kinderspielplatz direkt an der Mauer. Die größeren arabischen Kinder aus Jawarish kletterten mit einer Leiter hinüber, die kleineren schauten zu. Als Regenwasser die Fundamente der Mauer ausschwemmte, gruben die kleinen arabischen Kinder drei schmale Tunnel und krochen zum Spielplatz hinüber. Abu Amers damals fünfjähriger Sohn Wassim kürzte auf diese Weise den Weg zu seinen Großeltern in Jawarish um zwei Kilometer ab. »Heute ist er 24 und Rechtsanwalt«, sagt sie. »Als Kind hatte er Freunde auf beiden Seiten. Die Kinder in Ganei Dan spielten damals Fußball, und wenn der Ball auf die andere Seite der Mauer fiel, hatten sie Angst hinzugehen und schickten Wassim.«

Das Eingangstor der Jawarish-Grundschule ist geschlossen, aber eine Schülerin öffnet mir und bringt mich ins Sekretariat. Am Eingang hängen gerahmte Schulfotos verschiedener Jahrgänge. Oben sieht man die Lehrer und in der Mitte, etwas größer, Abu Amer mit ihrem schwarzen Kopftuch. Ein zufälliger Blick ins Treppenhaus überrascht: Auf die Stufenabsätze hat man Mathe-Übungen gezeichnet, vielleicht für die Schüler, die hier auf einen Prüfungstermin warten müssen. Schließlich holt man mich ins neue Büro der Schulleiterin. Nawal Abu Amer leitet seit 1998 diese Grundschule, wo alle 650 Schüler und fast alle Lehrer arabisch sind. Dennoch muss die staatliche Schule am Nationalfeiertag die israelische Fahne hissen. »Klar«, sagt sie. »Proteste gibt es keine.«

Ich hörte von Unmut unter Schülern während der Zweiten Intifada.
»Damals schon, denn auch die Kinder leben in dieser Welt. Aber wir zeigten den Schülern unsere Gehaltsabrechnungen und die der nationalen Versicherung ihrer Eltern und erklärten ihnen: Hier ist das Staatswappen, ihr seid Staatsbürger, und das ist die Staatsfahne, deine Fahne. Du lebst hier, also respektiere sie.« Respekt scheint hier ein zentraler Begriff zu

sein. »Wir bringen ihnen zuerst ihre Identität bei. In diesem Jahr haben wir ein neues Programm, in dessen Rahmen sie ihre familiären Wurzeln erforschen. In der ersten Stunde erzählte ich von meinen. Als Vorbereitung auf die Begegnung mit der jüdischen Schule fordern wir sie auf: Respektiere den anderen. Wir sprechen auch über schmerzliche, unangenehme Themen, denn nur so entschärft man die Konflikte.«

An Konflikten mangelt es in Jawarish wahrlich nicht. Die 4500 arabischen Einwohner gehören rivalisierenden beduinischen Stämmen an, die vor Gewalt und Mord nicht zurückschrecken. Herkunft spielt bei den Beduinen in Ramle eine große Rolle, erklärt Abu Amer: »Die Jarushis stammen aus Libyen und Marokko, die mit ihnen verfeindeten Beduinen aus Beersheba nennen wir ›die Minderheit‹. Hinzu kommen Jarushis, die anderswo leben und mit den Jarushis hier entzweit sind. Die Minderheiten haben ihre Moschee und Jawarish eine andere. Es ist halt kompliziert.« Die jüngste Bilanz: Im Juni 2000 wurden drei Bewohner erschossen und die Schule zwei Tage geschlossen. Im Januar 2021 fand Abu Amer bei einem Kontrollgang im Gebüsch am Zaun der Schule eine Sprengladung. Im März 2021 wurde eine Polizeistation neben dem Schultor eingeweiht, aber kurz danach schossen Bewohner aufeinander und zündeten mehrere Autos sowie ein Wohnhaus an.

»Aufgrund der Gewalt wurde Jawarish geteilt, unter anderem durch die Polizeistation, die in unseren Kindergarten am Schuleingang einzog«, sagt Abu Amer. »Erwachsene dürfen nicht von einem Teil (ganz Jawarish ist ein Viertel) in den anderen, nur Kinder. So verschwand auch der Kiosk gegenüber dem Schuleingang. Die Schüler bringen inzwischen ihr Essen von zu Hause mit, und wir sprechen auch viel über gesunde Ernährung. Seit fünf Jahren nämlich verhindere ich die Präsenz der Straßenhändler, was mit Corona und mit dem neuen Schulgebäude, das weiter weg von der Straße liegt, einfacher geworden war. Die ständige Polizeipräsenz trug ebenfalls dazu bei, dass keine Lebensmittelhändler aus den verfeindeten Familien mehr vor dem Eingang stehen.« Im Schulhof ist davon nichts zu spüren – nur fröhliche Kinder und überall bunte Zeichnungen. »In meiner Schule sind Kinder aus allen Familien«, sagt Abu Amer. »Gott sei Dank ist hier alles friedlich.« Warum? »Weil wir zum Zusammenhalt erziehen und weil das für alle ein Zuhause ist.« Um die Schüler von der Gewalt draußen fernzuhalten, wurde der Zaun vor dem Schulhof mit Metallplatten verblendet. Später passieren wir auf dem Weg zum Parkplatz Betonblöcke, die den Autoverkehr verhindern. An besonders heiklen Tagen passt hier jemand auf.

Gerade wegen der bedrohlichen Umgebung weiß Abu Amer, dass ihre Kinder bald viel Zeit außerhalb von Jawarish verbringen werden. Denn ein Gymnasium gibt es hier genauso wenig wie eine Buslinie. Ins Gymnasium fährt man mit dem Schulbus. Hier wird viel dafür getan, um die Schüler auf die Außenwelt vorzubereiten. »Wir leben zusammen mit unseren jüdischen Nachbarn.« Als die kleine Mauer den Autoverkehr ins angrenzende jüdische Viertel unterbrach, griffen die Kinder zum Pinsel. »Damals bemalten wir die Mauer, zum Beispiel zeichneten wir Fenster und Türen. Meine Schule begann eine Kooperation mit der Reut-Schule jenseits der Mauer. Inzwischen kooperieren wir mit zwei weiteren jüdischen Schulen.«

Abu Amer legt Wert auf den Begriff »gemeinsames Leben« und nicht »Zusammenleben«, das für sie nur gemeinsames Hummus-Essen bedeutet. Zum gemeinsamen Leben gehören hingegen gemeinsame Fortbildungen für Lehrer und Schulleiter. Zwei Klassen, eine jüdische und eine arabische, lernen gemeinsam Englisch, andere Kunst oder Sport, »und wir haben sogar einen gemeinsamen Chor, der mit zwei Lehrern aus beiden Schulen auf Arabisch und Hebräisch singt. Schüler der zweiten Klasse beider Schulen lesen gemeinsam eine Geschichte vor. Solche Kooperationen hatten während der Unruhen im Mai 2021 ihre besondere Wirkung. Die Einwohner haben deeskalierend gewirkt. Als die Unruhen ausbrachen, herrschte auch Krieg mit Gaza. An dem Tag heulten die Sirenen, und deshalb gingen wir zusammen in den Luftschutzkeller – Juden wie Araber. Es war Ramadan, und ich fastete. Danach saßen wir eine Stunde zusammen mit dem Bürgermeister, Vertretern der Großfamilien, Honoratioren der Stadt, lokalen Anführern und Schulleitern. Wir beschlossen, gemeinsam gegen die Gewalt hier vorzugehen und die Einreise von Aktivisten von außerhalb zu verhindern. Dieser Plan ist voll aufgegangen.« Und nicht nur das: »Wir kontrollieren, was die Kinder im Internet treiben, auch auf ihren Handys. Wir warnen sie vor Messages von Unbekannten, die ihnen später schaden könnten.«

Vor vier Jahren wurde direkt hinter Abu Amers Schule ein neues Gebäude für das regionale Gymnasium eingeweiht, überwiegend für Schüler aus anderen Vierteln. Aber die wollten nicht kommen, wegen des schlechten Rufs von Jawarish. So bekam die Schulleiterin Platz für neue Schulklassen und Büros, auch für ihres. Im Flur stehen große Fotos ausgewählter Vorbilder, zum Beispiel Thomas Edison neben dem Rechtsgelehrten Ibn Battūta, Graham Bell, dem arabisch-andalusischen Arzt und »Vater der modernen Chirurgie« Abū al-Qāsim Zahrāwī sowie Albert Einstein. Für berufliches Fortkommen in Israel braucht man gute Hebräischkenntnisse. Meiner Bitte, beim Hebräischunterricht zu schnuppern, folgt sie gern. Beim Betreten des Klassenraums fragt Lehrerin Chulud, ob wir über das heutige WM-Fußballspiel sprechen dürfen, »denn das ist gerade unser Thema«. Klar. »Für wen seid ihr heute Abend?«, fragt sie die Schüler und meint das Halbfinale gegen Frankreich. Sofort kommt einstimmig die Antwort: Marokko! »Warum?«, frage ich. »Weil die Spieler Muslime sind«, sagt einer, »weil sie gut spielen«, eine andere. »Warum sieht man bei der WM keine kickenden Frauen?« Abu Amer kichert zustimmend, die Schüler müssen nachdenken. »Fußball ist nichts für Frauen«, sagt schließlich Abd el Karim. Welche Schülerinnen spielen Fußball, will ich trotzdem wissen. Zwei heben ihre Hand. »Auf dem Fußballfeld«, sagt etwas schüchtern Najach. Will sie im Fernsehen auch Frauenfußball sehen? »Ja.« Die Lehrerin ist zufrieden: »Ich habe hier ein paar echte Feministinnen«, und sie ergänzt: »Sie spielen aber eher Basketball und Handball.« Und was wollen sie werden? Mohammed, der bereits zwei Pferde besitzt, will Pferdetrainer werden, und Malak, die als Mitglied der Gruppe junger Wissenschaftler nominiert wurde, Psychiaterin.

Nun bietet Abu Amer eine Rundfahrt an. Ein Radfahrer fährt an uns vorbei. Das ist ein echtes Kuriosum in Jawarish, wo ein Schutzhelm lebensrettend sein kann. »Mein Stellvertreter Hani radelt den ganzen Tag herum, um Streitigkeiten unter Kindern auf dem Heimweg zu verhindern«, erklärt Abu Amer. Wir passieren ein großes verwaistes Grundstück, das einst der Großfamilie Karaja gehört. Die vierzig Familien wurden in den Norden umgesiedelt, wo sie neue Wohnungen und finanzielle Entschädigung erhielten. Nur so konnte eine blutige Fehde hier beendet werden. Nach vielen Jahren wurden endlich die Ruinen abgetragen und die ersten Bürgersteige gebaut. Nun stoßen wir auf eine schöne Überraschung. »Unser Fußballstadion, das die Stadt vor drei Jahren gebaut hat«, sagt sie und blickt stolz über den grünen Rasen. Dann zeigt sie auf ein Metalltor in einer Mauer am Rande des Stadions. »Ich habe den Bürgermeister gebeten, das Tor einzubauen. Dahinter ist nämlich die Reut-Schule, mit der wir gemeinsame Aktivitäten organisieren. So können sich die arabischen und die jüdischen Schüler treffen.« Das Tor ist zwar abgeschlossen, »aber wir haben den Schlüssel«.

Als Nächstes fahren wir ein Feld entlang und schauen auf die weißen Wohnblocks des jüdischen Stadtteils Ganei Dan hinter der Mauer. »Die Straße wurde nach dem jüngsten Konflikt gebaut, sonst wäre dieser Teil von Jawarish für Autos unzugänglich«, erklärt Abu Amer.« Dabei wohnt sie seit Jahren in Ganei Dan. »Nur eine Nachbarfamilie ist arabisch, aber wir leben wirklich zusammen. Letzte Woche nahm ich an einem Fest für einen guten Freund teil, dessen Sohn Soldat wurde.« Inzwischen sind wir auf der jüdischen Seite der Mauer angekommen. »Als man die ersten Häuser hier baute, wollte keiner kaufen wegen der ewigen Schießereien zwischen den beiden Großfamilien. Daher baute man die Mauer, die aber nichts änderte.« Rechts passieren wir den Kindergarten, den Abu Amers Kinder besuchten. Auf dem Spielplatz schaukelt ein Mädchen. Hinter ihr erstreckt sich die Mauer, von kleinen Zypressen etwas verdeckt, dahinter liegen die Häuser von Jawarish. Am nächsten Kreisverkehr halten wir kurz. Diese kurze Straße, die vom jüdischen Jitzhak-Rabin-Viertel zum arabischen Jawarish führt, ist durch eine kleine Mauer für Autos gesperrt. Bei einem kurzen Spaziergang stelle ich anhand der Namensschilder am Eingang der Einfamilienhäuser fest, dass auch hier Araber wohnen. Auf der kleinen Mauer zeichneten Kinder eine Leiter und zwei Fenster, in denen zwei Menschen sich die Hand geben. Links vom Sackgassenschild steht das Straßenschild: Rechov Hashalom, die Friedensstraße.

Jerusalem

Seit Corona habe ich ein Wort aus meinem Wortschatz in die Quarantäne verbannt: Zufallsbegegnung. Eines Tages gehe ich mit einem israelischen Bekannten in ein nettes Café in Schöneberg, und wir schlendern unterwegs am palästinensischen Kulturzentrum *Mosaik* in der Grunewaldstraße 87 vorbei. Am Schaufenster klebt eine Einladung zu einem Tag der offenen Tür. Mit einer israelischen Freundin gehe ich hin, wir kommen gleich ins Gespräch, sagen aber nicht, wer wir sind: Sicher ist sicher. Die Menschen hier sind aber so herzlich, dass wir irgendwann beichten: Wir sind Israelis. Die meisten fühlen sich erst recht dadurch geehrt, und sie stellen mir einen Mann vor, der bestens Hebräisch spricht: Mahmoud Safadi. Er zeigt mir einige seiner Bilder, die im kleinen Kulturzentrum hängen, und lädt mich später zu seiner Vernissage Ende November ein. Da ist es dann aber so voll, dass er mir vorschlägt, ich solle doch morgen wiederkommen, dann gäbe es eine persönliche Führung. Während wir am nächsten Tag durch die Galerie schlendern und er mir seine Bilder erklärt, erwähnt er auch einen offenen Brief, in dem er seinerzeit den damaligen iranischen Präsidenten und Shoah-Leugner Mahmud Ahmadinedschād scharf kritisiert hatte. Ich frage, ob er darüber als Jerusalemer für mein Buch etwas erzählen könne. Dazu ist er gern bereit. Seine frühesten Erinnerungen verbinden sich in besonderer Weise mit der Altstadt von Jerusalem, und mein Buch spielt in Israel. Also treffen wir uns das nächste Mal im kleinen Amphitheater vor dem Stadttor, das ich Nablus-Tor und er Damaskus-Tor nennt.

Der elegante Mann mit dem grauen Vollbart kennt den Weg durch die engen, dicht bevölkerten Gassen bestens. Es ist aber durchaus eine Herausforderung, gemeinsam Safadis Geburtsort aufzusuchen. Denn in der Altstadt herrschen strikte, streng nach Religion ausgerichtete Sicherheitsvorkehrungen. So kommen wir zu einem militärischen Checkpoint, wo nur er als Muslim links gehen darf, denn dieser Weg führt zur al-Aqsa-Moschee. Wir biegen aber rechts ab. Irgendwann kommen wir zum nächsten Checkpoint samt Metalldetektor. Links führt der Weg zur Klagemauer, wohin vor allem gläubige Juden gehen. Wir wollen die Treppen geradeaus nehmen, die ein bärtiger Mann mit einer gelben Weste und einem kräftigen Wasserschlauch reinigt. Für die Dauer unseres Gesprächs vor Ort kann Safadi eine kurze Reinigungspause aushandeln.

Wir stehen im jüdischen Viertel und blicken auf die Klagemauer und die goldene Kuppel des Felsendoms. Mahmoud zeigt auf den großen Platz vor der Klagemauer und erklärt: »Vor 1967 hieß dieses Viertel Sharaf, Arabisch für ›Ehre‹.« Der wunderbare Blick bewegt ihn, auch etwas über das unsichtbare Panorama zu erzählen: »Die Häuser erstreckten sich damals bis kurz vor der Klagemauer und dem Mughrabi-Tor (dem Marokkaner-Tor), das heute zum Tempelberg führt. Trinkwasser holten wir mit Eimern aus den Brunnen der al-Aqsa-Moschee. Ich wurde hier geboren, am 17. April 1967. Im großen Haus, das mein Vater gekauft hatte, lebten meine Eltern mit ihren fünf Kindern sowie meine verheiratete Schwester mit ihrem Mann.« Wo genau das Haus stand, weiß er nicht mehr, »denn alle Häuser derjenigen, die nach dem Sechstagekrieg geflüchtet sind, wurden damals abgerissen«.

Heute steht hier eine Religionsschule der orthodoxen *Chabad*-Bewegung. Das stört Mahmoud nicht. »Jerusalem ist meine Stadt.«

Fühlst du dich hier zu Hause?
Er zögert, ein frommer Jude schließt die Religionsschule ab und zieht schweigend an uns vorbei. »An diesem Ort nicht, eher im muslimischen Viertel und auf dem Markt, wo ich einige persönlich kenne.«

War es hier, an diesem Ort, wo deine Familie dich vergessen hat?
»Ja. Zwischen zwei Bäumen im kleinen Innenhof, wo auch die Hühner frei herumliefen, hatte meine Mutter eine Hängematte gespannt.«

Hier lag der sieben Wochen alte Mahmoud, das jüngste Kind. »Am ersten Tag des Kriegs wurde ein Nachbar angeschossen, der die anrückenden israelischen Soldaten mit irakischen verwechselt hatte«, erzählt er. »Die Israelis fühlten sich von seinen Freudenrufen bedroht und eröffneten das Feuer. Die Nachbarn hoben daraufhin eine Tür aus den Angeln, legten den Verwundeten darauf und brachten ihn zum österreichischen Hospiz in der Altstadt. Meine Familie, so wie andere, packte schnell ein paar Sachen zusammen und rannte weg. Erst als sie Silwan erreichten (nach 1,2 Kilometern), fragte der Mann meiner Schwester meine Mutter: Wo ist Mahmoud?«, fragte er. »Sie rief: Oh weh, ich habe ihn auf der Hängematte im Garten vergessen. Also rannte er zurück und holte mich.«

Hätte er dich nicht abgeholt, wärest du später ein israelischer Soldat geworden?
»Genauso wie Chaldun, der in einer Novelle des palästinensischen Schriftstellers Ghassan Kanafani mit dem Titel *Die Rückkehr nach Haifa* zum Soldaten Dov wurde.« Chalduns Eltern hatten ihn beim Ausbruch des Unabhängigkeitskrieges 1948 vergessen.

Woher stammt der Name Safadi?
»Mein Vater Ahmad lebte mit seiner Familie in Safed, sein Vater starb, als er klein war. Ahmad führte Touristen auf seinem Esel nach Tiberias, zerstritt sich irgendwann mit seinem Onkel und zog nach Jerusalem. Als der Krieg 1948 ausbrach, flüchtete dessen Familie aus Safed nach Syrien und in den Libanon. Bis heute haben wir keinen Kontakt mit ihnen. Nach unserer Rückkehr nach Ostjerusalem 1967 zogen wir mehrmals um. Heute lebt meine Familie gegenüber dem Flüchtlingslager Shuafat – jenseits des militärischen Kontrollpostens.«

Du hast deinen ersten akademischen Titel hinter Gittern erlangt. Wie kam es dazu?
»Ich wurde im März 1989 während der Ersten Intifada wie viele junge Männer in meinem Alter mit 21 festgenommen. Wir hatten Steine geworfen, Brandsätze und mehrere Autos abgefackelt.

Ich habe aber kein Blut an den Händen.[1] Angeklagt wurden wir wegen Landesverrats, weil wir einen israelischen Personalausweis besaßen (als Bewohner Israels, aber keine israelischen Staatsbürger). Um den Aufstand zu brechen, sollten die Strafen gerade für Bewohner Israels oder Jerusalems (Ostjerusalem wurde annektiert) besonders abschreckend wirken. Hätte ich in Ramallah gewohnt, wäre meine Haftstrafe viel milder ausgefallen, denn getötet oder verletzt habe ich niemand. Im Vergleich zur Zweiten Intifada 2000 war die Erste ein Kinderspiel.

Im Gefängnis lernte ich zuerst Hebräisch und studierte dann Geistes- und Sozialwissenschaften über ein Fernstudium der Hebräischen Universität in Jerusalem.[2] Nach meiner Freilassung 2006 besorgte mir Sari Nusseibeh, damals Präsident der al-Quds-Universität in Jerusalem, der mich im Gefängnis besucht hatte, eine Arbeitsstelle dort. Also machte ich mein Magisterstudium in israelischer Landeskunde.«

1 Aus seinem Antrag beim Obersten Gericht auf Straferleichterung geht hervor, dass er Mitglied der Terrororganisation Volksfront für die Befreiung Palästinas war und als solcher Molotowcocktails auf Autos von Juden im Jerusalemer Viertel Abu Tor und auf Busse geworfen hatte. Zudem hatte er sich an der Verbrennung von Dutzenden von Autos in Abu Tor beteiligt und hatte auch ein Restaurant dort angezündet. Sein damaliger Anwalt bestätigte, dass Israel nie vorher und nachher solche schweren Haftstrafen verhängte. Er bekam 27 Jahre. https://datacheck.co.il/PsakDin.asp?id=285468

2 »Sicherheitshäftlinge« wie Safadi, die wegen Straftaten gegen Israels Staatssicherheit oder nationalistischer Straftaten inhaftiert sind, werden gegenüber jüdischen Häftlingen, die Araber verletzt oder getötet haben, benachteiligt.

Warum gerade israelische?
»Um den Feind kennenzulernen.«

Ist Israel dein Feind?
»Klar, solange es mein Land besetzt. Ich akzeptiere Israel in den Grenzen von 1967 im Rahmen einer Zwei-Staaten-Lösung. Nach einem wirklichen Friedensabkommen werden wir als gute Nachbarn leben, aber lieben würde ich Israel nie.« (Er lacht.)

Das ist angesichts der Folter, die er in der Haft erlitten hatte und im Detail beschreibt, wenig überraschend.

Was ist das Wichtigste, das ein künftiger Staat Palästina von Israel übernehmen sollte?
»Die Demokratie, dass Parteien trotz aller Unterschiede im Parlament gewaltfrei kooperieren. Das ist sehr wichtig, und das sage ich trotz meiner Kritik an deren Verhalten gegenüber arabischen Israelis. Außerdem kann man von Israel lernen, wie man einen Staat gründet. Israel gelang es, die meisten Juden in der Welt zu gewinnen, um einer der stärksten Staaten im Nahen Osten zu werden. Daraus kann man lernen. Jeden Morgen verfolge ich auf dem Smartphone die israelischen Nachrichten und aktuelle politische Sendungen. Ich will mein Hebräisch nicht vergessen und am Puls bleiben.«

Aber es gibt doch eine funktionierende palästinensische Demokratie – in den israelischen Gefängnissen.
»Stimmt. Jede Fraktion wählt jährlich nach einer bestimmten Wahlordnung ihren Vertreter, und Korruption gibt es dort

nicht, im Gegensatz zu draußen. Ich vertrat die Volksfront (für die Befreiung Palästinas, PFLP), und der Vertreter der größten Fraktion, damals der Fatah, war Sprecher der Häftlinge.«

Wie erklärst du, dass die einzige Demokratie in der arabischen Welt ausgerechnet dort funktioniert?
»Weil es dort keine Schmiergelder oder Posten zu verteilen gibt. Außerdem sind die Häftlinge die Pioniere des palästinensischen Volkes. Sie sind durch ihre Inhaftierung gut informiert und belesen, auch manche Unterhändler der Oslo-Verträge waren im Gefängnis. Draußen hat man nicht die Zeit fürs Studium.«

Wie bist du auf das Thema Shoah gekommen?
»2004 nahm ich an einem kollektiven Hungerstreik in der Haft teil, mein fünfter. Die israelische Journalistin Amira Hass wollte einen Häftling interviewen, und ich wurde ihr empfohlen.[3] Wir blieben auch danach in Kontakt, und sie erzählte mir von ihren Eltern, beide Shoah-Überlebende, und schickte mir das Buch ihrer Mutter Hanna über deren Alltag im KZ Bergen-Belsen. Danach bat ich sie, mir weitere Bücher über die Shoah zu schicken, und so habe ich meine Haltung komplett geändert. Vorher hatte ich – wie die meisten Palästinenser – die Judenvernichtung für eine Lüge gehalten und die Zahl sechs Millionen jüdischer Opfer für eine Erfindung der Zionisten.«

3 Siehe auch https://www.haaretz.co.il/gallery/2008-02-09/ ty-article/0000017f-e749-d97e-a37f-f76d25840000

Hast du über die Shoah in den zwölf Jahren an israelischen Schulen gelernt?

»Nein. Ich erinnere mich nur, dass wir in der dritten oder vierten Klasse in unserem Schulbuch auf der Landkarte Israels das Wort ›Israel‹ strichen und durch ›Palästina‹ ersetzten. (Er lacht.)

Mit der Zeit begann ich, mit meinen Mithäftlingen über die Shoah zu sprechen. Ich sagte ihnen, die Shoah sei eine historische Tatsache und sie zu leugnen könne uns Palästinensern nur schaden. Und das obwohl wir unter den Nachfahren der Überlebenden leiden und deren Opfer sind. Ich war jedoch mit dieser Haltung in der Minderheit.«

Warum?

»Dem palästinensischen Volk fällt es seelisch schwer, sich mit dem Leiden des jüdischen Volkes zu identifizieren, das es für seinen Feind hält. Viele mögen deswegen die Bücher der Holocaustleugner.«

Hast du jemals das Holocaustdenkmal in Berlin besucht?

»Ich war dort zweimal mit meiner Familie.«

Was hältst du von der Äußerung des Palästinenserpräsidenten Mahmoud Abbas in Berlin, dass Israel »fünfzig Holocausts« an den Palästinensern begangen habe?

»Das war Unsinn. Auch die meisten palästinensischen Bekannten von mir halten diese Aussage für einen schweren Fehler, denn man darf nichts mit der Shoah gleichsetzen.«

Kann die Beschäftigung der Palästinenser mit der Shoah sie jüdischen Israelis näherbringen?

»Die Shoah ist selbstverständlich sehr wichtig für das jüdische Volk. Und es ist sehr wichtig, dass die Palästinenser mehr darüber erfahren, aber nicht, um sich den Israelis anzunähern.«

Ich war bewegt, am Holocaust-Gedenktag mit anzuhören, wie zwei arabische Parlamentarier darüber sehr einfühlsam sprachen.

»Viele Palästinenser denken über dieses Thema genauso wie ich, sind aber nicht bereit, das zu sagen oder darüber zu schreiben, wie ich es getan habe.«

Wie kam es dazu, dass du dem iranischen Präsidenten Mahmud Ahmadinedschād einen offenen Brief geschrieben hast?

»Ich war 2006 noch im Gefängnis und hörte in den Nachrichten immer wieder, dass, wann immer er über die Palästinenser sprach, er die Judenverfolgung durch Nazideutschland als Propaganda bezeichnete.

Ich schrieb ihm also, dass ich, vielleicht im Gegensatz zu ihm, viele Bücher darüber gelesen hätte und die Shoah eine historische Tatsache sei. Mit ihrer Leugnung mache er sich lächerlich, und so weiter. Er diene damit nicht dem Anliegen der Palästinenser, sondern schade ihm, und das sagte ich ihm als palästinensischer Häftling. Denn wer heute die Shoah leugne, würde morgen das Leiden der Palästinenser zum Beispiel während der *Nakba* leugnen. Ich bat ihn, damit aufzuhören.«[4]

4 Daniel Sieradski: Militant: Denying the Shoah Hurts Palestinian Struggle, *Jewschool*, 11.12.2006.

Offensichtlich hat er deinen Brief nicht erhalten, denn im Dezember 2006 organisierte er die sogenannte Holocaust-Konferenz in Teheran, bei der die Shoah geleugnet wurde. 2011 bezeichnete er die Shoah in einer Rede als »große Lüge«.

»Natürlich hat er meinen Brief nicht gelesen. Den veröffentlichte ich aber auch im internen Newsletter der Häftlinge, mit denen ich viele Diskussionen führte. Es war mein letztes Jahr in der Haft.[5] Insgesamt war ich in sechs Haftanstalten.«

Was machst du heute beruflich?
»Ich habe mit meiner Frau und zwei Kindern in Kiew gelebt, wo sie für eine Organisation arbeitete. Vier Tage vor Kriegsbeginn folgte ich ihnen im Februar 2022 nach Berlin. Ich schreibe ein Buch über die Rolle der EU im israelisch-palästinensischen Konflikt und Studien für *The Palestinian Forum for Israeli Studies* (MADAR) in Ramallah und arbeite als Kommentator für mehrere arabische TV-Sender. In meiner Freizeit male ich.«

Nach seiner Herzoperation verordneten die Ärzte dem damals 63-jährigen israelischen Journalisten und sozialen Aktivisten Eliezer Yaari, täglich spazieren zu gehen.[6] Er dürfe sich aber nicht zu sehr anstrengen. »Ich zog meinen Trainingsanzug an, nahm einen kleinen Rucksack und einen Hut, etwas zu

---

5 Safadi kam im September 2006 nach siebzehneinhalb Jahren frei.
6 Eliezer Yaari, Beyond the Mountains of Darkness, https://eliezeryaari.com/beyond-the-mountains-of-darkness/

trinken und irgendein süßes Obst. Dann zog ich los. Um nicht auf dem Rückweg bergauf gehen zu müssen, ging ich nach Süden entlang der Wasserscheide Richtung Kibbuz Ramat Rachel. Aber anstatt nach rechts zum Kibbuz, ging ich nach links Richtung Tsur Baher.« Von den 24 000 Palästinensern, die hier leben, kannte er niemanden.[7]

Yaari wurde 1949 in Westjerusalem geboren und wuchs in der Stadt auf, die nach dem Krieg von 1967 offiziell vereint wurde. Die USA erkannten 2018 unter Präsident Trump Jerusalem als Hauptstadt Israels an und eröffneten ihre Botschaft um die Ecke von Yaaris Wohnung, während die meisten Staaten Israels Souveränität über Ostjerusalem bis heute nicht anerkennen. Der ehemalige Kampfpilot Yaari arbeitete als Reporter und Moderator für die Nachrichtensendungen des populären öffentlich-rechtlichen Fernsehsenders. Vom Balkon seiner Wohnung im Arnona-Viertel hörte er den Ruf des Muezzins vom benachbarten palästinensischen Dorf Tsur Baher, das Israel in Jerusalem eingemeindet hatte. Die Minen und der Stacheldraht an der früheren Grenze zum Westjordanland, die »Grüne Linie«, wurden geräumt. Dennoch überschreitet kaum ein jüdischer Israeli diese Grenze – Yaari schon. Warum eigentlich? »Ich bin Journalist und neugierig. Ich fühlte mich wie ein Pionier und habe als erster Journalist mit den einfachen Bewohnern dort gesprochen.« In seinem Buch (der Titel lautet auf Deutsch *Jenseits der Berge der Dunkelheit*) beschreibt er seine Begegnungen, die er mit bemerkenswerten Fotos ergänzt.

---

7 39 Prozent der 972 000 Einwohner Jerusalems sind arabisch.

Für seine Buchvorstellung konnte Yaari den damaligen Staatspräsidenten Reuven Rivlin gewinnen. »Ich wollte eigentlich nur einen Fototermin mit ihm, aber das Präsidialamt wollte das zusammen mit den Dorfbewohnern machen. Um Unannehmlichkeiten zu vermeiden, schlug man den angrenzenden Kibbuz Ramat Rachel vor. Schließlich kamen auch einige Familien aus dem Dorf, deren persönliche Daten ich aus Sicherheitsgründen vorher übermitteln musste. Immerhin musste keiner von ihnen eine Sicherheitskontrolle über sich ergehen lassen. Es war wunderbar. Dass Israels Staatspräsident an die Grüne Linie kam, um sie zu treffen, bedeutete indirekt, dass er sie anerkannte.«

Ich treffe Yaari in seiner Wohnung. Der heute 73-Jährige nimmt mich mit dem Wagen nach Tsur Baher, das nach dem in der Region verbreiteten Feuerstein benannt wurde. Er kennt das Dorf wie seine Westentasche und weist besonders stolz auf das Bildungszentrum am Eingang hin: »Hier rechts entsteht das erste Haus für staatliche Dienstleistungen in Ostjerusalem – mit einer Polizeistation und einer Filiale des Innenministeriums sowie der staatlichen Versicherung. Bewohner Israels, die keine Staatsbürger sind, müssen jetzt nicht mehr in die Zentrale in der Stadt fahren, wo es die reine Hölle ist«, sagt er. Nur etwa dreitausend Dorfbewohner sind israelische Staatsbürger. In den letzten Jahren wollen immer mehr Palästinenser in Jerusalem Israelis werden, um ihren Kindern das Studium an israelischen Universitäten und die Jobsuche in Israel zu erleichtern und ihnen ermöglichen, unkompliziert ins Ausland zu reisen. Als Bewohner dürfen sie nur an Kommunalwahlen teilnehmen, als Staatsbürger an den Parlamentswahlen.

Die Zahl der Einbürgerungsanträge wuchs seit Errichtung der Sperranlage 2005, die Ostjerusalem vom Westjordanland trennt, rasant. Mittlerweile sind 19 000 oder etwa fünf Prozent der Palästinenser im Ostteil Israelis geworden.[8] »Israel erschwert inzwischen die Einbürgerung, weil knapp vierzig Prozent der Einwohner der Hauptstadt Palästinenser sind, 1967 war es nur jeder Vierte«, sagt Yaari. Die Folge der neuen Politik sind langjährige Einbürgerungsverfahren, wobei die Anträge in zwei von drei Fällen abgelehnt werden. Für die Demographie kommt all das zu spät. »Jerusalem ist eine binationale Stadt«, sagt Yaari, »und das, obwohl Israel seit 1967 sieben neue Viertel (für Juden) errichtet hat. Trotzdem will der Staat die Stadtgrenzen nicht neu ziehen.«

Von der Revolution in Tsur Baher ist Yaari bei unserer Fahrt begeistert: »Alle Autos, die um diese Tageszeit unterwegs sind, werden von Frauen gefahren. Das Dorf ist groß, man muss die Kinder hinfahren und einkaufen, und die Männer arbeiten außerhalb. Die Frauen hier sind gebildeter als die Männer. Die nämlich können ab siebzehn eine gut bezahlte Stelle finden, vor allem als Fahrer auf Baustellen, und deshalb brechen sie die Schule ab. Frauen hingegen machen Abitur, studieren Pharmazie und Medizin, Biologie und fürs Lehramt. Die Folge ist auch, dass inzwischen jede vierte Ehe kaputtgeht. Und das, obwohl die Frau bei der muslimischen Scheidung benachteiligt wird. Schau mal: noch eine Autofahrerin. Die Frauen erledigen hier den Alltag.«

8 https://www.haaretz.co.il/news/local/2022-05-29/ty-article/.
premium/00000181-0c50-dcf3-a395-3df075950000

Dieser Alltag in Tsur Baher ist bisweilen absurd. Wir fahren vorbei an einer Filiale der größten israelischen Krankenkasse. »Dieses Haus gehört dem Chef der Großfamilie Attoun, die das Erdgeschoss an die Allgemeine Krankenkasse vermietet.« Ahmad Attoun, der als Hamas-Anhänger gilt, vertritt Tsur Baher im palästinensischen Parlament. Er verbrachte insgesamt sechzehn Jahre in israelischen Gefängnissen, seit April 2022 sitzt er zum achten Mal.

Stört das die Krankenkasse nicht?

»Offensichtlich nicht.« Yaari hält bei einer Bäckerei. Das Eingangsschild heißt auf Hebräisch die Bewohner des angrenzenden jüdischen Viertels Har Homa willkommen. Dass Har Homa die Erweiterung Ostjerusalems verhindern soll, stört den palästinensischen Bäcker wohl nicht.

Es ist Nachmittag, die Männer kehren zurück, und wir stecken im Stau in einer engen Gasse unweit der al-Omari-Moschee, der größten im Dorf. Ob wir weiterkommen, bevor die vielen Beter hinausströmen? In der Moschee befand sich während unserer Führung eine Filiale der *Nationalen Israelischen Krankenkasse*. Um welche Nation geht es hier? »Klar um die jüdische«, frohlockt er. »Die Krankenkasse der bürgerlichen rechtsnationalen Arbeitsbewegung mietet Räume in der Moschee – was für eine Ironie der Geschichte«, grinst er. Inzwischen residiert dort die private *Maccabi*-Krankenkasse, das Prinzip aber blieb das gleiche.

»Die israelischen Krankenkassen sind sehr interessiert an (palästinensischen) Patienten in Ostjerusalem, denn die sind eher jung und gesund. Der Hauptgrund ist aber, dass jede Kasse vom Staat pro Mitglied bezahlt wird«, erklärt Yaari. »So bot die *Nationale Krankenkasse* der Großfamilie Fawaka die Konzession an, wenn diese ein Behandlungszentrum nach Kassen-Standards errichten würde. Die Kasse bekam Geld für jeden Patienten. Die private *Maccabi*-Krankenkasse, die auf Besserverdienende zielt, suchte die zwei bürgerlichen (palästinensischen) Viertel in Ostjerusalem aus und bot den Fawakas mehr Geld pro Patient. In Israel darf ein Patient die Krankenkasse per Brief wechseln. Die Familie sammelte in einer Nacht sechshundert Personalausweise ein, mit dem entsprechenden Hinweis, der Wechsel müsse sofort geschehen, so dass alle diese Patienten über Nacht zu *Maccabi* wechselten. Dann entfernten sie das Eingangsschild. Als die *Nationale Kasse* protestierte, bekam sie zu hören, die Patienten seien leider zu *Maccabi* gewechselt und die Familie ebenfalls.« *Maccabi* wird übrigens von einem ehemaligen Mossad-Agenten geleitet.

Dass sogar die zionistische Organisation *Jewish Agency* im palästinensischen Dorf aktiv ist, folgt dieser Logik. »Sie vermittelt überwiegend christliche Spender, die Projekte von arabischen Israelis unterstützen wollen, nimmt dafür eine Vermittlungsgebühr – und alle sind zufrieden«, auch die Schulen in Tsur Baher, die davon profitieren.

Zum Schluss essen wir Falafel bei Um Raed, »einer tollen älteren Dame«, die Yaari auf Arabisch begrüßt. Er wird herzlich empfangen und bestellt zwei Portionen, eine »ohne scharfe Soße – für den Gast aus Deutschland«. In seinem Buch beschreibt er, wie er in dieser kleinen Bude einem orientalischen Juden begegnete, den Raed als »den Shahid des

Falafels« nennt, weil dieser jüdische Geschäftsmann auch in den Tagen schlimmster Gewalt hierherkam, um »seinen« Falafel zu essen – seitdem heißt er hier der »Märtyrer«.

Die Tumulte, die 2021 in Jerusalem ausbrachen, änderten nichts an Yaaris Freundschaft mit seinen palästinensischen Nachbarn. »Die Unruhen waren im Norden der Stadt«, analysiert der Experte. »Ostjerusalem ist grob unterteilt zwischen Fatah im Norden und Hamas beziehungsweise Muslimbrüder im Süden, zum Beispiel in Tsur Baher. Alle Unruhen fanden im nördlichen Teil statt.« Yaari hat neue palästinensische Nachbarn und spendet auch für eine Schule im Dorf, aber Illusionen macht er sich nicht: »Alle freundschaftlichen und offenen Beziehungen werden beim ersten Knall auf dem Tempelberg verschwinden, denn die Palästinenser in Jerusalem sehen sich als dessen Beschützer. Erfreulich ist hingegen, dass Jerusalem täglich beweist, dass Juden und Araber zusammenleben können. Und ohne pompöse Deklarationen. Es ist ein Wunder, dass nach der grausamen Zweiten Intifada 2000, bei der im Großraum Jerusalem fast fünfhundert Menschen ermordet wurden, beide Seiten sich nicht weiter gegenseitig abschlachteten. Das ist ein Grund, vorsichtig optimistisch zu sein.«

Der 72-jährige Ibrahim Dabash ist eines der bekanntesten Gesichter in Tsur Baher, wo seine Familie großen Einfluss hat. Er holt mich mit seinem gewaltigen Wagen im Stadtzentrum ab, und wir fahren zu seinem College in einem Industriegebiet unweit von seinem Dorf. Unterwegs erzählt der als »Shahed« renommierte einstige Reporter des *Kol Israel* von seinen dramatischen Begegnungen mit Politikern, die er eines Tages veröffentlichen will. Sein Hebräisch ist perfekt, gern wirft er arabische Namen und Worte ein. Passend schmücken sein kleines Büro eine hebräische Urkunde der israelischen Polizei und eingerahmte arabische Koranverse.

Seine Geschichte beginnt Dabash an der Stadtgrenze zu Jerusalem am ersten Tag des Krieges von 1967. »Monate vor Kriegsbeginn erhielten alle älteren palästinensischen Gymnasiasten in Ostjerusalem in einer jordanischen Kaserne eine militärische Grundausbildung. Der PLO-Chef hielt dort eine Rede, in der er uns ›die künftigen Soldaten‹ nannte, ›mit denen wir Palästina vom Jordan bis zum Mittelmeer befreien würden‹. Der Krieg begann, indem von Ramat Rachel aus mit Kleinwaffenfeuer auf uns geschossen wurde. Mein Onkel, der ausgezeichnete Verbindungen zum jordanischen Palast hatte, erschien am selben Nachmittag, verbot uns, zurückzuschießen, und verkündete, der Krieg sei vorbei, denn Israel hätte die ägyptische Luftwaffe vernichtet. Israelische Soldaten rieten uns auf Arabisch, zu kapitulieren, und versprachen, es würde uns nichts geschehen. Weil ich etwas Englisch konnte, nahm mich mein Onkel, der eine weiße Fahne trug, mit zu den israelischen Panzern ins Niemandsland.

Die Soldaten nahmen uns mit dem Jeep zu ihrer Kaserne, wo ich mit siebzehn den Schock meines Lebens bekam. In der Schule hatten wir gelernt, dass die erbärmlichen Juden nackt herumlaufen, wie Affen, und dass wir sie in ein, zwei Tagen vernichten würden. In meinen Schulbüchern wurden nur die Horrortaten erwähnt, die die Israelis in den arabischen Dörfern begangen hatten. In deren Quartier erlebte ich nun eine

Armee, Waffen und lauter gepflegte, gut gekleidete Menschen, die Arabisch sprachen, Zuwanderer aus arabischen Ländern, aber auch Soldatinnen mit Röcken. Es gab, auch für uns, reichlich zu essen und zu trinken.«

Dass Dabash so gut Hebräisch spricht, verdankt er der israelischen Pädagogin Shulamit Katznelson, die die erste Sprachschule (*Ulpan*) für Neueinwanderer gründete. »Gleich nach Kriegsende kam sie mit dem Jerusalemer Bürgermeister Teddy Kollek zu meinem Onkel, dem Dorfvorsteher, und suchte mich aus, weil ich etwas Englisch konnte. Ab 1968 besuchte ich ihre Schule, und später lernte ich bei Weiterbildungen im Rundfunk die Fachbegriffe.«

Bereits als Schüler in Jordanien wurde Dabash wegen seiner guten Aussprache zum Moderator ausgebildet. Nach dem Sechstagekrieg von 1967 arbeitete er als Lehrer für Musik und Arabisch. »Die Israelis ›besetzten‹ nicht nur unsere Dörfer, sondern studierten auch unsere Personalakten, und so tauchten sie ein paar Monate später bei mir auf.« Er begann parallel zu seinem Studium im israelischen Rundfunk im arabischsprachigen Ressort zu arbeiten, zuerst in einer Unterhaltungssendung, später als Moderator. »Araber in Israel schickten über die Sendung Grüße und Songs an ihre Verwandten in der arabischen Welt.« Bald sollte die Nahostpolitik auch das Privatleben des Radioreporters verändern. Aus Anlass der Friedensverhandlungen zwischen Israel und Ägypten wurde er Israeli: »1978 wurde beschlossen, dass ich mit der israelischen Delegation nach Kairo reisen sollte; noch am gleichen Abend erhielt ich den israelischen Pass und reiste los«, lächelt er.

Und wie sieht es in deinem Dorf aus?

»Viele wollen, wenn auch häufig im Stillen, einen israelischen Pass, obwohl die mehrjährige Prozedur sehr anstrengend ist. Über 40 000 Anträge liegen beim Innenministerium, sogar führende PLO-Vertreter besitzen einen israelischen Pass. Wir in Ostjerusalem wissen nicht, wo wir hingehören. Steuern zahlen wir, aber Fördermittel erhalten wir nicht: In einigen Vierteln gibt es immer noch keine Kanalisation. Mein Haus in Tsur Baher zum Beispiel ist nach zehn Jahren nach wie vor nicht angeschlossen, obwohl ich der Stadtverwaltung 100 000 Schekel (knapp 27 000 Euro) dafür bezahlt habe. Dieses Problem betrifft jeden vierten Dorfbewohner. Ich muss für mein 400-Quadratmeter-Haus eine Klärgrube benutzen und auf eigene Kosten reinigen zu lassen. Wenn eine Straßenlaterne defekt ist, heißt es bei der Stadt, es gäbe kein Geld für einen Ersatz. Dass würde bei einer Laterne in einem jüdischen Stadtteil nie passieren.«

Die Araber in Ostjerusalem nehmen an den Kommunalwahlen nicht teil und haben daher keinen Einfluss. Warum?

»Sie stehen unter dem Druck der PLO, die verhindern will, dass Ostjerusalem als Teil Israels anerkannt wird. Sie haben Angst, als Kollaborateure zu gelten. Ich hingegen bin der Meinung, wir sollten uns organisieren und von Israel fordern, was uns zusteht. Zugleich gilt Ostjerusalem laut Verträgen als künftige Hauptstadt Palästinas.«[9] Und er nennt einige der zwanzig palästinensischen Viertel dort.

1982 wurde Ibrahim Dabash fest für eine der wichtigsten Nachrichtensendungen angestellt.

Und wie sah man dich im Dorf – als Vorbild oder Kollaborateur?
»Anfangs nicht als Kollaborateur, aber mit dem Ausbruch der Ersten Intifada Ende 1987 betrachtete man mich schon als israelischen Informanden. Viele Araber in Ministerien und Polizei traten damals zurück. Ich verlor gute Freunde, die nichts mehr mit mir zu tun haben wollten, und erhielt auch Drohungen. Ich bin aber kein Feigling und habe deshalb die Leute besucht, die mir drohten. Schließlich hieß es, wenn ich kein Handlanger des Geheimdienstes sei, sollte ich mich doch mit den Anführern der Palästinenser treffen. Also traf ich in Kairo den PLO-Botschafter.«

Kündigen wolltest du beim Rundfunk nicht?
»Nein. Als Journalist wollte ich ehrlich und transparent bleiben. So zum Beispiel verwendete ich in meinen Berichten nie das arabische Wort für ›Terrorist‹. Meiner Redaktion sagte ich, dass ich in Ostjerusalem wohne, und wenn ich einen Jungen in meinem Dorf als ›Terrorist‹ bezeichnen würde, müsste ich dafür (mit dem Leben) zahlen. Also fand ich Ersatzbegriffe wie ›Unruhestifter‹. Das akzeptierte man und gab mir überraschenderweise die nötige Freiheit.«

9 In den Oslo-Verträgen von 1995 zwischen Israel und der PLO wurde festgelegt, dass der zukünftige Status Jerusalems in einem Endabkommen geklärt wird, wozu es niemals kam. Laut den Vorschlägen von US-Präsident Clinton vom Dezember 2000 sollte Jerusalem ethnisch aufgeteilt werden: Die palästinensischen Viertel und der Tempelberg sollen unter palästinensische Souveränität gestellt werden.

Und wie ist es heute?

»Alle Kollegen verwenden den Begriff ›Terrorist‹, denn keiner kommt aus Ostjerusalem.«

Einer schon.

»Stimmt, ich passe auf, und er verwendet ihn nicht.«

Als Reporter für die besetzten Gebiete war Dabash eine Art »doppelter Botschafter«, wie er sagt. »Wenn ich aus dem Gazastreifen kam, warteten sie auf mich am Checkpoint:[10] ›Soundso will mit mir reden.‹ Dem sagte ich dann, dass ich Soundso interviewt hätte und das Gespräch mit ihm auch senden würde.« Für seine aktuellen Verkehrsberichte nahm Dabash Kontakt zur Polizeidirektion auf. »2005 richtete ich ein Verkehrserziehungsprogramm für arabische Schulen ein, wie bei den jüdischen.« Im Rundfunk machte er immer wieder Sendungen über die für ihn wichtigsten zwei Themen: Zusammenleben und Bildung. »Ich schlug mehrmals, auch dem Jerusalemer Bürgermeister, die Einrichtung gemeinsamer jüdisch-arabischer Schulklassen und Sportevents vor, im gegenseitigen Respekt. Geschehen ist nichts, und arabische Schulen wurden weiterhin benachteiligt. Dort kennen sie kein einziges Kapitel aus dem Koran, und ihr Englisch und Hebräisch ist auch nicht gut.«

Die Unruhen von 2021 waren für Dabash keine Überraschung. »Ich hatte schon vor zehn Jahren Sicherheitsbeamte, denen ich bei Pressekonferenzen begegnete, gewarnt: Die Katastro-

---

10 Er meint die israelischen Geheimdienstler.

phe kommt nicht aus den Gebieten,[11] sondern von den diskriminierten arabischen Israelis – eine interne Intifada. Sie tragen viel Schuld, weil sie sich um die gefährdeten Jugendlichen nie gekümmert haben. Die Unruhen wurden von den sozialen Netzwerken angeheizt, eigentlich hatte ich mit einem viel schlimmeren Gewaltausbruch gerechnet.«

Siehst du Chancen für eine Zwei-Staaten-Lösung?
»Nein. Daran habe ich fünfzig Jahre gearbeitet, aber es gibt keine Chance und auch die meisten arabischen Staaten unterstützen das nicht.«

Was soll also die Lösung sein?
»Die wird mit der Zeit kommen – nur von Gott allein. Daran glaube ich, obwohl ich nicht religiös bin. Sicher ist auch: Solange Ostjerusalem vernachlässigt wird, wird es nie Ruhe geben. Eine Lösung dort muss im Einvernehmen mit Jordanien kommen, zu dem wir hier enge Beziehungen haben. Ich habe immer noch mein altes jordanisches Reisedokument – als Souvenir.«

Dabash ist Ostjerusalemer Lokalpatriot, aber zugleich baut er Brücken in die jüdische Gesellschaft. Unser Gespräch wird ständig von Telefonanrufen unterbrochen, er nimmt nur die dringlichsten für sein Institut an, seit zehn Jahren sein Lebenswerk. Zwischendurch schlingt er hastig ein Stück Kuchen herunter, setzt aber sofort das Gespräch präzise und lebendig fort.

---

11 Im israelischen Diskurs vermeidet man den Begriff »besetzte Gebiete«.

Warum hast du kurz vor dem Rentenalter dieses Institut als Verein gegründet?
»Um jungen Ostjerusalemern eine technische Ausbildung zu ermöglichen. Rund ein Siebtel der Schüler bei uns brechen die Schule ab und gehen arbeiten, um ihre Familie zu unterstützen. Elfjährige arbeiten auf der Straße, manche betteln sogar, und Kriminelle nutzen sie aus. Wenn ein solcher Schulabbrecher achtzehn wird, will er einen Beruf erlernen, um heiraten zu können. In meiner Werbung schreibe ich: ›Bau dir deine berufliche Zukunft und vergiss die Politik. Ostjerusalem wird vielleicht in hundert Jahren die Hauptstadt Palästinas werden. Aber du lebst heute und brauchst heute Arbeit.‹ Zurzeit studieren hier dreihundert Menschen, und nur ein, zwei Prozent von ihnen bekommt staatliche Förderung. Frauen lernen Kinderbetreuung, Friseuse, Kosmetik und Buchhaltung. In den letzten zehn Jahren haben übrigens immer mehr Frauen ein Universitätsstudium angefangen. Was Männer betrifft, braucht man in letzter Zeit überall in Israel qualifizierte Bauarbeiter – Bagger- und Kranführer, Poliere und Ingenieure.«

Wieso studieren in deinem College auch streng orthodoxe Juden?
»Ein orthodoxer Jude, der meine Anzeige gesehen hatte, kam 2019 und brachte eine ganze Gruppe mit, die hier Buchhaltung studierte.«

Bestimmt in einer getrennten Klasse.
»Schon, aber im selben Gebäude mit der arabischen Klasse, so dass sie sich austauschen können, was mich sehr gefreut hat. Jetzt gerade studiert ein Jude in einer arabischen Klasse.

Denn die Unterrichtssprache ist Hebräisch. Manchen bieten wir daher anfangs für eine symbolische Zahlung einen ein-, zweimonatigen Hebräischkurs an.«

Warum residiert dein College nicht in einem arabischen Viertel in Ostjerusalem?
»Weil die Araber in Ostjerusalem ein Institut für besser halten, wenn es sich im (jüdischen) Westteil der Stadt befindet. Sogar den Fisch, den sie auf dem westlichen Markt kaufen, halten sie für besser als den östlichen. Solche fest geprägten Einstellungen ändern sich nur sehr langsam.«

Wie siehst du die neue Regierung?
»Ich vertraue keiner Regierung, sondern nur den Sicherheitskräften, die hier alles bestimmen. Die führenden Leute beim Geheimdienst und bei der Polizei sollten uns weniger misstrauen. Mir ist ein rassistischer Politiker lieber, der klar seinen Hass auf Araber äußert und Abstand zu ihnen hält, als einer, der öffentlich Liebe predigt und mir insgeheim mein Land wegnimmt oder meine Arbeitsstelle. Denn niemand kann mich von hier vertreiben, das Land ist uns beiden heilig, und wir müssen zusammenleben, aber mit gleichen Rechten.«

»Ich bin Jerusalemer«, stellt sich Hillel Cohen vor. Der Professor für Islam- und Nahostwissenschaften erforscht vor allem die Beziehungen zwischen Palästinensern und Zionisten beziehungsweise Israel. Wir sitzen in einem Café der Hebräischen Universität, wo er unterrichtet, und er versucht, zwischen mehreren Zigaretten und vor dem Hintergrund des lauten Geplauders von Studenten auf Hebräisch und Arabisch die komplexe Realität nüchtern zu erklären.

Der 61-Jährige überschreitet gern Grenzen, präsentiert alternative Narrative zum festgefahrenen Konflikt und gräbt dabei unangenehme Wahrheiten aus. Zum Beispiel über die Pogrome von 1929 in Palästina. Beide Seiten waren damals nicht nur Opfer, sondern auch Täter, sagt Cohen. »Es war aber das letzte Mal, dass mehr Juden ermordet wurden. Das wusste ich nicht, als ich meine Forschungen begann«, fügt er hinzu. »Was mich jenseits der historischen Fakten interessierte, war, wie man die gleiche Geschichte in einer jeweils anderen Nation erzählt. Jede Seite will sich als Opfer darstellen und die Gegenseite als Täter, aber zugleich will jeder natürlich der Starke sein. Das betrifft auch den Fahnenmarsch am Jerusalemtag.« An diesem nehmen in den letzten Jahren Abertausende religiöse Zionisten teil, die durch die Altstadt bis zur Klagemauer defilieren. Mehrmals kam es zu Reibereien mit den arabischen Bewohnern Ostjerusalems. Der Marsch im Mai 2021 fand am Ende des Fastenmonats Ramadan statt und musste wegen Raketenbeschuss aus dem Gazastreifen abgebrochen werden. Danach kam es landesweit zu den gewalttätigen Ausschreitungen.

Wie hast du diesen Gewaltausbruch erlebt?
»Ich war in den Tagen zuvor am Damaskus-Tor und habe gesehen, dass es schlimmer war als je zuvor. Und die Polizei war in bestimmten Momenten aggressiver.«

Cohen entstammt einer gemischten Familie: Seine Mutter kam aus Polen, sein Vater aus Afghanistan. Als religiöser Jugendlicher nahm er an Fahnenzügen am Jerusalemtag teil. »Früher habe ich mich an Schlägereien beteiligt, manchmal wollte ich auch schlichten. Aber inzwischen lehne ich Gewalt ab. Die Märsche durch Ostjerusalem sind nicht nur verbal, sondern auch physisch immer aggressiver geworden.«

Als Wissenschaftler kennt Cohen die zyklischen Gewaltausbrüche in Jerusalem, vor und nach Phasen relativer Normalität. In seinem Buch über die Pogrome von 1929 zeigt er, dass noch bis kurz vor den Pogromen wirtschaftliche Interessen wichtiger waren als nationale Einstellungen. »Der Mufti von Jerusalem, Mohammed Amin al-Husseini, kooperierte sogar mit Zionisten beim Bau des *Palace Hotels* 1928, dem Sitz des Obersten Muslimrats, dessen Leiter er war. Und das, obwohl er immer Antizionist war.«

Kannst du Parallelen zwischen dem Konflikt 1929 und heute ziehen?
»Bei den Juden gab es immer den Wunsch nach Souveränität, Herrschaft über die heiligen Stätten und nach jüdischer Präsenz dort. Interessant ist, dass damals die Juden in der Minderheit waren und keinen Staat hatten. Heute ist da das Gefühl, immer noch mehr zu wollen – trotz der Souveränität, des starken Militärs und der Kontrolle über das Gebiet vom Mittelmeer zum Jordan.«

Schon mit fünfzehn hast du das Studium an der Religionsschule abgebrochen und bist durch arabische Dörfer im Westjordanland gereist.

»Ich habe bei ihnen gegessen, und wir haben uns unterhalten, auch über Politik, was mich aber weniger interessierte, über die emotionale Bindung an das Land und die Erfahrung, ein Flüchtling zu sein. Denn ich besuchte viele Flüchtlingslager. Mit Mitte zwanzig habe ich meine Kippa abgelegt.«

Im Westjordanland hast du Arabisch gelernt, wurde es dadurch leichter für dich, die andere Seite zu verstehen?
»Manche (Israelis) sprechen Arabisch und denken dennoch politisch ganz anders. Alles hängt davon ab, ob man zuhört und bereit ist, sich zu ändern.«

Nachwort

Zweimal reiste ich in die gemischten Städte und sprach dort mit jüdischen und arabischen Israelis. Es war erfrischend, wie spontan und flexibel Israelis sein können. Und angesichts der knappen Zeit war es auch hilfreich, wie indiskret sie Telefonnummern weitergaben und wie pünktlich die Bahn ist, wohl weil das Personal sich am Schabbat ausruhen muss. Meine Gesprächspartner, die sich für Menschenrechte und für ein friedliches Zusammenleben einsetzen, waren zum Teil frustriert darüber, dass sie täglich in Fernsehen und Rundfunk politische Brandstifter sehen und hören müssen. Denn radikale Sprüche verbreiten sich schnell und sorgen für ein hohes Rating. Deswegen waren sie froh und manchmal auch etwas überrascht, dass man sich für sie interessiert und sie sogar ausreden lässt.

Mitte Januar 2023 bin ich wieder in Israel, dieses Mal aus familiären Gründen. Trotzdem nehme ich an einem Schabbatabend an der großen Kundgebung zur Rettung der Demokratie auf dem Habimah-Platz in Tel Aviv teil, der nach dem dortigen Nationaltheater benannt ist und an den Konzertsaal angrenzt. Der 2021 verstorbene Künstler Dani Karavan, der diesen Platz neu gestaltete, erinnerte mit dem versunkenen Garten, der sehr beliebt ist, an die Gärtnerei, in der er hier als Schüler zurzeit des britischen Mandats gearbeitet hatte. An diesem regnerischen Abend umstehen Tausende die kleinen Blumenbeete, vielleicht denken manche an den politisch streitbaren Künstler, der auch das Relief für den Plenarsaal des Parlaments in Jerusalem entwarf und dafür sorgte, dass darauf das Wort »Frieden« auf Hebräisch und Arabisch zu lesen ist.

Eine halbe Stunde vor Beginn der Kundgebung staune ich über das blau-weiße Meer: So viele Israelfahnen sieht man sonst nur beim Fahnenmarsch nationalistischer Israelis in Jerusalem. Hier werden sie großzügig verteilt, weil die Veranstalter, die sich für die Unabhängigkeit der Justiz und den Schutz der Demokratie einsetzen, offenbar ihren Patriotismus unter Beweis stellen müssen. Denn Kritik an der Regierung wird neuerdings als Landesverrat verstanden.

Erst eine Stunde nach Beginn der Kundgebung, zu der Musikauftritte gehören, um auch junge Menschen anzuziehen, erwähnt eine Rednerin kurz die arabischen Israelis, die Gleichberechtigung verdienten. Nach dem Abschluss entdecke ich am Rande den ersten Demonstranten, der ein Schild auf Hebräisch und Arabisch trägt: »Gegen die Besatzung«. Er will nicht, dass ich ihn fotografiere. Erst später erfahre ich, dass eine Woche zuvor rechtsnationale Medien über eine frühere, ähnlich ausgerichtete Kundgebung sehr polemisch berichteten. Es sei eine Schande, dass ein prominenter arabischer Politiker sprechen durfte, Palästinafahnen gehisst wurden und so der Protest gegen die Regierung sehr schnell zu einem »gegen die Besatzung« wurde, hieß es. Diesmal wollte man das Schimpfwort »palästinensische Demonstration« wohl vermeiden. Die einzige Palästinafahne hier trägt ein älterer jüdischer Herr. Er muss sie gegen einen bulligen jungen Mann verteidigen, der sie ihm entreißen will.

Eigentlich sollten arabische Staatsbürger zahlreich für den Schutz der Demokratie demonstrieren. Abertausende Araber wohnen unweit von hier in Jaffa, Lod und Ramle. Im Vorfeld aber äußerten sich dazu nur einige arabische Intellektuelle, und gekommen waren relativ wenige arabische Aktivisten. Warum?

Aufgrund der Unruhen 2021 und der folgenden Massenverhaftungen und harten Strafen gegen arabische Israelis hatten sie offenbar Angst, zu demonstrieren. Hinzu kommt ihr Misstrauen gegenüber der Justiz, die ihnen zivile Rechte gewährt, aber keine politischen. Dass die Veranstalter sie nicht als legitime Partner betrachteten und den Konflikt mit den Palästinensern ausklammern wollten, hat viele Araber entfremdet. Hinzu kommt, dass viele von ihnen wohl nicht verstehen, was die von der neuerdings amtierenden Regierung beabsichtigte Kontrolle der Justiz bedeuten würde. Das Oberste Gericht könnte dann unangemessene Entscheidungen der Politik nicht mehr annullieren, zum Beispiel wenn eine wegen Urkundenfälschung verurteilte Person zum Direktor der kommunalen Bildungsabteilung ernannt wird. Der Vorsitzende der Koalition agitiert gerade für ein neues Gesetz, das den Ausschluss arabischer Parlamentarier erleichtern soll.

Wie wichtig die arabische Minderheit für die israelische Demokratie ist, liest man im jährlichen Demokratieindex des britischen Magazins *Economist*. Dort steht Israel inzwischen auf Platz 29 weltweit, sechs Plätze schlechter als 2021. Die Zeitung erklärte, dass der Rückgang eine Folge der Beendigung der arabischen Beteiligung an der Koalition nach Bildung der neuen Regierung sei. Israels Demokratie gilt bei diesen Briten immer noch als mangelhaft.

In der aktuellen Debatte über einen neuerlich drohenden Bürgerkrieg kommen die arabischen Israelis nicht vor. Manche Politiker drohen bewusst mit einem »Bruderzwist«, um die Grenzlinie zu den aktiven Teilnehmern eines solchen Gewaltausbruchs sprachlich klarer zu markieren: Brüder sind halt jüdisch. Manche Israelis hingegen sind offenbar so angewidert von der eigenen Demokratie, dass sie nach Alternativen suchen. Auf der Demo hält seelenruhig ein älterer Herr ein Schild mit dem Konterfei der Königin Elisabeth in die Höhe mit der Aufschrift: »Holt das britische Mandat zurück!« Ich frage ihn, ob wir nicht schon genug Probleme hätten, um einen Bruderzwist zu importieren. »Was?« »Wollen wir ausgerechnet verfeindete Brüder wie William und Harry als Vorbilder?«

Danksagung

Ich danke meinen Gesprächspartnern in Israel herzlich, ohne die dieses Buch über jüdisch-arabisches Zusammenleben nicht zustande gekommen wäre.

Kibbuz Lochamei haGetaot: Yigal Cohen, Noha Khatib, Raya Kalisman
Akko: Khaled Abu Ali, Haim Asulin, Zouheir Bahloul, Yahel Faraj, Afik Friedman, Uri Jeremias, bekannt als Uri Buri, Fadi Kassem, Yair Kraus, Abdu Salvador Matta, Amihai Ben Shlush, Moni Yosef
Haifa: Jasmin Atamne, Merav Ben-Nun, Jafar Farah, Michael Farjun, Shani Goldman, Fadi Najjar (unser Gespräch wurde herausgekürzt), Assaf Ron, Rolly Rosen
Jaffa: Ramzi Abu Taleb, Amir Badran, Igal Ezraty, Gerry und Charlie Hamati, Badria Hattab, Rakefet Lapid, Sinai Peter
Lod: Hanadi Basel, Nehorai Danin, Noam Dreyfuss, Amir Gorzalczany, Ghassan Mounayer, Tayseer Shaaban, Fida Shehada, Avichai Tabak
Ramle: Nawal Abu Amer, Jalil Dabit, Dalia Landau, Costa Mansour, Nily Nevo, Motti Ninai, Vivian Rabia, Ilan Shdema
Jerusalem: Hillel Cohen, Ibrahim Dabash, Mahmoud Safadi, Eliezer Yaari

Mein Dank geht auch an Orna Akad, Ulrike Kolb, Varda Seelig und Andrea Wörle, vor allem aber an meine Mutter Carmela und meinen Bruder Mickey für ihre große Unterstützung.

MIX
Papier | Fördert
gute Waldnutzung
FSC® C083411

Originalausgabe
© 2023 Berenberg Verlag GmbH, Sophienstraße 28/29, 10178 Berlin

Konzeption | Gestaltung: Antje Haack | www.lichten.com
Satz | Herstellung: Büro für Gedrucktes, Beate Zimmermanns
Einbandillustration: Antje Haack
Reproduktion: Frische Grafik, Hamburg
Druck und Bindung: CPI – Clausen & Bosse, Leck
Printed in Germany
ISBN 978-3-949203-59-6